온 이스라엘 역사서

화해와 화합을 위한 역대기 구상

온 이스라엘 역사서

화해와 화합을 위한 역대기 구상

초판 1쇄 인쇄 | 2018년 8월 21일
초판 1쇄 발행 | 2018년 8월 27일

지은이 배희숙
펴낸이 임성빈
펴낸곳 장로회신학대학교 출판부

등록 제1979-2호
주소 04965 서울시 광진구 광장로5길 25-1(광장동 353)
전화 02-450-0795
팩스 02-450-0797
이메일 ptpress@puts.ac.kr
홈페이지 http://www.puts.ac.kr

값 15,000원
ISBN 978-89-7369-435-8 93230

＊이 도서의 국립중앙도서관 출판예정도서목록(CIP)은
서지정보유통지원시스템 홈페이지(http://seoji.nl.go.kr)와
국가자료공동목록시스템(http://www.nl.go.kr/kolisnet)에서
이용하실 수 있습니다. (CIP제어번호 : CIP2018017068)

온 이스라엘 역사서

화해와 화합을 위한 역대기 구상

배희숙

장로회신학대학교출판부

서문

이 책은 필자가 2004년 독일 뮌스터 대학에 박사학위 논문으로 제출하고 2005년 독일의 권위 있는 구약학 총서 BZAW 제355권으로 출판된 *Vereinte Suche nach JHWH ‐ Die Hiskianische und Josian‐ische Reform in der Chronik*(2012년 재쇄)에 기초한다.

신명기 역사서의 보도와 현저한 차이를 드러내는 역대기의 히스기야-요시야 이야기(대하 29-32, 34-35장)는 역대기의 특징과 신학이 잘 드러나는 대표적 본문으로 꼽힌다. 이 연구서는 히스기야와 요시야 왕에 관한 역대기 저자의 역사 서술에서 출발하여 역대기의 주요 신학을 밝힌다. 지난 반 세기에 걸친 역대기 연구에는 '온 이스라엘'과 '율법에 따른 예루살렘 제의'라는 두 주제가 히스기야와 요시야 개혁의 기본 원리인 동시에 역대기의 주요 관점으로 압축되어 나타난다. 그러나 필자는 이 두 개념은 분명 히스기야와 요시야 개혁의 핵심을 이루고 있지만 역대기 역사 서술에서는 긴밀히 맞물려 불가분의 관계를 이루고 있음을 확인하고, 이 두 관점을 서로의 빛 아래 바라보면서 상호 연관짓는 것을 연구의 우선적 과제로 삼았다. 그럼에도 불구하고 이 책은 두 주요 주제 가운데 특히 '온 이스라엘' 관점을 중심으로 역대기에 기술된 이스라엘 역사를 풀이한 것이다. 역대기의 '온 이스라엘' 개념은 다윗 왕조의 선택과 유다 왕국의 온 이스라엘 통치권, 그리고 예루살렘 성전의 합법성을 내용으로 하기에 엄밀히 말해 흔히 역대기의 주요 주제로 꼽히는 다윗 왕조나 예루살렘 성전을 포괄하는 상위 개념이라 할 수 있다.

역대기는 '온 이스라엘'이라는 개념을 통해 분열된 왕국의 '평화 통일'과 '사회 통합'을 지향한다. 이는 역대기가 분단 상태의 장기화와 대립으로 인해 긴장과 위기가 상존하는 한반도 상황에 직접적이고 실질적인 의미를 지닌 성경책이라는 것을 의미한다. 필자가 역대기를 연구하던 당시에 김대중 대통령이 햇볕정책을 통해 "북한과의 평화와 화해에 기여한 공로로 2000년 노벨 평화상"을 수상하면서 50년 이상 계속된 남북한 간의 긴장 상태 완화와 냉전 종식에 대한 희망과 통일에 대한 소망이 드높아졌고, 이러한 분위기는 노무현 대통령의 방북과 평양에서의 남북정상회담(2007년 10월 4일)으로 지속되었다. 그러나 지난 두 정부 10여 년 간의 긴장과 적대감 고조는 개성공단 폐쇄와 교류 중단으로 이어지고 그 사이 북한은 핵무기 개발로 자신의 입지를 더욱 공고히 하기에 이르렀다. 이제 다행히 대화가 시작되고 문화 교류도 시작되었다. 그렇다고 해서 남북 통일과 통일 이후 사회 통합에 대

온 이스라엘 역사서 — 화해와 화합을 위한 역대기 구상

한 기대가 낙관적인 것은 아니다. 특히 탈북민의 남한 정착에 따른 사회 통합 현실은 통일과 통일 이후에 대한 제도적 준비는 차치하고라도 우리의 정신적 이념적 준비가 얼마나 빈약한지를 일깨워 준다. 탈북민의 증가로 오늘날의 대한민국은, 대다수 남한 주민과 소수의 탈북민으로 구성된 '작은 통일한국'을 이루고 있다. 이것은 미래에 완성될 '대통일한국'의 축소판이라고 할 수 있다. '작은 통일한국'을 넘어서는 '대통일한국'을 준비하는 데 있어 우리는 역대기의 '온 이스라엘' 개념으로부터 통찰을 얻을 수 있다. 이에 필자는 출판된 지 십 년 이상이 지난 박사학위 논문에서 남북한 통일과 통일 후 사회 통합에 유의미한 부분을 우리말로 정리하고 추가적으로 그 사이에 나온 국내외 연구 논문들을 반영하여 세상에 내놓는 바이다.

한반도 역사는 형제 민족의 분열 및 지리적 분단이라는 측면에서 고대 이스라엘의 역사와 공유하는 바가 많다. 이 때문에 이스라엘 역사를 특히 분열과 통일의 관점에서 고찰하는 역대기 연구는 매우 적합하고 가치 있는 일이다. 왜냐하면 성경의 여러 책 가운데 역대기만큼 하나님의 백성 이스라엘의 분열 역사를 형제의 관점으로, 또 통일과 화합의 관점으로 바라보면서 신학적으로 해석하며 숙고한 책은 없기 때문이다. 역대기는 특히 '온 이스라엘' 개념으로써 우리에게 통일과 화합이라는 두 가지 측면에서 지침이 된다. 한편으로 역대기는 분열 왕국 시대의 유다와 이스라엘의 역사를 다시 기록함으로써 분열 상태의 남북 왕국이 형제이지만 적대적 관계가 될 수 있는 상대 왕국을 어떤 자세로 대해야 하는지, 또 본래 하나였던 이스라엘이 어떤 형태로 재통일되어야 하는지 그 길을 제시한다. 역대기는 형제 민족의 분열과 남북 왕국의 멸망, 그리고 포로 사건이라는 대재앙을 뒤로 한 포로기 이후의 이스라엘이 이제 새로운 시작을 위해 다시 서야 할 출발점은 이상적인 역사적 순간의 재현, 바로 남북의 형제가 하나가 되었던 그 지점이라고 말한다. 그것은 과거의 불행한 역사가 다시 되풀이되는 길을 막는 유일한 길이었다. 다른 한편으로 역대기는 북왕국 체제와 북왕국 주민이라는 두 대상을 다르게 바라보면서 통일을 넘어 통합된 사회를 지향한다. 이 점에서 역대기의 '온 이스라엘' 개념은 '대통일한국'을 이루기 위해 시급하고 중요한 선행 과제, 즉 '대통일한국' 사회의 통합을 위한 성경적 신학적 기초를 제시한다. 역대기는 이렇게 왕국 분열과 북왕국의 멸망을 역사신학적으로 설명하는 동시에 정치적 종교적인 온갖 분열에도 불구하고 이스라엘이 하나님 백성으로 어떻게 종교적 정치적 통일을 이룩하고 사회적 통합을 실현할 수 있는지 그 길을 제시한다는 점에서 진정한 '통일 지침서'라 할 수 있다.

책이 나오기까지 꼼꼼하게 살펴주신 김정형 교수님과 출판부 관계자께 감사드립니다. 또 교정에 심혈을 기울여주신 이종순 목사님께도 고마움을 전합니다.

2018년 봄에

배 희 숙

목차

서문 · 5

I. 서론 · 15

  1. 들어가는 말 · 17

  2. 연구사 개관 · 22

II. 히스기야-요시야 개혁 (대하 29-32, 34-35장) · 39

  1. 히스기야 이야기 (대하 29-32장) · 41

    가. 구조 · 41

    나. 평행본문 비교 · 42

    다. 역대기 특수 자료 · 45

      1) 종교 분야 (29-31장) · 45

      2) 정치 분야 (32장) · 54

  2. 요시야 이야기 (대하 34-35장) · 60

    가. 구조 · 60

    나. 평행본문 비교 · 61

    다. 역대기 특수 자료 · 63

      1) 종교 분야 (34:1-35:19) · 63

      2) 정치 분야 (35:20-25) · 71

  3. 요약 및 문제 제기 · 75

III. 온 이스라엘 역사서 · 81

1. 역대기의 '온 이스라엘' 개념 연구사 · 83
가. 폰 라트(G. von Rad) · 83
나. 야펫(S. Japhet) · 84
다. 윌리엄슨(H. G. M. Williamson) · 88

2. 아하스 이야기 (대하 28장) · 92
가. 평행본문 비교 · 92
나. 아하스 이야기 특징 · 94
   1) 아하스 시대의 유다 · 94
   2) 아하스 시대의 이스라엘 · 100

3. '온 이스라엘'의 분열 (대하 10-13장) · 109
가. 평행본문 비교 · 110
나. 북왕국 이스라엘 기원 · 114
   1) 열왕기 · 114
   2) 역대기 · 115
다. 왕국 분열 직후 유다와 이스라엘 · 123
   1) "네 형제와 싸우지 말라!" (대하 10-12장) · 123
     가) 르호보암 시대 첫 삼 년 · 123
     나) 르호보암 시대 후기 · 125
   2) "여호와와 싸우지 말라!" (대하 13장) · 129
     가) 아비야의 설교 · 129
     나) 여로보암의 패전과 죽음 · 133
라. 요약과 문제 제기 · 133

4. 분열 왕국 시대 '온 이스라엘' (대하 14-25장) · 136
가. '온 이스라엘'의 재편 (13:23b-16:14) · 137
   1) 평행본문 비교 · 137

　　　　2) 아사 시대의 유다와 이스라엘 · *137*

　　　　　　가) 온 이스라엘의 평화 · *137*

　　　　　　나) 아사 왕의 국경 정책과 전쟁 예고 · *144*

　　나. '온 이스라엘'의 연합 (대하 17-23장) · *146*

　　　　1) 여호사밧 시대의 유다와 이스라엘 (대하 17-20장) · *148*

　　　　　　가) 평행본문 비교 · *148*

　　　　　　나) 여호사밧의 '온 이스라엘' 정책 · *149*

　　　　　　다) "유다 왕" 여호사밧 · *152*

　　　　　　라) "이스라엘 왕" 여호사밧 · *158*

　　　　　　마) 요약 및 소결론 · *162*

　　　　2) 여호람에서 아달랴까지 (대하 21-23장) · *164*

　　　　　　가) 평행본문 비교 · *164*

　　　　　　나) 통치의 진공 시대 · *165*

　　다. "여호와께서 에브라임과 함께 하지 아니하신다!" (대하 25장) · *169*

　　　　1) 들어가는 말 · *169*

　　　　2) 평행본문 비교 · *170*

　　　　3) 아마샤 시대의 유다와 이스라엘 · *172*

　　　　　　가) 이스라엘 용병과 에돔 전쟁 · *172*

　　　　　　나) 요아스의 우화 · *178*

　　　　　　다) 아마샤의 패전과 사로잡힘 · *180*

　　　　4) 요약 및 결론 · *183*

5. 북왕국의 멸망과 "이스라엘 왕" 아하스 (대하 28장) · *186*

　　가. "이스라엘 왕" 아하스 · *187*

　　나. 이스라엘의 형제 유다, 유다의 형제 이스라엘 · *190*

6. '온 이스라엘' 회복 (대하 29-35장) · *194*

7. 요약 및 결론 · *200*

Ⅳ. 역대기의 역사적 신학적 자리 · 203

1. 역대기 연대 문제 · 205

2. 사마리아 분열 역사 · 214

   가. 사마리아 기원 · 215

      1) 성경 자료 · 215

      2) 요세푸스 · 224

   나. 역사적 사마리아 공동체 재구성 · 227

3. 역대기 저작 · 232

   가. 연구 상황 · 232

   나. '큰' 이스라엘, '작은' 이스라엘 논쟁 · 235

   다. 온 이스라엘 역사서 · 240

Ⅴ. 요약 및 적용 · 243

1. 요약 · 245

2. 적용 · 257

참고문헌 · 261

1. 일차 문헌 · 261

2. 주석 · 261

3. 단행본 · 263

4. 논문 · 269

I

서론

들어가는 말
연구사 개관

1 | 들어가는 말

역대기 저자[1]가 보도하는 히스기야와 요시야 개혁(대하 29-32,
34-35장)은 최근까지 충분하게 연구되지 않았다.[2] 이는 연구의 관심이
대체로 이 두 종교 개혁의 역사성을 묻는 데 있었던 까닭에 시대적으
로 더 앞선 신명기 역사서의 보도(왕하 18-20, 22-23장)가 더 중요하게
간주되었기 때문이었다.[3]

신명기 역사서는 히스기야 개혁 보도에 기껏 한 구절을 할애할 뿐
이다(왕하 18:4). 이에 따르면 히스기야 왕은 여러 산당들을 제거하고,

---

1   필자는 이 글에서 역대기와 에스라-느헤미야는 서로 다른 저자의 의해 저작된 별개의 책이라
    는 견해를 견지하며 따라서 기존의 "역대기 역사서" 또는 "역대기 사가"라는 용어를 피하고 의
    도적으로 "역대기 저자"라고 쓴다.
2   J. W. Wright, "From Center to Periphery. 1 Chronicles 23-27 and the Interpretation of
    Chronicles in the Nineteenth Century," in *Priests, Prophets and Scribes: Essays on the Forma-
    tion and Heritage of Second Temple Judaism*, ed. E. C. Ulrich et al. 20-42; Th. Willi, "Zwei
    Jahrzehnte Forschung an Chronik und Esra-Nehemia," *Theologische Rundschau* 67 (2002),
    61-104.
3   Ch. Hardmeier, "König Joschija in der Klimax des DtrG (2Reg 22f.) und das vordtr Doku-
    ment einer Kultreform am Residenzort (23,4-15)," in *Erzählte Geschichte. Beiträge zur narra-
    tiven Kultur im alten Israel*, ed. R. Lux, 81는 현재 상황을 바라보며 이렇게 기술한다. "열왕기
    하 22-23장이 요시야 개혁과 신명기 형성에 대한 자료로서의 가치 문제는 구약연구의 에버그
    린에 속한다."

주상과 아세라, 놋뱀인 느후스단을 훼파한다. 우상 없는 야훼 예배와 중앙 성소화를 위한 이러한 첫 번째 조치로써 신명기 역사서에서 히스기야 왕은 요시야 왕의 길을 예비한 자로 기술된다. 그럼에도 불구하고 신명기 사가는 아시리아의 위협에서 야훼를 신뢰한 히스기야 왕의 신앙을 보다 더 중히 여긴다(18:5; 19:1 이하). 반면 신명기 역사서에서 요시야 개혁은 아주 자세히 보도된다(왕하 22-23장). 이에 따르면 여덟 살에 즉위한 요시야 왕은 성전을 보수할 때 우연히 발견한 율법책을 토대로 대대적인 제의 개혁을 수행함으로써 모든 이방 종교 특히 아시리아 종교의 영향으로부터 예루살렘의 성전을 정화할 뿐만 아니라(23:4, 6-7, 11), 유다 땅의 온 산당을 제거한다(23:8, 13-14). 또 요시야 왕은 만연해 있던 개인적인 혼합주의 의식의 기초를 허물고(23:5, 10-15), 나아가 유다 지역을 넘어 옛 왕국의 성소였던 벧엘은 물론 심지어 과거 북왕국의 모든 다른 성소들까지도 파괴한다(23:15-20).[4] 히스기야와 요시야 왕이 추진한 개혁의 정도가 이렇게 상이하게 기술되고 있음에도 불구하고 히스기야와 요시야 왕은 다윗 이후 모든 유다 왕들 중에서 가장 극찬을 받는다(18:5-7; 23:25).[5]

호프만은 신명기 역사서의 요시야 개혁은 그 이전 유다 왕들이 행한 개혁 조치의 총체임을 밝혔다.[6] 알베르츠에 따르면 요시야 개혁은

---

4   R. Albertz, *Religionsgeschichte*, 307-308.
5   신명기 역사서에서 다른 여섯 명의 왕들에게 주어진 긍정적인 평가는 그들이 산당을 제거하지 않았다는 점에서 제한적이다. 아사(왕상 15:11-14), 여호사밧(22:43-44), 요아스(왕하 12:3-4), 아마샤(14:3-4), 아사랴(15:3-4), 요담(15:34-35).
6   H.-D. Hoffmann, *Reform und Reformen: Untersuchungen zu einem Grundthema der Deuteronomistischen Geschichtsschreibung* (ATANT 66; Zürich: Theol. Verl., 1980), 203.
7   R. Albertz, *Die Exilszeit. 6. Jahrhundert v. Chr* (BE 7; Stuttgart: Kohlhammer, 2001), 231; 참고 H.-D. Hoffmann, *Reform und Reformen*, 207.

신명기 역사서 전체에서 절정에 해당한다.[7] 신명기 역사서에서 요시야 개혁이 지닌 긍정적인 의미가 얼마나 대단하였던지 크로스와 그 제자들은 요시야 시대의 프로파간다였다는 신명기 역사서가 본래 요시야 개혁으로 종결되었다고 주장할 정도였다.[8] 마지막으로 알베르츠는 요시야 개혁과 이 개혁에도 불구하고 발생했던 이스라엘의 포로 사건을 매개하는 일이 신명기 역사가에게 얼마나 힘든 일이었는지를 분명히 보여주었다. 신명기 역사가는 므낫세 왕의 심각한 죄를(왕하 21장) 예루살렘과 유다에 대한 야훼 심판의 원인으로 규정함으로써만 이 어려움을 해결할 수 있었다는 것이다.[9]

히스기야와 요시야 개혁에 대한 전혀 다른 평가는 역사적 재구성에서도 감지할 수 있다. 이스라엘 종교사에서 요시야 개혁은 자주 결정적인 전환점으로 평가되면서[10] 대체로 그 영향력의 파급 정도에 대해서만 비판적인 질문이 제기되는 반면에,[11] 히스기야 개혁의 역사성은 대체로 부인되는 실정이다.[12]

---

8   F. M. Cross, "The Themes of the Book of Kings and the Structure of the Deuteronomistic History of the Religion of Israel," *Canaanite myth and Hebrew epic. Essays in the history of the religion of Israel*, 274-89, 특히 284. 연구사에 대하여는 R. Albertz, *Exilszeit*, 213 참고.

9   R. Albertz, *Exilszeit*, 230.

10   예를 들면 R. Albertz, *Religionsgeschichte Israels in Alttestamentliche Zeit* (GAT 8/1; Göttingen: Vandenhoeck & Ruprecht, ²1996), 304-360; 고고학적 측면에서 I. Finkelstein and N. A. Silberman, *Keine Posaunen vor Jerico. Die archäologische Wahrheit über die Bibel*, trans. M. Magall (München: C. H. Beck, ⁴2003), 267 이하.

11   H. Niehr, "Die Reform des Joschija. Methodische, historische und religionsgeschichtliche Aspekte," in *Jeremia und die "deuteronomistische Bewegung,"* ed. W. Groß, 33-55; Chr. Uehlinger, "Gab es eine josianische Kultreform? Plädoyer für ein begründetes Minimum," in *Jeremia und die "deuteronomistische Bewegung,"* ed. W. Groß, 57-89; Ch. Hardmeier, "König Joschija," 113 이하.

12   H. Spieckermann, *Juda unter Assur in der Sargonidenzeit* (FRLANT 129; Göttingen: Vandenhoeck & Ruprecht, 1982), 171; Finkelstein and Silberman, *Keine Posaunen*, 270. 이와는 달리 Albertz, *Religionsgeschichte*, 282는 히스기야 개혁의 실제 역사적 배경을 주장한다.

신명기 역사서의 히스기야와 요시야 개혁에 대한 의미와 역사적 평가를 대할 때, 역대기에서 히스기야 개혁(대하 29-32장)의 의미는 뚜렷하게 부각되는 데 반해 요시야 개혁(대하 34-35장)의 의미는 현저하게 축소되어 있다는 사실에 놀라지 않을 수 없다. 히스기야 개혁은 역대기에서 본격적인 시대의 전환점으로 나타나며, 요시야 개혁은 이 개혁의 그늘 아래 있다. 여기서 우리는 이러한 평가 전환을 어떻게 설명해야 할지 자연스레 질문하게 된다. 따라서 필자는 앞으로 역대기 저자가 히스기야 개혁과 요시야 개혁에 부여한 의미를 자세히 탐구할 것이며, 이를 통해 찾아낸 의미를 포로기 이후의 역사적 상황에서 해석할 것이다. 이러한 연구는 본문의 역사적 문제를 다루는 것이 아니라 본문을 문학적 신학사적으로 접근하는 것이다. 그러므로 역대기의 최종 형태에서 출발하여 역대기가 서술하는 역사 구조의 전체 그림 안에서 두 개혁 보도가 차지하는 자리와 그 기능을 살펴볼 것이다.

이 연구의 첫 단계로 역대기가 기술하는 히스기야와 요시야 개혁에 대한 지난 반 세기의 연구사를 개괄해 볼 것이다. 이를 통해 우리는 그동안 히스기야와 요시야 개혁이 '이스라엘' 관점에서 관찰되거나 아니면 제의 개혁의 관점에서 해석되었음을 확인할 수 있을 것이다. 그러므로 이 두 가지 측면이 어떻게 상호 연관되는지를 묻는 것이 그 다음 과제가 될 것이다. 이 목적을 위해 역대기가 기술하는 문학적 특징을 분석할 것이다. 여기에서는 특히 역대기와 열왕기 본문의 대조 및 교차 비교가 이루어질 것인데, 이를 통해 역대기와 열왕기의 접촉지점과 차이점을 설명함으로써 역대기의 특징이 드러날 것이다. 이 질문과 연관하여 히스기야와 요시야 개혁의 중요한 강조점인 이스라엘 개념에 대한 논의를 기술할 것이다. 여기서 역대기 연구에서 지금까지 고

　온 이스라엘 역사서 ─ 화해와 화합을 위한 역대기 구상

려하지 못하고 간과한 점이 무엇인지가 나타날 것이다. 히스기야와 요시야 개혁의 세부 조치는 위의 두 가지 측면이 얼마나 밀접하게 상호 연관되어 있는지를 보여준다.

최근 역대기 연구는 상당히 진전되었지만 역대기의 형성 역사나 최종 형태의 연대에 대한 합의는 아직도 이루어지지 않았다. 그러므로 역대기의 연대 설정이나 역대기의 주요 사상을 역사적으로 또 신학적으로 자리매기는 노력이 수반되어야 한다. 이 책에서 히스기야와 요시야 개혁에서 나타나는 이스라엘 개념과 제의 개혁 조치에 대한 강조, 이 두 측면의 상호 연관성이 포로기 이후 시대의 이스라엘 종교사에 대한 역대기의 신학적인 의미를 새롭게 평가할 수 있다는 점이 드러날 것이다.

2 | 연구사 개관

　1950년대 이후 반 세기의 역대기 연구사를 들여다보면 히스기야
와 요시야 개혁에 대하여 주로 두 가지 측면이 언급된다. 한편의 주석
가들은 히스기야와 요시야 개혁이 제의에 정향되어 있음을 관찰하고,
다른 한편의 주석가들은 온 이스라엘의 통일 관점을 강조한다. 이 단
원에서는 히스기야와 요시야 개혁을 바라보는 이러한 상반된 입장을
간단히 살펴볼 것이다. 자세한 논의는 주석 부분에서 이루어질 것이므
로 여기서는 경우에 따라 문제점만 지적하고자 한다.

　1) 제의적 측면을 강조하는 첫 번째 그룹에는 커티스와 마드젠(E.
L. Curtis and A. A. Madsen, 1952), 루돌프(W. Rudolph, 1955), 마이어스(J.
M. Myers, 1974), 딜라드(R. B. Dillard, 1987), 드브리스(S. J. De Vries, 1989),
라일리(W. Riley, 1993), 종커(L. C. Jonker, 2003)가 속한다.

1　E. L. Curtis - A. A. Madsen, *A Critical and Exegetical Commentary on the Books of Chronicles*
　(ICC 11; Edinburgh 1910, ²1952), 7.

커티스와 마드젠은 유다 왕국의 역사에 관한 역대기는 제사장적 관점으로 기록되었다는 입장을 취한다. 이들의 견해에 따르면 역대기 저자는 특히 예루살렘 성전 예배에 집중된 이스라엘의 삶에 관심하고 있기에 성전이 역대기 저자의 역사 서술의 중심을 차지한다(대상 13, 15-16, 17; 21, 22, 28-29장; 대하 2-7장; 24:4-14; 29:3-19; 34:8-13). 이러한 관점에 비추어볼 때 무엇보다도 히스기야와 요시야 시대의 유월절이 특별한 무게를 갖게 된다.[1] 커티스와 마드젠은 히스기야 시대의 유월절과 요시야 시대의 유월절을 구별하면서, 전자는 온 이스라엘의 축제인 반면 후자는 유다만의 축제라고 주장한다.[2] 이러한 분석은 역대하 34장에 대한 그들의 주석과는 다소 모순을 이루는데, 왜냐하면 거기서는 요시야의 종교 개혁이 북왕국을 포함하고 있다고 말하기 때문이다.[3] 또 커티스와 마드젠은 히스기야 시대의 성전 재봉헌과 유월절 예식에서 성전가수와 음악가들의 특별한 역할이 강조되고 있음을 지적한다(대하 29:13b, 14, 25-26, 30; 30:21; 34:12; 35:15). 커티스와 마드젠이 역대기가 요시야보다 히스기야에 더 무게를 두고 있다고 지적하고, 또 히스기야를 성전 예배를 위한 제사장 제도를 "회복한 자"로, 아하스 아래 오용된 옛 규정들을 새롭게 "개정한 자"로 칭한 것은 옳다.[4] 그러나 이들은 히스기야에서 요시야로 강조점이 이동한 것은 타당하게 설명해내지 못했다.

이러한 일반적인 설명을 넘어서 루돌프의 주석은 예루살렘 성전

---

2   Curtis - Madsen, *Chronicles*, 471.
3   Curtis - Madsen, *Chronicles*, 504.
4   Curtis - Madsen, *Chronicles*, 462, 478.
5   W. Rudolph, *Chronikbücher* (HAT I/21; Tübingen 1955), 296.

의 신학적 의미를 특히 강조한다. 가령 그는 히스기야의 정화 명령(대하 29:15)을 예루살렘 성전에서 예배드리게 하는 야훼의 뜻으로 해석한다.[5] 루돌프에 따르면 히스기야는 아하스와는 달리 "처음부터 예루살렘 성전의 배타성"을 주장하는 새 정신의 소유자로 등장한다(대하 30장). 즉 히스기야에 따르면 예루살렘 성전으로 돌아오는 것이 바로 야훼께로 돌아오는 것이다.[6] 이로써 히스기야는 온 이스라엘의 역사적인 유월절 예배를 준비하였고, 요시야는 유월절 규정이 정한 임무를 레위인에게 부여하고 또 유월절 제사에서 유월절 양의 희생 제사 규정의 개혁을 위해 힘썼다는 것이다.[7] 나아가 루돌프는 포로기 이후 이스라엘에 사는 유대인과 사마리아인 사이의 반감이 역대기에 암시되어 있다고 본다(대하 30:11, 18, 21, 25; 31:6; 34:9, 33). 이러한 관찰의 배후에는 역대기를 "다윗 왕조와 예루살렘 성전을 위한 변호서"로 간주하는 루돌프의 테제가 있다.

딜라드에 따르면 히스기야는 역대기의 중심을 차지한다. 역대기 저자는 신명기 역사서에서와 같이 요시야 시대가 아니라 이미 히스기야 시대에 유다 왕국이 역사의 절정에 이른 것으로 분명하게 기술한다는 것이다.[8] 딜라드는 역대기에서 히스기야는 이스라엘을 통일하였고 그래서 제2의 다윗과 솔로몬으로 제시된다고 파악한다.[9] 그럼에도

---

6 Rudolph, *Chronikbücher*, 299-300.

7 Rudolph, *Chronikbücher*, 324-25.

8 R. B. Dillard, *2 Chronicles* (WBC 15; Waco/Texas 1987), 228.

9 Dillard, *2 Chronicles*, 228.

10 S. J. De Vries, *1 and 2 Chronicles* (FOTL 11; Grand Rapids 1989), 373. 드브리스는 역대기에 기술된 솔로몬(대하 7), 아사(대하 15), 히스기야(대하 29), 요시야(대하 35) 시대의 절기가 네 가지 요소로 구성된 사실을 밝혀낸다. 시간 정보(29:3), 참여자들의 정체와 정화(29:4-19), 기념 예식 묘사(29:20-35), 기쁨(29:36)이다.

불구하고 그의 관점에 의하면 예루살렘 성전 제의는 이스라엘의 재통일을 위한 전제이다. 이 점에서 딜라드는 성전의 특권에 대한 이유를 설명한 셈이다.

드브리스는 역대하 29장에서 "절기의 패러다임"[10]을 밝힌 후 여기서 역대기가 성전을 정화하고 재건한 히스기야를 제2의 솔로몬으로 기술하고 있으며, 성전 봉헌식은 "일종의 유월절의 그림자"라는 결론을 끌어낸다.[11] 그는 히스기야를 성전을 "재봉헌한 왕"으로 관찰한다. 이미 루돌프가 주석한 것처럼 드브리스도 히스기야 왕이 북이스라엘을 성전으로 초청한 것(대하 30장)을 회개하라는 호소로 해석함으로써 성전의 중요성을 부각한다. 드브리스는 역대기의 히스기야 개혁 서술을 장르상 "보도"로 명명하면서 성전 예배를 위한 기본 "프로그램"으로 기초되었다고 주장한다.[12] 그에 반해 요시야는 율법을 회복함으로써 어떻게 율법에 따라 야훼를 예배해야 하는지를 보여준, 율법의 개혁가로 바라본다. 그러나 이러한 이해는 오히려 신명기 역사서의 요시야 상에 들어맞는 것이다.

라일리는 그의 박사학위 논문에서 역대기 저자의 역사는 "특히 제의의 렌즈를 통해 본 이스라엘 왕정 시기 역사의 재현"이라고 단언한다.[13] 히스기야 이야기에서 라일리는 두 가지 상이한 제의 활동을 관찰하는데, 그것은 "개혁 예식"(the liturgy of reform)과 "유월절 예식"(the Passover liturgy)이다.[14] 라일리에 따르면 히스기야는 성전의 문을 개방

---

11 De Vries, *Chronicles*, 373, 379.

12 De Vries, *Chronicles*, 385, 387.

13 W. Riley, *King and Cultus in Chronicles: Worship and the Reinterpretation of History* (JSOT.S 160; Sheffield 1993), 36.

14 Riley, *King and Cultus*, 131.

하고(대하 29:3) 제의 기구를 복구하며(29:18-19) 제의 관리를 정비함으로써(29:25-30) 중앙 성소에서 드리는 이스라엘의 유월절 예배를 "국가적 차원의 제의 행위"로 가능하게 하였다. "히스기야의 기념 예식에 나타나는 중앙화 용어들은 더 이상 복구를 위한 것이 아니라 혁신을 위한 활동으로 이루어져 있다."[15] 라일리는 이어지는 조치(32:2-4, 11, 13-19)를 관찰함으로써 역대기에서 히스기야는 단순히 다윗의 규정을 회복하는 것을 넘어서 자신의 권한을 이용하여 제의적 혁신을 수행하였다는 결론에 이른다.[16] 이에 따르면 포로기 이후의 성전 제의 관리의 생계에 관한 규정은 왕정 시대 히스기야의 권위에 그 기원을 두고 있다.[17]

라일리는 역대기의 성전과 성전 관리의 역사적 발전을 요시야의 유월절 의식에 관한 기술에서 파악한다. 그에 따르면 역대기 저자는 다윗(대하 35:4, 15), 솔로몬(35:3, 4), 모세(35:6, 12)와 같은 옛 이스라엘 형성 시기의 인물들을 언급함으로써 요시야 시대의 유월절을 이스라엘 제의의 창립 시기와 연결시킨다.[18] 이러한 연결을 통해 역대기 저자는 요시야의 유월절을 "이상적인 성취"로, 히스기야의 유월절을 "대회복"으로 기술한다는 것이다.[19] 요시야 시대의 유월절에서는 사무엘을 언급하고(35:18) 히스기야 시대의 유월절에서는 솔로몬을 언급하는(30:26) 역대기 저자의 의도는 "히스기야의 유월절(과 그 개혁)은 … 통일 왕국 시대의 제의의 회복이며, 요시야의 절기 준수는 … 그것의 진

---

15 Riley, *King and Cultus*, 132.
16 Riley, *King and Cultus*, 133.
17 Riley, *King and Cultus*, 134.
18 Riley, *King and Cultus*, 135.
19 Riley, *King and Cultus*, 135.

전"이라는 점을 말하기 위함이다.[20] 그런고로 역대기 저자는 요시야의 유월절에서 "왕(왕국)이 적어도 그전에 한 번도 경험해 보지 못한 예배의 최절정에 이른"[21] 것으로 본다는 것이다. 이러한 이해는 제의적 보도를 요약하는 35장 20절("요시야가 성전을 정화한 후에")을 통해 지지된다. 그러니까 이 구절은 "요시야의 제의 예식들"을 "역대기에 나오는 왕정 역사에서 그 이전에 있었던 모든 제의 예식들"과 구별한다.[22] 라일리에 따르면 요시야의 유월절은 율법의 유용성과 요시야의 예전적 권위라는 두 가지 요소 때문에 "진정한 진보"이다. 역대기 저자는 "성전과 성전의 사제, 그리고 절기 준비는 모두 요시야의 유월절 축제가 종결됨으로써 완성되었다."[23]는 것을 보여준다는 것이다. 이 점에서 요시야의 유월절은 히스기야의 유월절을 능가한다. 이로써 라일리에게 있어 역대기 역사 서술의 방점은 히스기야가 아니라 요시야에게 있다.

가장 최근에 요시야 이야기에 집중한 단행본은 종커가 내놓았다. 그는 요시야 이야기의 구조 분석[24]과 신명기 역사서와의 비교에서 출발하여 요시야 이야기의 중심은 유월절에 관한 서술이라는 결론에 이른다. 종커는 히스기야와 요시야 개혁에서 다윗과 솔로몬 개혁의 연속성을 관찰하면서도 요시야 개혁을 연속된 개혁을 마무리하는 절정으

---

20 Riley, *King and Cultus*, 136.
21 Riley, *King and Cultus*, 136.
22 Riley, *King and Cultus*, 136.
23 Riley, *King and Cultus*, 138.
24 L. C. Jonker, *Reflections of King Josiah in Chronicles. Late Stages of the Josiah Reception in 2 Chr 34f.* (TSzHB 2; Gütersloh 2003)은 시간 정보(34:3a; 34:3b; 34:8; 35:19)에 따라 세 단락(34:2; 34:3-7; 34:8-35:19)으로 나눈다. 마지막 단락은 다시금 시간 정보(34:14; 34:19; 35:1)에 따라 네 개의 하위 단락(34:8-13; 34:14-18; 34:19-33; 35:1-19)으로 나눈다.

로 간주한다. 그는 라일리를 수용하여 솔로몬, 히스기야, 요시야의 제
의 회복에 대한 종결구(대하 8:16aα; 29:35; 35:10; 35:16)와 "인물을 완결
시키는" 35장 20절의 제의에 대한 언급에 주목한다.[25] 그에 따르면 다
윗과 솔로몬 개혁은 히스기야와 요시야가 레위인을 기용함으로써 계
속되고 있으며 이는 요시야에 의해 완성된다.[26] 역대기의 기술에서 히
스기야가 아니라 요시야에게서 절정을 관찰한다는 점에서 종커는 다
시 라일리의 테제로 돌아온 셈이다.

종커는 요시야 이야기에서 성전 관리를 제도화하고 강조하는 경
향을 발견하는 반면에, 히스기야 이야기에서는 성소 중앙화의 경향이
나타난다는 점을 지적한다. 가령 요시야는 더 이상 신명기 사가의 신
학 전통을 재현하거나 합법화하는 인물로 강조되지 않으며 오히려 역
대기는 제사적 전통을 강조한다.[27] 종커는 이러한 역대기의 서술을 포
로 시대의 종결과 그에 따른 예후드(유다)의 속주화라는 사회적 변화
에서 기인된 것으로 설명한다. 그의 견해에 따르면 페르시아 통치라는
새로운 역사적 상황은 다윗 왕조를 야훼가 선택한 왕국을 위한 유일
한 초석으로 언급하는 전통에 대한 새로운 성찰을 불러일으켰다. 이로
써 역대기 저자는 한편으로는 새로운 정체성을 마련하고, 다른 한편으
로는 새로운 제의에 대한 기초를 놓는다고 한다. 이로써 종커에게서
역대기는 고대 이스라엘의 역사적, 신학적 전통을 (재)해석한 책이 된
다.

---

25 Jonker, *Reflections*, 57.
26 Jonker, *Reflections*, 60.
27 Jonker, *Reflections*, 86.

2) 온 이스라엘의 회복 내지 갱신이라는 두 번째 측면은 마이어스(J. M. Myers, 1965), 브라운(R. L. Braun, 1968), 윌리엄슨(H. G. M. Williamson, 1987), 벤츠비(E. Ben Zvi, 1993), 야펫(S. Japhet, 1993), 톰슨(J. A. Thompson, 1994)이 강조한다.

마이어스는 "다윗 계열이 참 왕조이며 예루살렘은 주님의 성소"[28]라고 요약하면서 여기에 "역대기 저자는 히스기야와 요시야 시대의 유월절에서 중앙 성소로서의 예루살렘을 강조한다."[29]고 추가한다는 점에서 첫 번째 그룹에 속한 것으로 보인다. 그러나 그에게 있어 중점은 다른 곳에 있다. 마이어스는 히스기야 시대의 유월절은 백성을 예루살렘 성전 예배에서 하나가 되게 하려는 시도로 이해해야 한다고 강조하여 말한다. 이를 위해 역대기 저자는 신명기 역사서에 나타나는 요시야 시대의 유월절의 몇 가지 특징을 히스기야 시대의 유월절로 옮겨다 놓았다는 것이다.[30] 역대기 저자의 이러한 변형 작업을 마이어스는 새로운 정치적 상황에서 기인된 것으로 해석한다. 그러니까 아하스의 죽음과 북왕국의 멸망이라는 상황 때문이라는 것이다. 이로써 마이어스는 히스기야 개혁에 대한 역대기의 기술에서 근본적인 요소를 지적하였지만, 그럼에도 불구하고 그는 거기서 어떤 결론도 끌어내지 못했다. 그의 주석은 히스기야의 개혁은 성공하였으며 그것은 나중에 같은 목적을 가지고 계속된 신명기 운동의 토대를 형성했다는 역사적 추측으로 끝난다.[31]

---

28 J. M. Myers, *I Chronicles. Translation and Notes* (AncB 13; Garden City, New York: Doubleday, 1965), XXXIV.

29 Myers, *II Chronicles*, XXXIV.

30 Myers, *II Chronicles*, 176.

31 Myers, *II Chronicles*, 176-77.

브라운도 히스기야가 북왕국을 합법적인 성전으로 초대한 의미에 대한 질문을 가지고 논의를 끌어간다. 그는 히스기야 이야기에서 "북 왕국의 문제에 대한 가장 광범위한 배려"가 제시되고 있다는 결론에 닿는다.[32] 정치적 기관으로서의 북왕국이 멸망한 직후에 나온 초대를 통해 "이스라엘은 … 다시금 다윗과 솔로몬 시대에 이루었던 통일"(대 하 30:25-26)을 이루게 되었다고 말한다.[33]

이와 같은 방향으로 윌리엄슨도 입장을 개진하지만, 그러나 역대 기의 역사 서술은 반사마리아적 입장을 제시하고 있다는 루돌프의 테 제에 대해서는 분명히 반대한다. 윌리엄슨은 자신의 주석에서 루돌프 의 생각과는 반대로 역대기 저자는 "그 시대의 주요 사건에 온 이스라 엘의 참여를 강조하고 있다."고 주장한다.[34] 그에 따르면 역대기 저자 는 한편으로는 아하스 이야기에서 북왕국의 멸망을 암시하고 다른 한 편으로는 유다 백성의 포로 사건 이야기(대하 29:5-11; 30:6-9)에서 두 왕국의 운명을 동일시하면서 히스기야 시대의 "회복을 위한 생동력 있는 운동"을 위한 틀을 준비하고 있다.[35] 이 점에서 히스기야는 제2의 솔로몬의 전형으로 그려져 있다. 솔로몬 시대에 예루살렘 성전 예배에 서 온 백성이 하나가 되었기 때문이다. 이렇게 윌리엄슨은 히스기야의 왕국 회복 및 재건을 솔로몬 시대 상황으로의 회복으로 기술한다. 윌 리엄슨에게 성전은 "분열되고 흩어진 이스라엘 백성의 재통일을 위한 중심"으로서 의미를 갖는다.[36] 요시야 이야기에서 윌리엄슨은 역대기

32 R. L. Braun, *1 Chronicles* (WBC 14; Waco/Texas 1986), xxvi.
33 Braun, *1 Chronicles*, 25.
34 H. G. M. Williamson, *Chronicles* (NIC; Grand Rapids, London 1982), 25.
35 Williamson, *Chronicles*, 344.
36 Williamson, "Temple," 29.

저자의 공동체에게 중요한 토라의 의미를 관찰한다. 그는 요시야 시대에 발견된 율법책(34:14-33)을 야훼에 대한 요시야의 신실함에 대한 보상의 형태로는 물론, 이어지는 순종 행위를 위한 "지렛대"로 이해하고 있다. 윌리엄슨에 따르면 역대기 저자는 성전 제의 규정이 오경의 규정과 일치하고 있다는 점을 지속적으로 강조하며, 이 점에서 성전을 고대 이스라엘의 다양한 전통의 "남중"(南中)으로 볼 수 있다.[37] 윌리엄슨은 여기서 역대기 저자의 상호 모순적인 견해의 종합을 관찰한다. 한편으로는 예루살렘 성전 제의의 배타성이 있고 다른 한편으로는 온 이스라엘의 통일에 대한 강조가 있다는 것이다. 이러한 방식으로 윌리엄슨은 소위 이스라엘 개념과 제의 중심적인 관점을 결합한다.

이 맥락에서 벤츠비의 연구에 주목할 만한데 이는 그가 제시한 여러 가지 관찰과 평가는 비록 역대하 28장에 국한되어 있지만[38] 그러면서도 히스기야 이야기의 근본적인 특징을 말하기 때문이다.

벤츠비의 해석에 따르면 아하스 이야기는 왕이 없는 상황에서도 북이스라엘 백성은 야훼의 뜻에 따라 행동하였다는 것을 보여준다(대하 28:9-15).[39] 이 밖에 아하스 이야기는 비(非)다윗 왕조인 이스라엘이 멸망한 후에 북왕국 백성이 야훼께로 돌아오는 것을 기술하는데(28:8-15; 30:1, 10-11, 18-20; 31:1; 34:9), 이로써 저자는 한편으로는 이스라엘을 통치하는 비(非)다윗 왕조의 왕들에 대한 비판(11:13-16; 13:4-5; 13:5-7)을, 다른 한편으로는 다윗 왕조의 왕이 없어도 하나님의 뜻에

---

37 Williamson, *Chronicles*, 404.

38 E. Ben Zvi, "A Gateway to the Chronicler's Teaching: The Account of the Reign of Ahaz in 2 Chr 28,1-27," *SJOT* 7 (1993), 216-49.

39 이 관점에서 벤츠비에게 역대기 저자의 역사적 공동체의 상황과 여기서 보도되는 이스라엘 공동체는 동일하다.

따라 살 수 있다는 가능성을 보여준다. 벤츠비에 따르면 다윗 왕조의 존재는 야훼의 뜻에 따라 사는 삶의 필수 조건은 절대 아니다.[40] 오히려 다윗 가문 통치의 합법성은 "야훼를 찾는 일"에 달려 있다.[41] 아하스가 인간적으로 매우 "합리적인" 방식으로 행동하는 것을 두고 "완전한 잘못"으로 평가하는 것은(28:16-18, 20-21) 벤츠비가 보기에 "야훼를 구하는 것"의 중요성을 나타내는 표이다.

뿐만 아니라 벤츠비는 역대하 28장에서 북이스라엘 백성이 보여준 기대치 않은 행동은 야훼께 지은 죄의 측면에서나 야훼 신앙에 있어서 북왕국과 남왕국 사이에 근본적인 차이가 없다는 것을 방증한다는 점에 무게를 둔다.[42] 북왕국 주민은 예루살렘 성전으로 갈 필요가 없는데, 이는 아하스의 죄 때문에 예루살렘 성전의 제의가 부정한 상태에 있기 때문이다. 벤츠비에 따르면 여기서 역대기 저자는 그 중요성에도 불구하고 성전을 북이스라엘 백성에게 절대적으로 필요불가결한 제도로 기술하지 않는다. 그러므로 벤츠비는 특히 루돌프에 의해 대변된 이해, 즉 역대기는 유다를 변호하기 위해 기록한 것이라는 주장을 반박한다. 또 벤츠비는 아하스 시대의 북왕국 주민에게 다윗 왕과 성전은 없고 예언자만 있음을 지적하면서, 예언자가 제2의 자리를 차지하고 있음을 강조한다. 그러므로 성전이 아니라 율법이 역대기 저자에게는 하나님과 공동체의 관계에 근본적인 토대라는 것이다. 벤츠비의 이해에 따르면 역대기 저자는 히스기야를 위대한 왕, 정확히 말해 분열 왕국 시대의 가장 위대한 왕으로 기술한다. 지속적인 실패에

---

40 Ben Zvi, "A Gateway to," 239-40.
41 Ben Zvi, "A Gateway to," 230.
42 Ben Zvi, "A Gateway to," 237.

온 이스라엘 역사서 — 화해와 화합을 위한 역대기 구상

도 불구하고 멈추지 않는 아하스의 제의적 잘못은 히스기야 시대의 제의의 회복(대하 29-32장)을 위한 자리를 마련하고 있기 때문이다.[43]

벤츠비의 연구가 기여한 것 중 하나는 제의냐 이스라엘 개념이냐 하는 양자택일이 아니라 "야훼 경외하기"(דרש יהוה)의 범주로써 히스기야 제의 개혁의 해석을 위한 상위 개념을 제시하였다는 것이다. 그러나 벤츠비의 관찰은 아하스 이야기에 너무나 국한된 탓에 역대기 저자의 전체 개념으로 발전시키지 못하였다.

사라 야펫은 매우 두꺼운 주석에서 역대기는 하나의 제한된 견해를 대변하는 것이 아니라 "광범위한 종류의 많은 신학적 재고 조사"라고 말한다.[44] 여기서 온 이스라엘의 관점은 히스기야 개혁에 대한 야펫의 이해에 매우 중요하게 작용한다. 가령 "죄-벌"의 주제로 긴밀하게 연결된 아하스 이야기와 히스기야 이야기를 통해 역대기 저자는 성전에서의 야훼 예배에서 야훼께 대한 헌신을 증명할 수 있는 올바른 길을 보여준다.[45] 역대기 저자의 기술에 따르면 북이스라엘의 멸망과 히스기야의 즉위는 새로운 시작을 가능하게 하며 이는 큰 기쁨으로 절정에 이른다(대하 29:21-22, 25). 온 백성의 통일의 근거는 예루살렘에서의 야훼 예배(대하 30장)에서 수립된다고 야펫은 상술한다. 특히 야펫은 역대하 31장 1절을 근거로 히스기야의 개혁을 "백성의 종교적 개혁"에 대한 성경의 유일한 예로 규정한다. 왜냐하면 여기서 히스기야 왕의 여러 임시 조치가 백성의 참여를 통해 합법화되고 있기 때문이다(대하 29:35; 30장; 31:11).[46] 야펫의 견해에 따르면 역대하 29장과 30

---

43 Ben Zvi, "A Gateway to," 228-29.
44 S. Japhet, *1 Chronik* (HThKAT 16; Freiburg-Basel-Wien: Herder, 2002), 71.
45 S. Japhet, *2 Chronik* (HThKAT 17; Freiburg-Basel-Wien: Herder, 2003), 391.
46 Japhet, *2 Chronik*, 378-79; 406-407.

장, 그리고 31장은 역대상 15-16장과 23-29장의 유비에 따라 저작되었다. 그래서 히스기야는 다윗[47]과 솔로몬[48] 이후 제일가는 왕으로서 그들과 비교되며, 그의 통치는 일치에 대한 강조를 통해(대하 31:1; 참조 34:33) 일종의 다윗과 솔로몬 시대로의 회귀로 평가되고 있다. 이로써 야펫은 역대기의 기술에서 히스기야에게 주어진 강조점을 관찰한다. 두 유월절의 비교를 통해 야펫은 두 개혁의 차이점을 밝힌다. 히스기의 개혁에서는 예루살렘 제의에서 북이스라엘 통일을 위한 종교적 틀이 갖춰지고, 그에 반해 요시야는 제의의 제도화를 위해 노력하였다는 것이다.[49]

톰슨은 역대기의 관심을 두 개혁에 나타난 온 이스라엘의 재통일에서 찾는다. 먼저 그는 히스기야 이야기에서 다윗 후손인 한 임금 아래 통일된 이스라엘에 대한 희망을 발견하고 그것이 합법적인 성소에서 실현되는 것을 발견한다.[50] 톰슨에 따르면 역대기의 이야기에서 성전을 "가증한 것"으로부터 정화한 것은 새 출발의 표시이다. 성전의 회복은 부분적으로 솔로몬 시대 상황으로의 회복(대하 4:19-22)으로 기술되어 있다. 그는 유월절에 대한 보도에서 히스기야가 제2의 솔로몬으로 기술되고 유월절은 솔로몬 전성 시대의 회복으로서 한 전환점을 이룬다는 것에 주목한다. 톰슨은 히스기야 시대 유월절의 역사성에 대한 질문보다는 오히려 역대기 저자의 의도를 강조한다. 그는 유월절을 "정치적 국가적 통일을 향한 첫 단계"로 남북으로 분열된 백성을 예배

---

47   히스기야의 성전 회복은 다윗이 세운 규정과 제도의 회복으로 나타난다.
48   특히 종교적(대하 29-31장), 비종교적(대하 32장) 활동의 결과는 솔로몬과 비교할 때 두드러진 특징이다(대상 22:11,13; 29:23; 대하 7:11).
49   Japhet, *2 Chronik*, 482.
50   J. A. Thompson, *1, 2 Chronicles* (NAC 9; Nashville Tennessy 1994), 342.

를 통해 하나가 되게 하려는 역대기 저자의 노력으로 관찰한다.[51] 역대하 31장 1절에 기록된 온 이스라엘의 제의 정화를 톰슨은 히스기야가 소위 여로보암의 업적을 폐하고 백성을 중앙 성소인 예루살렘 성전에서 통일시키려는 의도를 지지한 것으로 주석한다.[52] 이 운동은 요시야 통치 아래서 계속된다(대하 34-35장). 커티스와 마드젠에 반대하여 톰슨은 이스라엘은 히스기야 시대뿐만 아니라 요시야 시대에도(34:33; 35:16-18) 통일되었다는 견해를 제시한다.[53]

위에서 언급한 두 가지 주석 경향을 비교해 보면, 예루살렘 제의에 강조점을 두는 첫째 그룹의 강점은 히스기야와 요시야 개혁이 역대기 전체 개념과 같은 선상에 있다는 것이다. 역대기에서 제의적 사건은 특히 주목을 받고 있기 때문이다. 이 그룹에게 히스기야(커티스와 마드젠, 루돌프, 딜라드, 드브리스)나 요시야(라일리, 종커) 개혁은 이스라엘 역사의 절정을 이룬다. 나아가 루돌프는 성전으로의 초대를 야훼께로 돌아옴으로 해석함으로써 예루살렘 성전의 합법화를 강조한다. 루돌프는 이것을 역대기 저자 시대에 있었던 사마리아의 요구에 대한 거부와 연결시키는데,[54] 이로써 그는 이스라엘 개념을 생각하지 않는다. 루돌프를 제외한 다른 주석가들은 역대기 저자의 시대에 대한 성전 제의의 단순한 중요성을 강조하지만, 그들에게 히스기야와 요시야 개혁의 이해를 위한 시대사적 배경은 별로 중요하지 않다. 이로써 포로

---

51   Thompson, *Chronicles*, 351.
52   Thompson, *Chronicles*, 356.
53   Thompson, *Chronicles*, 380, 383.
54   아래 IV.3 참고

기 이후 시대의 사회적 상황은 전혀 고려되지 않는다. 이렇게 첫째 그룹에서 사회사적 배경은 희미하기만 하다. 그러나 역대기 저자가 포괄적인 역사서를 쓰는 데 이토록 심혈을 기울였다는 사실을 고려한다면, 우리는 제의를 강조하는 배후에는 저자 당대 이스라엘의 종교적 관행을 단순히 보여주는 것 이상의 의도가 존재한다고 추측하지 않을 수 없다. 역대기 저자는 북왕국의 멸망을 의도적으로 수용하지만 그것을 최종적인 멸망으로 이해하지는 않는다. 이로써 히스기야와 요시야의 개혁은 단순한 제의 개혁을 넘어서는 것이다.

두 번째 그룹의 강점은 히스기야와 요시야 개혁을 북왕국의 멸망과 연관시킨다는 데 있다. 이들에게 개혁은 온 이스라엘의 관점 아래에서 보아야 한다. 그러나 이 그룹에서 역대기 저자의 북이스라엘에 대한 개방적인 자세에 비해 성전의 배타적인 의미는 뒤로 물러나 있다. 가령 윌리엄슨이나 벤츠비의 경우 예루살렘 성전은 그 의미를 토라에게 내준다. 온 이스라엘의 관점 아래에서 예루살렘 성전은 어떤 근본적인 역할을 하지 않는다. 루돌프나 드브리스가 밝혀낸 것처럼, 역대기 저자에게 야훼께로 돌아옴은 분명히 예루살렘 성전으로 돌아가는 것이다. 두 번째 그룹에게서 예루살렘 성전의 의미는 이렇게 충분히 평가되지 않고 있다.

상술한 바 연구사에서 히스기야와 요시야 개혁에 대한 두 가지 중요한 관점이 언급되었다. 예루살렘 성전에서의 참 제의와 온 이스라엘의 통일이라는 두 가지 개념은 분명히 역대기의 역사 서술에서 히스기야와 요시야 개혁의 핵심을 이룬다. 그럼에도 불구하고 지금까지의 연구에서는 두 개념을 서로 연관지으려는 시도가 전혀 이루어지지 않았다. 그러므로 본 연구는 지금까지의 연구에서 언급된 이 두 가지 주요 개념의 상관성을 목표로 이들을 정확히 고찰하는 것을 과제로 삼는다. 연구의 출발점은 역대기가 보도하는 히스기야와 요시야 개혁의 이해를 위해 기초가 되는 첫째 관점을 둘째 관점의 빛 아래 바라보고, 또 거꾸로 둘째 관점을 첫째 관점 아래 바라보면서 그들을 상호 연관 짓는 것이다. 그 첫 단계로 역대기의 히스기야와 요시야 이야기를 분석해 볼 것이다.

II

히스기야-요시야 개혁
(대하 29-32, 34-35장)

히스기야 이야기 (대하 29-32장)

요시야 이야기 (대하 34-35장)

요약 및 문제 제기

1 | 히스기야 이야기 (대하 29-32장)

가. 구조

구조적으로 볼 때 히스기야 이야기는 전체 본문의 바깥 틀을 이루는 도입구(29:1-2)와 결구(32:32-33)[1]를 제외하면 종교 개혁(29:3-31:21)과 정치적 사건(32:1-32:31)에 관한 두 개의 큰 단락으로 나뉜다. 세 단계로 이루어진 성전 제의 회복을 보도하는 첫째 단락(29:3-31:21)은 시간 흐름에 따라 다시 세 부분으로 나뉘며 그 중심은 유월절 절기가 차지한다. 정치사에 관한 둘째 단락(32:1-32:31)도 앞 단락과 마찬가지로 세 부분으로 나뉜다. 두 단락은 각각 그에 대한 평가로 종결된다(31:20-21; 32:30b-31). 둘째 단락은 앞 단락의 평가 구절(31:20)에서 사용된 용어 "진실함"이 "그 후에"라는 시간 부사와 결합되어 시작됨으로써 (32:1a) 그 앞 단락과 자연스럽게 이어진다.[2] 히스기야 이야기의 전체

---

1 대체로 도입구에서는 즉위 나이, 통치 햇수, 요약적인 평가가 언급되고, 결구에서는 죽음과 장사, 그리고 대를 잇는 왕이 소개된다.

적인 구조는 다음과 같다.

29:1-2	도입구
29:3-31:21	히스기야 통치 원년의 제의 개혁
29:3-36	첫째 달: 성전 재봉헌과 속죄제
30:1-31:1	둘째 달: 온 이스라엘의 유월절/무교절 축제
31:2-19	셋째 달에서 일곱째 달까지: 성전 임무 재제정
1:20-21	제의 개혁에 대한 평가
32:1-31	정치적 활동
32:1-23	산헤립의 예루살렘 포위
32:24-26	히스기야의 교만과 회개
32:27-30a	히스기야의 부와 명예
32:30b-31	정치적 치적에 대한 평가
32:32-33	결구

나. 평행본문 비교

역대기의 히스기야 이야기는 열왕기하 18-20장의 순서를 그대로

---

2   G. Steins, *Die Chronik als kanonisches Abschlussphänomen. Studien zur Entstehung und Theologie von 1/2 Chronik* (BBB 93; Weinheim 1995), 110 참고.

온 이스라엘 역사서 — 화해와 화합을 위한 역대기 구상

역대하 29-32장		열왕기하 18-20장	
29:1-2	도입구	18:1-3	도입구 및 평가
29:3-36	제의 회복	18:4	제의 개혁
30:1-31:1	유월절 회복		
31:2-19	성전 제의 새 규정		
31:20-21	평가	18:5-8	평가
		18:9-12	사마리아의 멸망
32:1	산헤립의 원정	18:13	산헤립 원정과 유다 성읍 정복
		18:14	왕의 평화 요청
		18:15-16	산헤립에게 성전 보물 전달
32:2-8	히스기야의 방어 조치		
32:9-19	산헤립의 사절단	18:17-37	산헤립의 1차 사절단
		19:1-7	왕의 기도
		19:8-13	산헤립의 2차 사절단
32:20	왕과 예언자 이사야의 기도	19:14-19	왕의 기도
		19:20-34	하나님 말씀과 약속
32:21a	하나님의 도움	19:35	예언의 성취
32:21b	산헤립 철군	19:36-37	산헤립 철군
32:22-23	은혜와 부		
32:24	왕의 병과 치유	20:1-11	왕의 병과 예언자의 구원 말씀
32:25-26a	왕의 교만과 겸손	(20:12-19)	
32:26b-30	은혜와 부		
32:31a	바벨론 사절단	20:12-19	바벨론 사절단
32:31b	평가		
32:32-33	종결구	20:20-21	종결구

따른다. 그러나 내용은 이에서 많이 벗어난다.

(1) 히스기야의 개혁에 관한 열왕기하 18장 4절의 단 한 구절은 역대기에서 세 장으로 확대되어 있다(대하 29:3-31:21). 그에 반해 나머지 이야기는 삼분의 일로 축소되어 있다. 역대기 저자는 아시리아와의 군사적 분쟁보다는 제의 개혁에 관한 기술에 더 많은 무게를 실으려 함이 분명하다.

(2) 열왕기하 18장 4절의 평행 구절은 역대하 31장 1절이지만 역

대기는 다른 관점을 강조한다.

(a) 제의 개혁을 히스기야의 업적으로 보도하는 열왕기와는 달리 역대기에서의 제의 정화는 온 이스라엘에 의해 수행된다.

(b) 열왕기하 18장 4절에서 히스기야의 제의 개혁은 유다에 한정된 반면 역대하 31장 1절의 정화는 유다를 넘어 북왕국 전체를 포괄하며, 그리하여 히스기야의 개혁은 온 국가적 캠페인이 된다.

(c) 역대기는 열왕기하 18장 4절의 "놋뱀"의 제거에 대해 언급하지 않는다.

(3) 역대기에서 신명기 역사서의 '조공 이야기'는 생략되어 있다 (왕하 18:13-16). 뿐만 아니라 히스기야가 보물 창고를 과시한 일(왕하 20:13-15)도, 성전과 궁전의 모든 보물과 히스기야의 후손이 바벨론으로 끌려갈 것이라는 예언자 이사야의 선포(왕하 20:16-18)도 언급되지 않는다. 그 대신에 역대기는 산헤립의 공격에 대한 방어 조치를 보도한다(대하 32:1-6). 첫 번째 조치는 대적이 이용하지 못하도록 성읍 안에 있는 샘을 막은 것으로(대하 32:3-4) 이는 열왕기하 20장 20절에서 영감을 얻어 쓴 것으로 보인다.[3] 여기에다 역대기 저자는 산헤립의 사절단을 기술하기 전에 짧은 설교를 추가한다(대하 32:7-8). 이것은 열왕기하 18장 30절 이하를 암시적으로만 전제하고 있다.

(4) 산헤립 단락(대하 32:9-23)은 저본(왕하 18:17-37; 19:1-37)에 기초하여 요약 언급된다.

(5) 열왕기하의 몇 단락은 역대기에 최대한 약술된다. 히스기야의 기도(왕하 19:14-19)는 역대하 32장 20절과 관련되고, 산헤립에 대한

---

3   W. Rudolph, *Chronikbücher* (HAT I/21; Tübingen 1955), 311.

야훼의 말씀과 하나님의 도움에 대한 이사야의 약속(왕하 19:14-34)은 역대하 32장 22-23절과 관련된다. 히스기야의 병과 예언자의 구원 말씀(왕하 20:1-11)은 역대하 32장 24절과 관련되고, 바벨론 사절단 이야기(왕하 20:12-19)는 역대하 32장 31절과 관련된다.

본문의 대조 비교에서 역대기의 히스기야 개혁은 이미 신명기 역사서에서보다 훨씬 더 광범위하게 기술되어 있으며, 또 히스기야 왕은 훨씬 더 긍정적으로 그려져 있다는 사실이 두드러진다.

다. 역대기 특수 자료

1) 종교 분야 (29-31장)

(1) 역대기의 특수 자료는 강조어 אוה 〈후〉로 시작하는데 이는 열왕기하 18장 4절에서 가져온 것이 분명하다. 이로써 역대기 저자는 히스기야 왕이 직접 제의 개혁 운동을 주도하였음을 초반부터 강조한다.[4] 그러니까 히스기야 왕은 즉위하자마자 폐쇄된 성전 문을 개방하고 보수한다(대하 29:3).[5] 그런 다음 제사장과 레위인을 소집하여 대대적인 성전 정화를 명령한다(4-5절). 그 이유는 레위인에게 한 왕의 설교에 잘 나타나 있다(5-11절).[6] 히스기야 왕은 먼저 과거의 죄를 다룬다. 이것은

---

4   칠십인역에서 "왕의 통치 첫 해였다"라는 반(半) 구절은 제의 개혁 조치 보도에 대한 일종의 표제로 기능한다. 칠십인역은 אוה 〈후〉를 אוה 〈히〉로 이해한 것 같다. 이로써 칠십인역은 첫째 달에 이루어진 것에 강조점을 둔다. 그러나 이는 종교 개혁에 대한 전체 도입구이다. 따라서 히브리어 단어 אוה 〈후〉로 읽어야 한다.
5   왕하 18:16에 따르면 히스기야 왕은 제14년에 오히려 성전문의 금을 벗겼다.

야훼께 "범죄하고 악을 행하였다"라는 단어로 요약되며(29:6), 7절에서 "또"라는 도입 단어로 자세히 서술된다. 조상들의 구체적인 죄는 성전 문을 닫고 등불을 끄며 하나님께 번제를 드리지 않은 것이다. 즉 아하스 왕이 다스리던 시기에 성전에서는 일체의 제사가 이루어지지 않았던 것이다(레 24:1-9 참조).[7] 5절의 "야훼의 집", 6절의 "야훼의 처소", 7절의 "낭실", 5절과 7절의 "성전"과 같이 성전을 일컫는 여러 가지 칭호를 통해 성전 전체의 총체적인 부정과 이를 넘어 제의의 전반적인 부정이 강조된다. 한마디로 조상들의 죄는 성전에 대한 심각한 경시와 홀대였다. 이러한 조상들의 죄는 하나님의 진노를 불러일으켰으며 하나님의 심판을 초래하였다. 이것은 "너희가 눈으로 똑똑히 지켜본 것처럼"(29:8)이라는 표현이 보여주는 것처럼 구체적으로 아람, 이스라엘, 에돔, 블레셋, 아시리아에 대한 아하스의 패전(28:5-7, 17-18, 20)과 관련된다(29:9). 히스기야 왕에 따르면 현재의 유다는 아직도 하나님의 진노 아래 있다(29:10b).

성전 관리들에 대한 명령에서 드러나듯이 히스기야 왕은 하나님의 진노를 피하기 위하여 성전 제의에 집중한다(29:5, 11). 야훼와의 언약 체결을 준비하기 위한 성전 정화 명령에 따라(5, 10절) 먼저 아하스가 부정하게 한 제의 기구들이 성전 관리들, 즉 제사장과 레위인에 의해 다시 성결되어 야훼의 제단 앞에 준비된다(19절). 그런 다음 왕과 신하들은 "왕국과 성소와 유다"를 위하여 속죄 제사를 드리고자 일곱 마리의 수송아지와 숫양, 또 어린 양과 숫염소를 가져온다(21절). 제사

---

6   히스기야 왕의 설교는 레위인을 향한 것이지만 내용을 볼 때 제사장도 포함하고 있다. Ru-
     dolph, *Chronikbücher*, 293; Williamson, *Chronicles*, 353; Japhet, *2 Chronik*, 366.
7   아비야의 설교(대하 13:11)에서 규칙적인 제사는 예루살렘 성전의 야훼 제의의 핵심을 차지
     한다. 동시에 비합법적인 북왕국에 대한 합법성에 대한 중요한 논지이기도 하다.

장들은 소와 양과 어린 양의 피를 제단에 뿌린다(22절).[8] 이어 속죄 제물이 왕과 회중인 백성 앞으로 끌려오자 그들은 머리에 안수한다(23절). 제사장들은 속죄 제물을 잡고 그 피를 제단에 드려 '온 이스라엘'을 속죄한다(24절). 10절에서 야훼와 계약을 체결하겠다는 왕의 의지가 명시되었지만 상술한 의식은 계약 체결 의식으로 보이지 않는다.[9] 오히려 두 개의 의식, 즉 성전 봉헌식과 백성을 위한 속죄 의식이 서로 결합되어 있다. 계약 체결 대신 두 가지 의식이 결합된 형태는 제의 기관과 제의 공동체가 총체적으로 부정한 상태에 있음을 거듭 보여 준다. 그런고로 이 의식은 성전을 정화하면서 동시에 백성의 죄를 속죄하는 이중의 기능을 지닌다. 제사장이 속죄제 의식을 수행하는 동안 레위인은 음악 예식을 수행한다.[10]

속죄제를 마친 후 히스기야 왕은 성결하게 된 백성을 감사제에 초청한다(29:31aα[11]). 회중들은 예상 외로 많은 번제물을 바친다. 번제는 제사장을 필요로 한다. 따라서 칠십 마리 수소, 백 마리 숫양, 이백 마리 어린 양의 번제물과(32절), 또 육백 마리 소와 삼천 마리 양의 봉헌물(33절)이라는 많은 제물로 인해 제사장의 일손이 부족하게 되자 레

---

8 22절에서 제물을 잡는 주체인 삼인칭 복수 주어는 누구인지 명시되지 않는다. 반면에 24절에서는 제사장이 속죄 제물을 잡는다. 22절은 번제를 말하며 여기서 제물을 잡는 사람은 제사를 드리는 자이다. 23절의 주어는 분명히 제사드리는 자를 의미한다.

9 De Vries, *Chronicles*, 374; Japhet, *2 Chronik*, 368; 어근 כרת 〈카라트〉가 전치사 ל 〈르〉와 함께 쓰이는 용법을 근거로 야펫은 "무조건적 충성을 선언하는 의미로 보편적인 용어"로 이해한다. 왜냐하면 이 용어는 계약 체결자들 간의 서열차를 전제하기 때문이다.

10 학계에서는 20-24절과 25-30절의 일관성 문제가 자주 논란이 된다. 후자는 대개 이차적인 것으로 간주된다. 제사와 음악을 시청각적으로 보이게 하거나 또는 레위인 가수의 역할을 분명하게 강조하려는 역대기 저자의 의도로 파악되기도 한다.

11 문자적으로 "이제 너희 손을 야훼를 위해 채워라"에서 '말레 야드'(מלא יד)라는 표현은 보통 제사장 위임식에 사용되는 전문 용어이다(대하 13:9 참고). P. Ackroyd, "יד," *ThWAT* III (1982), 437. 그렇다면 이 명령은 제사장에게 하는 것이어야 한다. 그러나 "나아와 제물과 감사 제물을 여호와의 전으로 가져오라"(29:31aβ)는 왕의 명령에 따라 제물을 가져오는 백성의 반응으로 볼 때 여기서 명령은 분명히 백성에게 주어진 것이다.

위인의 도움이 필요하게 된다. 제사장이 번제 직무를 수행하고 제사장이 성결할 때까지 레위인은 제물의 가죽을 벗기는 일로써 제사장을 돕는다(34절). 역대기 저자는 "이와 같이 여호와의 전에서 섬기는 일이 순서대로 갖추어졌다. 이 일이 갑자기 되었으나 하나님께서 백성을 위해 예비하셨으므로 히스기야가 백성과 더불어 기뻐하였다."(36절)는 말로 보도를 마무리한다. 여기서 역대기 저자는 히스기야의 제의 개혁을 전체적으로 임시 조치의 성격으로 규정한다. 성공의 원인은 하나님의 간섭이었다는 것이다(30:12; 31:10 참조).

(2) 제단 봉헌과 백성의 속죄가 이루어지자 히스기야 왕은 '온 이스라엘'의 유월절에 관심을 갖는다(대하 30:1, 5). 지금까지 유월절을 율법에 따라 "크게", 다시 말해 온 백성이 중앙 성소에서 다 함께(신 16:5-8 참조) 지키지 않았기 때문이다(대하 30:5). 이러한 이유를 제시함으로써 역대기 저자는 토라에 따라 제의를 회복하려는 히스기야 왕의 의지를 부각시킨다. 왕과 신하들과 예루살렘 회중은 두 가지 이유를 근거로 유월절을 둘째 달로 연기하기로 결정한다(30:2). 첫째, 정한 때에 유월절을 지킬 수 없었기 때문이다(3절). 이것은 한편으로는 제사장이 충분히 성결하지 않았기 때문이고, 다른 한편으로는 백성이 예루살렘에 모이지 않았기 때문이다. 이 두 가지 이유는 아하스 시대에 제의가 얼마나 심각하게 방치되어 있었는지를 재차 알려 준다. 그러나 29장 끝에 기술된 백성들의 "큰 기쁨"을 고려할 때 유다 백성이 오지 않았다는 것은 문맥에 맞지 않는다. 그러므로 여기서 말하는 백성은 다름 아닌 북왕국의 백성을 가리키는 것이다. 이 점에서 히스기야 왕이 유월절을 북왕국의 백성과 함께 지낼 계획을 모색했다는 것이 분명해진다. 유월절 제사에 처음부터 북왕국 백성의 참여가 고려되었다면(30:1,

5, 10), 성결한 제사장의 부족 때문에 유월절을 연기했다는 점은 자연스럽게 이해된다. 왜냐하면 29장 31-34절이 이미 보여준 것처럼 제사장의 부족은 제의 공동체의 크기와 밀접하게 연관되기 때문이다.

이러한 계획을 왕은 물론 온 회중도 긍정적으로 받아들인다(30:4). 이제 왕이 파견한 사신들은 왕의 명령에 따라 북왕국의 에브라임과 므낫세와 스불론 지역까지 이 성읍 저 성읍을 다니며 왕의 메시지를 전한다(30:10a). 북이스라엘 주민에게 행한 설교에서 히스기야 왕은 "그들[너희 형제]은 ⋯ 여호와께 범죄하였으므로 여호와께서 멸망하도록 버려 두신 것을 너희가 똑똑히 보는 바니라"(7절)라는 말로 북이스라엘도 유다와 비슷한 처지에 놓여 있음을 지적한다(29:5-11). 히스기야는 북이스라엘 왕국의 죄가 야훼께 대한 "범죄"(מעל, 〈마알〉)에 있다고 본다. 이 죄는 예루살렘 성전에서의 야훼 제의를 거부한 것으로 나타난다. 유다 백성에게 했던 것처럼 히스기야 왕은 북이스라엘 사람들에게도 회개를 요청한다. "야훼께 너희 손을 드려라"(30:8; 참조 29:5, 31).[12] 그러나 많은 북이스라엘 사람들은 왕의 사자를 조롱하며 거부하였고(30:10b), 단지 적은 무리만 이 초대에 응할 뿐이었다. 그에 반해 유다 왕국에서는 허다한 사람들이 일치된 마음으로 이를 따랐다(12절). 그 결과 둘째 달 제14일에 예루살렘에는 유다 백성은 물론 북이스라엘 사람이 '큰 회중'을 이루어 유월절을 지키려고 모였다(13절). 절기를 지키기 전에 예루살렘에 모인 온 회중은 그릇된 제단과 분향단을 예루살렘에서 모조리 제거한다(14절).

역대기 저자는 계속하여 보도하기를, 유월절을 지키기 위해 예루

---

12 위 각주 11 참고.

살렘에 모인 많은 회중 가운데 성결하지 못한 사람들이 있었다고 한다 (30:17). 또 회중 가운데 이스라엘 왕국의 에브라임, 므낫세, 잇사갈, 스불론에서 온 많은 이스라엘 사람이 성결하지 않았고 율법에 기록되지 않은 방식으로 유월절 음식을 먹었다고 말한다(18a). 이에 히스기야 왕은 율법을 위반한 이스라엘 사람들의 생존을 위하여 하나님께 기도한다(18b-20절). 그 결과 예루살렘에 있는 '온 이스라엘'은 칠 일간 큰 기쁨으로 무교절을 지내게 된다(21절). 고조된 분위기와 왕과 신하의 많은 헌물로 인해 잔치는 칠 일 더 연장된다(23-24절). 여기서 역대기 저자는 유월절에 참여한 사람들을 제사장과 레위인 외에 세 부류로 나눈다 (25절). (a) 유다 온 회중, (b) 이스라엘에서 온 사람들의 온 회중(כל־הקהל הבאים מישראל), (c) 이스라엘 땅에서 와서 유다에 사는 이주민(הגרים הבאים, 25bα)과 마ארץ ישראל והיושבים ביהודה)이다.[13] (b)의 "이스라엘 온 회중"은 북왕국 지역의 주민으로서 북왕국 멸망 후 히스기야 시대의 유월절을 지키기 위해 예루살렘으로 온 순례자들을 말한다. 반면 (c)의 그룹은 분열 왕국 시기에 월남하여 이미 유다 왕국에 정착한 북왕국 출신의 이주민(גרים 〈게림〉), 즉 새터민을 말한다(28:14 참조).[14] 이들 전체가 "온 이스라엘"을

---

13 De Vries, *Chronicles*, 381 참고. 그러나 야펫(Japhet, *2 Chronik*, 401)은 절기에 참여한 사람들을 크게 (a) 유다 온 회중과 제사장과 레위인으로 구성된 유다 왕국 백성(25aα절)과 (b) 이스라엘에서 내려온 회중(25aβ절)으로 나누고, 후자는 다시 본래 이스라엘인이 아니었지만 이스라엘에서 온 사람들(הגרים הבאים מארץ ישראל, 25bα)과 유다에 사는 사람들(היושבים ביהודה, 25bβ절)로 구분한다. 반면 이희학, "대하 30장 25절의 '회중, 이스라엘, 나그네'에 관한 연구," 『구약논단』 16,2 (2010), 10-29에 따르면 25a절은 유대인을, 25b절은 이방인을 말한다.

14 용어 〈게르〉가 비이스라엘인으로서의 이방인만을 가리키는 것은 아니다. 이방인 〈게르〉, 즉 이스라엘에 정착해 사는 이방인은 특정한 법적 지위를 갖는다. 땅은 소유하지 않아서 이스라엘 자유민에 종속되어 있지만 그 외에는 사회적 약자보호법과 같은 동등한 법적 권한을 누린다(출 23:9 참고). 뿐만 아니라 타지에 사는 이스라엘/유다 사람도 〈게르〉로 불린다. 대표적으로 역대하 15:9에서 북이스라엘에서 유다로 내려온 사람들이 〈게르〉로 불리는데, 이들은 역대하 30장에서 "유다에 사는 이스라엘 백성"으로 규정되지만 이후부터는 더 이상 그렇게 불리지 않는다. 여기에는 역대기 저자의 특별한 이유가 있다. 아래 III.6. 참고.

대표한다. 역대기 저자는 "예루살렘에 큰 기쁨이 있었으니 이스라엘 왕 다윗의 아들 솔로몬 때로부터 이러한 기쁨이 예루살렘에 없었더라"(26절)고 보도를 맺는다. 이로써 역대기 저자는 히스기야 시대의 유월절이 단순한 제의 회복을 넘어선 것임을 시사한다. 그에 따르면 유월절을 지키고 큰 기쁨을 경험한 온 백성들은 거기서 그치지 않고 유다 여러 성읍에 있는 기둥 석상들을 깨뜨리며 아세라 목상들을 찍고, 또 유다와 베냐민과 에브라임과 므낫세 온 땅에 있는 산당과 제단들을 제거하였던 것이다(31:1). 유월절을 지킨 이후 "제의 중앙화"가 즉흥적으로 이루어졌다는 말이다. 역대기 저자에 따르면 신명기 역사서에서 요시야 왕이 이룬 제의 중앙화는 위로부터가 아니라 아래로부터, 히스기야 시대 온 백성의 유월절 준수의 결과 온 백성이 시작한 것이었다!

이런 방식으로 역대기 저자는 히스기야 시대의 유월절에 대한 기술에서 "온 이스라엘"의 참여를 강조한다. 이러한 강조는 특히 히스기야 개혁에 대한 신명기 역사서의 언급(왕하 18:4)을 전위시키고 변경함으로써 더욱 두드러지게 나타난다. 신명기 역사서에서 요시야의 개혁이 왕의 명령으로 추진되는 것처럼(왕하 23:4a, 21a), 역대기에서 히스기야 개혁도—히스기야 개혁 보도가 강조의 첨사 הנה 〈후〉로 시작하는 것처럼—왕의 주도로 시작된다(대하 29:3). 그러나 30장 14절과 31장 1절의 우상 타파는 더 이상 히스기야 왕이 행한 일이 아니라 왕이 유월절에 초대하여 하나가 된 "온 이스라엘"에 의한 것이다. 역대기에서 히스기야 왕이 시작한 개혁은 온 백성 이스라엘이 계속 추진한다.[15] 결과적으로 역대기에서 히스기야 개혁은 전 왕국 차원의 캠페인이자 "백성에 의한 개혁"의 성격을 띤다. 이 점에서 역대기에서 히스기야 개혁은 열왕기서가 기술한 것보다 훨씬 더 포괄적인 개혁으로 드러난다.

　(3) 성전이 봉헌되고 제의가 회복회자 히스기야 왕은 일상 제의를 정상화하기 위한 조치를 취한다. 왕은 제일 먼저 제사장과 레위인의 반열을 세우고(대하 31:2),[16] 그 다음으로 매일, 매주, 매월의 번제물과 한 해의 번제물을 자기의 재산으로 충당한다(31:3). 역대기 저자에 따르면 이 일은 토라의 규정에 따른 것이다(3b절).[17]

　나아가 히스기야 왕은 모든 성전 관리들의 생계를 위한 조치를 마련한다. 왕은 백성들에게 성전 관리들에게 몫을 주도록 명령한다. 이 조치의 목적은 제사장과 레위인들이 야훼의 율법을 잘 지키도록 하기 위해, 즉 그들이 율법을 연구하여 그에 맞는 제의를 실행할 수 있게 하기 위함이다(31:4). "예루살렘의 주민들에게"라는 표현은 왕의 명령이 예루살렘의 주민들에게 내려진 것임을 가리킨다. 그에 반해 5절은 "이스라엘 사람들"이 곡식, 포도주, 기름과 꿀 등 밭의 모든 소산의 첫 열매와 십일조를 바쳤다고 말한다. 여기서 "이스라엘 사람들"은 북이스라엘 주민을 말할 것이다. 이로써 역대기 저자는 북이스라엘 주민의 적극적인 참여 의지를 강조한다. 역대기 저자는 계속하여 이스라엘 사람뿐만 아니라 유다 성읍에 사는 유다 사람도 가축의 십일조와 야훼께 드릴 십일조를 가져왔다고 보도한다(31:6a). 유월절 참여(30:25)에서와 같이 여기서도 북이스라엘 백성은 다시 두 부류, 즉 북쪽의 주민

15　Japhet, *2 Chronik*, 406-407은 여기서 왕과 백성의 임무가 역대기 저자의 세계관에 맞게 나뉘어 있다고 말한다. 야펫은 또한 일체감의 강조에서 역대기 저자가 다윗과 솔로몬 시대로의 회귀를 갈망하고 있다고 본다.

16　2절에 제사장과 레위인의 직무가 열거되어 있지만, 어떤 직무가 누구에게 속하는지 세부적으로는 명시되지 않는다. 29-30장을 통해 볼 때 번제와 화목제 등 제사는 제사장의 일이며, 감사와 찬송, 그리고 문지기의 일은 레위인에게 속할 것이다.

17　여기의 토라 지시는 2절에서 말하는 제사장과 레위인의 직무를 위한 반열을 가리킬 것이다.

　　온 이스라엘 역사서 — 화해와 화합을 위한 역대기 구상

과 유다 성읍에 사는 소위 새터민으로 나뉘어 있지만, 후자는 더 이상 "이주민"〈게르〉로 간주되지 않는다. 역대기의 기술에 따르면 온 백성은 제3월에서 제7월까지 성전 관리들의 몫을 위하여 예물을 드린다 (31:7). 이 자리에서 "온 이스라엘"의 참여가 다시금 강조된다. 풍성하게 쌓인 예물을 보고 야훼를 찬양하고 이스라엘 백성을 축복하는 (31:8) 히스기야 왕과 신하들의 반응을 통해 역대기 저자는 제의의 회복이 하나님의 역사였다는 점을 분명히 한다(29:36 참조).

이어 히스기야 왕은 쌓인 예물에 대한 후속 조치로서 성전 관리들, 즉 레위인과 성전가수와 문지기에게 몫을 분배하고 제사장에게 줄 몫을 보관할 수 있도록 성전에 곳간을 세우게 한다(31:11, 12a). 성전 곳간은 관리 감독되어야 한다. 이를 위해 두 사람의 레위인이 최고 감독자로, 열 사람이 보조인으로 임명된다(12b-13절). 사라 야펫이 관찰한 대로 십일조의 중앙화가 이루어진다. 다시 말해 성전 관리의 생계가 중앙에서 관리된다.[18] 제사장 성읍에서의 분배를 위해 다른 레위인과 여섯 명의 보조인이 책임을 맡는다(14-15절). 곳간 책임자로 레위인이 임명되는 것은 나중에 성전 곳간 책임을 레위인에게 맡긴 느헤미야의 개혁을 연상시킨다(느 13:13). 이 조치를 끝으로 히스기야 시대의 성전 제의는 전면 회복된다.

요약하면 역대기 저자의 기술에 따르면 히스기야 왕은 제의 개혁을 주도하여 왕국의 개혁 캠페인의 물꼬를 튼다. 첫째, 히스기야 개혁은 외적으로는 아하스 시대에 부정하게 된 제의의 회복을 의미한다. 아

---

18 Japhet, *2 Chronik*, 411.

하스가 폐쇄한 성전 문은 히스기야 왕에 의해 개방되고(대하 28:24aβ; 29:3), 아하스가 부정하게 한 성전 제의 기구들은 제사장과 레위인을 통해 봉헌되며(28:24aα; 29:19), 아하스가 예루살렘 구석구석에 세운 제단들은 백성에 의해 제거된다(28:24b; 30:14). 뿐만 아니라 백성들은 유다 성읍은 물론 온 땅에 있는 산당까지 제거한다(28:25; 31:1). 둘째, 히스기야 개혁은 온 이스라엘의 유월절과 제의와 사제에 관한 규정의 정상화(31장)를 의미한다. 이와 같이 역대기의 히스기야 개혁은 신명기 역사서에 기술된 개혁을 능가한다. 이에 맞게 역대기 저자는 히스기야 왕을 제의와 관련하여 분명히 긍정적으로 평가한다(30:20-21). 이 평가에서 히스기야는 "하나님의 뜻을 이루다" 또는 "명령을 준수하다"와 같은 의미를 갖는[19] דרש יהוה (〈다라쉬 야훼〉 "야훼를 찾다")[20]라는 표현으로 칭송을 받는다. "히스기야가 온 유다에 이같이 행하되 그의 하나님 여호와 보시기에 선과 정의와 진실함으로 행하였으니"(20절). 끝에서 "그가 형통하였다"라는 짧은 표현으로 히스기야 왕의 대대적인 개혁의 결과가 강조되고 있다.

2) 정치 분야 (32장)

(1) 산헤립의 포위에 직면한 히스기야 왕은 먼저 신하들과 의논하여 도성 밖에 있는 샘의 근원과 지하수를 막아 적군이 이를 이용하지 못하도록 한다(대하 32:3-4). 그런 다음 그는 무너진 성벽을 보수하고

---

19 E. Ruprecht, "דרש," *THAT* 1 (⁵1995), 466.
20 사울이 야훼를 거역한 죄의 구체적 내용은 "여호와께 묻지 않은 것"(לא־דרש ביהוה)이었다(대상 10:13-14).

망대를 쌓으며 외성과 다윗성의 밀로를 보수한다(32:5a). 이것은 산헤립의 사절단도 언급하는 내용이다(10절; 왕하 18:19-20 참조). 히스기야 왕은 무기를 제조하며 지휘관을 세우기도 한다(대하 32:5b). 이러한 일련의 군사적 조치에 근거하여 크노퍼스는 신명기 역사서에는 제의 정화와 제의 중앙화가 그 중심에 있는 반면, 역대기는 제의 개혁이 아닌 "군사, 행정, 사법, 지형 정치적" 개혁에 더 주목하고 있다고 주장한다.[21] 이러한 주장은 맞지만 그러나 히스기야 왕의 경우에는 해당되지 않는다. 역대기 저자는 히스기야가 산헤립에 대항하여 군사적 조치를 임시 조치로 시행하고 있다고 기술하기 때문이다. 그러니까 히스기야는 백성(군인) 위에 지휘관을 세운 후 그들을 성문 광장에 소집하여 사기를 북돋운다(6절 이하). 이러한 모습은 제의적 개혁을 추진하는 왕의 모습과 일치한다(29:3-31:21). 히스기야 왕은 개혁 운동을 주도하고, 설교로써 백성들을 격려한다. 그의 지휘 아래 예비적 조치가 취해진다. 산헤립이 연설과 편지로써 히스기야 왕과 백성들의 사기를 꺾고 항복시키기 위해(32:9-19) 라기스에서 예루살렘으로 파송한 사절단의 말은 29-31장에 나타난 히스기야의 모습을 재차 확인해 준다.[22] 즉 히스기야 왕은 야훼를 신뢰하고(32:12-13; 참조 왕하 18:22), 제의 중앙화를 실현하였다(32:12-13; 참조 왕하 18:22). 이러한 왕의 모습은 특히 아시리아 사절단의 비방 연설에 대한, 신명기 역사서에 기술된 히스기야의 반응(왕하 19:1-4, 14-19)이 역대기에서 히스기야와 이사야의 공동 기도로

---

21 G. N. Knoppers, "History and Historiography: The Royal Reforms," in *The Chronicler as Historian*, eds. M. P. Graham, et al., 181.

22 E. Ben Zvi, "When the Foreign Monarch speaks," in *The Chronicler as Author*, eds. M. P. Graham et al., 222 참고.

축소됨으로써(대하 32:20) 부각되어 있다. 이렇게 히스기야 왕은 포위 상태라는 심각한 위기 상황에서 훨씬 더 긍정적으로 그려져 있다. 역대기 저자의 견해에 따르면 야훼로 하여금 산헤립의 공격에 즉시 개입하게 한 것은 히스기야의 큰 믿음이었다(32:21, 22a).[23] 역대기 저자는 야훼가 히스기야와 예루살렘의 주민에게 안식을 주셨다는 확언(22b절)으로써 이 단락을 마무리한다. 산헤립이 철수하는 기적이 일어났으며, 이는 모든 민족들이 히스기야를 높이 존경하게 된 원인이었다는 것이 역대기 저자의 견해이다. 많은 사람들은 야훼께 드릴 예물을 가지고 예루살렘으로 오고, 히스기야를 위해 귀중한 선물도 가져왔다(23a절). 히스기야는 온 민족 가운데서 높은 존경을 받는다(23b절). 여기서 히스기야의 시대는 분명히 야훼가 열어준 축복의 시대로 기술된다.[24]

히스기야의 이러한 모습은 신명기 역사서의 것과 분명한 큰 차이를 보여준다. 신명기 역사서에서 산헤립의 공격은 특히 유다 성읍에 심한 손실을 초래하였고(왕하 18:3) 히스기야는 방어 차원에서 성전과 궁전의 곳간을 털어 바친다. 산헤립에게 보물을 넘긴 것은 전쟁을 치르지 않고 도성을 보호하기 위한 조치였다(18:14-16). 역사적으로 산헤립 원정의 심각한 결과는 그사이 고고학적으로 증명되었다.[25] 그러나

---

23 A. C. Welch, *The Work of the Chronicler. Its purpose and its date* (London, 1938; München: Kraus, 1980), 99도 같은 견해이다. 왕하 18:21, 24절의 이집트의 도움에 대한 기대가 생략된 것은 바로 이 때문이다.

24 Ch. Begg, "The Deuteronomistic retouching of the Portrait of Hezekiah in 2 Kgs 20,12-19," *BN* 38/39 (1987), 7-13은 왕하 20:14의 "멀리서"(מארץ רחוקה)라는 표현이 히스기야 왕의 시대가 황금기였음을 시사한다고 본다. 그 증거로 신 20:10-15; 수 9:3-27; 왕상 10:1-10, 12이 제시된다.

25 I. Finkelstein, "Archaeology of the Days of Manasseh," in *Scripture and Other Artifacts: Essays on the Bible and Archaeology*, eds. M. Coogan, et al, 176에 따르면 기원전 8세기 산헤립의 공격으로 유다는 인구(와 주거지)가 120,000(470 ha)에서 65,000(255ha)으로 감소되었다.

온 이스라엘 역사서 ─ 화해와 화합을 위한 역대기 구상

역대기 저자는 산혜립은 유다에 아무런 해를 가하지 못하고 오히려 그 반대로 산혜립의 공격 실패 후 유다 왕국에는 안식과 평안이 지배하였다고 말한다. 히스기야 시대는 축복받은 시대로 기술된다.[26] 이로써 역대기에서 분명한 것은 히스기야 시대의 유다는 종교적으로는 물론 정치적으로도 정점에 이르렀다는 것이다.

(2) 역대기에서 병든 히스기야 왕의 기도는 응답을 받는다. 야훼는 왕에게 "증거"를 보여주신다(대하 32:24). 그러나 히스기야 왕은 받은 은혜에 따라 살지 않고 마음이 교만해진다(32:25a). 역대기에서 왕의 교만은 신명기 역사서가 기술하는 것처럼(왕하 20:12-19) 바벨론의 사신에게 왕궁의 보물 전체를 자랑하는 행동으로 나타나는 것이 아니라 병 고침을 받고도 감사하지 않은 것으로 표현된다. 신명기 역사서에서 예언자 이사야는 히스기야에게 경고하지만(왕하 20:16-18), 역대기 저자는 히스기야가 자기의 교만으로 하나님의 진노를 자신과 유다와 예루살렘에 초래하였다고 말한다(대하 32:25b). 두 본문의 공통점은 왕국의 운명과 왕의 교만이 서로 밀접하게 연관되어 있다는 데 있다.

역대기에 따르면 히스기야 왕이 겸비하자 하나님의 진노는 그의 생전에 임하지 않고 정치적 재앙은 미래로 지연된다(대하 32:26; 참조 왕하 20:17-19).[27] 히스기야의 겸손은 창고를 세우고 우리를 갖추며 성읍을 건축해야 할 정도로 많은 부를 가져다 준다(대하 32:27-29). 역대기 저자는 귀한 보물을 길게 열거함으로써 히스기야 시대를 축복의 시대

---

26 G. N. Knoppers, "Treasures Won and Lost: Royal (mis)appropriations in Kings and Chronicles," in *The Chronicler as Author. Studies in Text and Texture*, eds. M. P. Graham, et al, 204 참고. 대상 4:41의 확장도 이 선상에서 이해할 수 있다.

27 여기에는 신명기 사가와 역대기 저자의 응보 원리가 어느 정도 유사하게 나타난다.

로 강조 서술한다. 여기서 우리는 누구든지 자신의 행위에 따라 자신의 운명을 긍정적으로 설계할 수 있다는 개인 응보 신학을 발견할 수 있다.[28] 물길을 다윗성의 서쪽편으로 돌린 사실(32:30a)은 무엇보다도 삶의 조건의 향상을 의미한다.[29] 역대기 저자는 자기의 보도를 이렇게 종결짓는다. "히스기야가 하는 모든 일이" 다시 말해 정치적 차원에서나 군사적 차원에서는 물론이요 경제와 건축 개혁 차원에서도 "성공하였다"(32:30b)라고 말이다. 비제의적 영역에서 히스기야의 성공은 그의 통치 시대가 전성기였음을 말한다.[30]

(3) 바벨론의 사절단은 이러한 총평 다음에서야 언급된다. "그러나 바벨론 방백들이 히스기야에게 사신을 보내어"(대하 32:31aα). 여기서 역대기 저자는 히스기야 왕의 교만이 왕과 백성에 대한 하나님의 심판을 초래한 왕국 멸망의 원인이 되었다는 신명기 역사서의 부정적 평가(왕하 20:17-19)를 재사유하고 있음을 알 수 있다. 역대기 저자는 먼저 히스기야의 잘못이 그가 바벨론의 사절단에게 모든 보물 창고를 보여준 데 있다는 저본에 동의하는 것으로 보인다. 그러나 역대기 저자는 31절에서 앞 단락 24절의 "이적"이라는 단어를 다시 끌어다 씀으로써 왕의 교만이 하나님께서 보여주신 "이적" 즉 치료에 대하여 감사하지 않은 데 있음(25절)을 다시 환기시킨다. 신명기 역사서와는 달리

---

28 이러한 개인 응보 신학은 므낫세가 하나님 앞에 겸손하여 다시 왕위에 앉게 되었으며(대하 33:12-13) 아몬이 스스로 겸손하지 아니하여 죽임을 당했다는 보도(33:23-24)에서 재차 확인된다.

29 Knoppers, "History and Historiography," 192 참고.

30 고고학 연구 결과를 바라보면 이러한 모습은 적어도 산헤립 원정 이전에 들어맞는 것으로 보인다. Finkelstein, "Archaeology," 177에 따르면 산헤립 원정 이전에 "유다 왕국의 경제는 … 매우 균형을 이룬 상태였다. 산지에서 또 쉐펠라에서도 … 적어도 역대기의 히스기야 평가는 고고학적으로 부분적으로 확인된다. 그러나 히스기야 통치 말기 산헤립의 원정은 역사적 관점에서 매우 심각한 정치 경제난을 초래하였다.

역대기 저자는 바벨론 사신이 히스기야 왕을 방문한 계기는 왕의 회복을 위한 문병이 아니라(왕하 20:12) 하늘의 징조에 대한 호기심이었다고 말한다(대하 32:31a).[31] 그들은 "그 땅에서 나타난 이적을" 알고자한 것이었다. 그러한 이유로 이때 하나님은 오직 "히스기야 왕을 시험하기 위하여"(32:31b) 히스기야 왕에게 모든 것을 맡긴 것이다. 역대기저자에 따르면 그것은 히스기야 개인에게 해당된 시험이었다. 이로써역대기에서는 히스기야의 교만은 왕국의 운명과 전혀 무관한, 순수히왕의 개인적인 문제로 나타난다. 신명기 역사서와는 달리 역대기에서정치적 재앙은 모든 액운의 성격을 벗는다. 이로써 히스기야의 통치시대는 유다에 외적으로나 내적으로 한 점의 먹구름도 끼지 않은, 순수한 축복의 시대로만 기술된다.

역대기 저자는 그의 저본(왕하 18:14-16; 20:16-19)과는 달리 둘째단락에서 첫째 단락(대하 31:20-21)과 마찬가지로 히스기야 왕을 긍정적으로 평가한다. "히스기야가 그의 모든 일에 형통하였더라"(32:30). 한마디로 역대기 저자는 제의적 측면은 물론 비제의적인 영역에서도히스기야 시대를 유다 역사의 전성기로 기술하고 있다.[32]

---

31 Rudolph, *Chronikbücher*, 313-14.

32 이러한 결과는 역대기에서 히스기야가 제2의 다윗 (R. Mosis, *Untersuchungen zur Theologie des chronistischen Geschichtswerkes* [FThSt 92; Freiburg 1973], 182-92) 또는 제2의 솔로몬 (De Vries, *Chronicles*, 373; 376; Williamson, *Israel*, 130-31; *1 and 2 Chronicles*, 351; Thompson, *Chronicles*, 344; 347; 356) 또는 다윗과 솔로몬(Dillard, *2 Chronicles*, 228; M. A. Throntveit, "Hezekiah"The Relationship of Hezekiah to David and Solomon in the Books of Chronicles," in *The Chronicler as Theologian*, eds. M. P. Graham, et al., 302-11; Japhet, *2 Chronik*, 407; Thompson, *Chronicles*, 342; 357; 임헌준, "역대기에 나타난 히스기야 상(像)," 『구약논단』 15,1 (2009), 114-36)으로 그려졌다는 주장과 어느 정도 일치한다. 그럼에도 불구하고 이러한 평가가 적합한지는 의문이다. 역대기 저자의 고유한 특징은 히스기야를 다윗 또는 솔로몬으로 전형화시키는 데 있는 것이 아니라 다윗-솔로몬 시대와 히스기야 시대를 비교하여 제시하는 데 있기 때문이다.

2 | 요시야 이야기 (대하 34-35장)

가. 구조

34:1-2   도입구

34:3a   제8년: 하나님을 찾음

34:3b-7   제12년: 제의 개혁

34:8-35:19   제18년: 땅과 성전 정화

        34:8-13   성전 정화

        34:14-32   율법서 발견과 계약 체결

        34:33a   땅의 정화

        34:33b   평가

        35:1-19   유월절

35:20-25   느고와의 전쟁

35:26-27   종결구

도입구와 종결구를 제외하면 역대기의 요시야 이야기는 히스기야

이야기에서 본 것처럼 두 단락으로 나뉜다. 첫 번째 긴 단락은 제의적 영역에서 왕의 활동을 다루고(대하 34:3-35:19), 두 번째 짧은 단락은 그 외의 것을 보도한다(35:20-25). 요시야 이야기는 네 개의 연대기적 보도(34:3a, 3b, 8: 35:19)와 시간 정보(35:20)에 따라 위와 같이 분류할 수 있다.[1]

나. 평행본문 비교

아래 비교대조표에서 볼 수 있듯이 요시야 이야기에서 역대기 저자는 신명기 역사서에 나오지 않는 자료는 별로 사용하지 않는다. 이 점에서 요시야 통치 제8년과 열왕기하 23장 4-20절에 상응하는 요시야 제12년의 제의 개혁을 다루는 3-7절만큼은 예외에 속한다. 그럼에도 불구하고 역대기의 특수성은 다음 몇 가지 점에서 강조된다.

(1) 역대기 저자는 제의 개혁과 율법서 발견의 순서를 교체한다. 그 결과 제의 개혁은 율법책이 발견되기 이전에 일어난다.

(2) 열왕기하 23장 4-20절과 24절의 이방신 제의에 대한 기술은 대폭 축소된 반면(대하 34:3b-7, 33a), 짧은 유월절 보도(왕하 23:21-23)는 크게 확장되어 있다(대하 35:1-19).

(3) 느고와의 전쟁에서 맞게 된 요시야 왕의 죽음 보도는 확장되었으며(대하 35:20-24) 뿐만 아니라 종결구 앞에 배치되어 전체적으로 신명기 역사서의 구조와 다른 형태를 띤다(35:26-27; 참조 왕하 23:28). 그

---

1   Steins, *Chronik zur*, 214; Jonker, Reflection, 16-17 참고.

대하 34-35장		왕하 22-23장	
34:1-2	도입구	22:1-2	도입구
34:3a	왕이 하나님을 찾음(8년)		
34:3b-7	온 땅의 정화(12년)		
34:8-11	성전 보수를 위한 헌금 전달	22:3-7	성전 보수
34:12-13	건축자 목록		
34:14-21	헌금 계수 시 율법책 발견	22:8-13	성전에서 율법책 발견
34:22-28	훌다에게 물음	22:14-20	훌다에게 물음
34:29-32	언약 체결	23:1-3	언약 체결
34:33a	이방신 제거	23:4-20	성전과 땅의 정화
34:33b	요시야의 평가		
35:1	유월절	23:21	유월절 준수 명령
35:2-16	유월절을 위한 성전 봉사 회복		
35:17	유월절/무교절		
35:18-19	유월절 평가	23:22-23	유월절 평가
		23:24	우상 숭배자 제거
		23:25	요시야에 대한 전체 평가
-		23:26-27	유다에 대한 심판 결정
35:20-22*	느고와의 전쟁	(23:29-30)	
35:22a	평가		
35:23-25	요시야의 죽음과 애도		
35:26-27	종결구	23:28	종결구
(35:20-22)		23:29-30	느고와의 전쟁과 죽음

결과 역대기에서 요시야 왕의 전 생애는 율법 순종의 빛 아래 긍정적으로 평가된다.[2]

(4) 므낫세의 죄 때문에 유다에 대한 야훼의 심판 결정이 더 이상 철회될 수 없었다는 신명기 사가의 언급(왕하 23:26-27; 24:3-4)이 역대기에는 생략되어 있다. 그리하여 신명기 역사서와는 달리 역대기에서 유다 왕국의 말기에는 어두운 그림자가 어른거리지 않는다.[3] 이러한

2   Steins, *Chronik zur*, 212.

비교를 통해 역대기에서 요시야 개혁의 규모는 신명기 역사서가 보도하는 것보다 훨씬 축소된 것을 알 수 있다. 그럼에도 불구하고 요시야 시대는 전체적으로 긍정적으로 평가된다.

다. 역대기 특수 자료

1) 종교 분야 (34:1-35:19)

(1) 역대기의 요시야 이야기는 요시야 왕의 어린 시절로 시작한다. 여기서 특별히 언급되는 것은 요시야가 아직 아이였을 때 다윗의 하나님을 찾기 시작했다는 제8년의 일이다(34:3a).[4] 이것으로써 역대기 저자는 갓 십육 세인 요시야 왕의 큰 믿음을 강조한다.

(2) "하나님을 구하다"(דרש אלהים)라는 단어로 요약되는, 야훼에 대한 요시야 왕의 긍정적인 자세는 통치 제12년에 여러 가지 제의 정화 조치로 구체화된다. 요시야 왕의 개혁은 유다와 예루살렘에서 산당을 제거하는 것이었다(34:3b-5).[5] 므낫세 왕의 회개 이후에도 산당에서의 야훼 제의는 계속되었기 때문이다(33:17).[6] 요시야 왕은 또 아몬이 다시

---

3   배희숙, "므낫세 왕 다시 보기(역대하 33장)," 『깊은 말씀 맑은 가르침』淸訓 강사문 교수 정년 퇴임 기념논문집 (서울: 땅에쓰신글씨 2007), 200-220 참고.

4   요시야의 제8년에 대한 역사적 재구성에 대하여 W. B. Barrick, "Dynastie Politics, Priestly Succession, and Josiah's Eighth Year," ZAW 112 (2000) 564-82 참고. 이에 따르면 요시야 제8년은 왕궁의 권력 교체를 통해 개혁당이 정치적으로 중요해졌다.

5   이러한 긍정적인 평가와 비교해 볼 때 아사(왕상 15:14; 대하 15:17), 여호사밧(왕상 22:44; 대하 20:33), 므낫세(대하 33:17)는 신명기 사가에게는 중앙 성소법을 위반한 산당 제의 때문에 긍정적인 평가가 제한된다. 이 점에서 신명기 사가의 개념을 벗어나지 않는다. 신명기 역사서에서와는 달리 아사, 여호사밧은 역대기에서 산당을 제거했다는 칭찬을 받는다(대하 14:1; 17:6). 이 점에서 히스기야와 요시야는 그들을 넘어선다.

끌어들인 우상을 제거한다(34:3; 참조 33:7, 15, 22b). 흥미롭게도 예루살 렘과 유다에 대한 제의적 조치들은 열왕기에서 벧엘에서의 개혁에 사 용된 용어와 같은 단어로 기술된다(왕하 23:16, 20). 그러나 역대기에 따 르면 유다와 예루살렘에서의 개혁은 열왕기에서와 같이 벧엘의 제단 들을 무용하게 하여 예루살렘의 독점권을 관철시키는 "부정"(טמא)하게 하는 개혁이 아니라(왕하 23:8-9, 15-16) "정화"(טהר, 대하 34:3b, 5b)하는 개혁이었다. 저본의 "부정하게 하다"(טמא)는 단어를 "정화하다"(טהר)로 교체한 것을 볼 때 역대기 저자는 여기서 성소 중앙화가 이미 이전에 이루어졌다는 견해를 드러내고 있음을 알 수 있다(대하 31:1 참조). 히스 기야 시대에 온 이스라엘에 속한 자들이 추진하였던 제의 정화에 부합 하게(30:14; 31:1) 요시야의 제의 조치들도 유다와 예루살렘(34:3b-5)을 넘어 므낫세, 에브라임, 시므온과 납달리 "성읍"[7]까지 뻗어가 과거 북왕 국 전 지역으로(6-7절) 확산되었다. 열왕기서와는 달리 역대기에서는 유다와 예루살렘에서의 개혁(34:4)과 사마리아(34:7a)에서의 이방 제의 제거가 유사한 방식으로 기술되어 있다. 역대기 저자에 따르면 요시야 왕은 통치 제12년에 이미 범국가적인 제의 개혁을 추진하였던 것이다. 이 개혁이 비교적 대규모였음에도 불구하고 모든 조치의 특징만 간단 히 보도된다. 결론적으로 역대기에서 요시야의 제의 개혁은 신명기 역

---

6   역대기의 기술에 따르면 므낫세는 이미 이방신들을 제거하였고 또 합법적인 성전 제의를 복 구하였다(33:15-16). 그러므로 요시야가 산당을 제거했다는 것은 산당에서의 야훼 예배를 포 기했다는 말이 아닐 것이다. 이것은 적어도 중앙 성소화를 암시하고 있다.

7   『한글개역』에서 옮긴 6b절의 "사면 황폐한 성읍들"은 "그들 집들의 산"이라는 히브리어 본문 을 고쳐 읽은 것이다. 주석가들에 따라 "그들의 자리에" 또는 "그들의 칼로" 또는 "그들의 폐허 에"로 다양하게 읽힌다. Rudolph, *Chronikbücher*, 320; Japhet, *2 Chronik*, 464 참고. 이 문장이 불완전하기 때문에 본문을 수정한다 해도 문제는 여전히 남는다. "그가 그들의 집들을 폐허 로 만들었다."라는 I. Kalimi, *Zur Geschichtsschreibung des Chronisten. Literarisch-historiogra- phische Abweichungen der Chronik von ihren Paralleltexten in den Samuel- und Königsbüchern* (BZAW 226; Berlin et al. 1995), 94의 제안이 가장 설득력이 있어 보인다.

사서가 기술하는 것보다(왕하 23:4-20) 훨씬 간략히 기술되어 있다.

(3) 요시야의 개혁은 제18년에도 계속된다. 역대하 34장 8a절은 제18년에 성전은 물론 땅의 정화(טהר)를 위한 프로젝트가 기획되었음을 시사한다. 8bβ절은 성전과 관련된 보수 작업이 개혁의 근본적인 필수 요소였음을 자세히 말하고 있다.[8] 왜냐하면 유다의 왕들이 "집들"(왕상 28:11; 29:4; 참조 왕하 23:19), 즉 성전 건물 전체를 훼손하였기 때문이다(대하 34:11). 여기서 유다의 왕들이란 므낫세와 아몬은 물론 성전에 대한 무관심으로 성전을 방치한 여타 왕들도 포함될 것이다. 그들은 34장 21절에서 "우리의 조상들"이라는 훨씬 포괄적인 용어로 표현된다. 오랜 기간 방치된 까닭에 성전 건물 전체가 심각하게 훼손되었다. 그러므로 요시야 개혁에서는 성전의 보수 작업만 필요하게 된다.

성전 보수를 시작할 때 요시야 왕은 헌금을 전달하기 위해 성전 담당자에게 관리를 보낸다(34:8-9). 왕의 특사는 사반 외에도 고위층임이 분명한 또 다른 두 명의 관리로 이루어져 있으며(8절), 또 레위인들이 헌금을 므낫세와 에브라임, 기타 다른 이스라엘 사람들로부터는 물론, 모든 유다와 베냐민, 예루살렘 주민들로부터 거둔다(9절). 이러한 언급은 성전 보수가 대대적으로 계획되었으며 또한 오랜 기간 준비한 개혁 조치라는 인상을 거부할 수 없게 한다. 이 점은 제사장 힐기야의 책임 아래 있는 듯한 성전 공사의 규모, 또 건축자와 목수와 짐꾼들로 이루어진 작업자들의 수, 그리고 레위인 감독 즉 악기에 익숙한 자[9]와 서기관과 문지기들에 대한 언급(12-13절)을 통해 재확인된다. 신명기 역사서에서 성전 보수는 하나의 계획으로 나타나면서도(왕하

---

8   Williamson, *Chronicles*, 399-400 참고.

22:5-6) 이후에는 제의 정화만이 이루어지는 데 반해(23:4, 6, 7, 11, 12), 역대기에서 성전 보수는 성공적으로 완수된다. 동시에 역대기 저자는 34장 9절과 연관시켜 율법책이 성전 보수 명목의 헌금을 꺼낼 때 발견되었다고 특별히 언급함으로써(대하 34:14) 제의 조치 내지 성전 보수가 율법책의 발견과 아무런 연관이 없음을 분명히 해준다.

역대기에서 요시야 왕은 율법책을 발견한 후, 자신의 제의적 노력에도 불구하고 조상들의 죄 때문에 하나님의 진노가 크다는 사실을 깨닫게 된다. 이에 왕은 "자신과 이스라엘과 유다의 남은 자들을 위하여" 힐기야를 중심으로 한 신하들을 여예언자 훌다에게 보내 야훼께 그 책의 말씀에 대하여 묻게 한다(34:20-21). 훌다에게 임한 야훼의 말씀에 의하면 조상들의 죄는, 요시야 왕이 이미 인식한 것과 같이(21b절), 하나님의 진노를 불러일으켰고 재앙의 원인이 되었다(25절). 그러나 조상들의 죄에 대한 하나님의 진노는 요시야 왕의 겸비함 덕분에 "그의 살아 생전에" 임하지 않고, 임박했던 심판은 미래로 연기된다(대하 34:26-28; 왕하 22:18-20; 23:26-27).[10] 이렇게 겸비하는 개인은 재앙을 겪지 않고 반대로 약속을 받는다. 이 목적을 이루기 위하여 요시야 왕은 백성의 대표인 유다와 예루살렘 장로들의 회중을 소집하여 계약을 맺고자 한다(대하 34:29). 그런 다음 왕은 유다의 모든 남자들과 예루살렘의 주민들, 제사장과 "레위인",[11] 즉 작은 자에서 큰 자에 이르기까지 모든 백성과 함께 야훼의 집으로 올라간다(34:30; 참조. 35:18). 34장 32

---

9   특이하게도 악기를 다루는 자들이 제의가 아닌 곳에서 활동하고 있다. Rudolph, *Chronikbücher*, 323에 따르면 노동자들이 작업하는 동안 악기 다루는 자들은 연주와 노래로 동역하였다고 한다. 이것은 고대 오리엔트에서 증거되는 것이기도 하며, 과거 우리나라 농촌에서도 농번기에 흔히 볼 수 있는 풍경이었다.

10   대하 32:26; 왕하 20:17-19 참고.

절에서 "예루살렘과 베냐민에 있는 자들"로 달리 표현되는 이들은 유다와 베냐민 지파뿐만 아니라 북쪽의 지파들로 구성된 유다 주민을 가리킨다(참조 10:17; 11:3). 발견한 율법책을 낭독하자 요시야 왕은 야훼 앞에서 마음을 다하고 성품을 다하여 야훼를 따르고 그의 계명과 법도와 율례를 지켜 율법책에 쓰인 계약의 말씀을 이루겠다고 서약한다(34:31). 이 계약에 예루살렘과 베냐민에 있는 백성이 참여한다(34:32a). 여기서 예루살렘 주민이 또다시 특별히 언급되는 것은 (34:32b; 참조 35:18), 훌다를 통해 주어진 하나님의 말씀과 관련이 깊을 것이다(34:24).

신명기 역사서에는 율법책 발견과 계약 체결 후에 성전 보수 대신 온 땅에 대한 대대적인 제의 정화가 매우 자세하게 보도되는 데 반해 (왕하 23:4-20), 역대기에서는 계약 체결에 이어 땅의 정화가 짧게 언급된다(대하 34:33aα). 32절에서 유다와 베냐민의 주민들이 계약 체결의 주체로 언급되었기 때문에, 33절에서 온 땅의 정화는 계약 체결의 결과가 아니라, 성전 정화와 함께 이미 요시야 제18년에 계획되었던(8a절) 개혁의 후속으로 이해해야 한다.[12] 이것은 역대기 저자가 율법서의 발견을 요시야 제18년에 있었던 제의 조치들과 연관시키지 않는다는 사실을 통해 지지된다(왕하 23:24b 참조). 역대기 저자는 "요시야가 … 이스라엘의 모든 사람으로 그들의 하나님 여호와를 섬기게 하였으므

---

11 열왕기에는 '예언자'로 나타난다.

12 33절은 다양하게 해석된다. Rudolph, Chronikbücher, 323; Myers, II Chronicles, 208; Japhet, 2 Chronik, 474는 계약 체결의 결과로 보는 반면, Curtis - Madsen, Chronicles, 511; J. Becker, 2 Chronik (NEB 20; Würzburg 1988), 119는 이미 23년에 시작된 개혁의 후속으로 간주한다. De Vries, Chronicles, 407는 8절과 33b절이 '인클루시오'를 이루면서, 8a절은 3-7절을 말하는 것이고, 33b절은 전체 개혁의 요약이라고 말한다. Williamson, Chronicles은 33절을 훌다가 전한 하나님의 구원 말씀에 제한시킴으로써 율법 순종에 대한 하나님의 축복이나 보상으로 간주한다.

로 요시야가 사는 날에 백성이 그들의 조상들의 하나님 여호와께 복종하고 떠나지 아니하였더라"는 말로 보도를 마친다(대하 34:33b). 여기서 적어도 우리는 요시야가 제의 정화 시에 야훼 신앙의 확산을 지향하였으며, 또 제의 정화는 사실상 야훼 신앙을 지속적으로 강화시키는 결과를 낳았다는 것을 알 수 있다. 역대기 저자는 마지막 구절인 33b절에서 "그의 평생에"라는 용어로써 이미 왕의 인생 전반기에 분명히 드러났던(34:3a) 신실함을 표현하고 있다.[13] 이로써 요시야의 제의 조치들은 그의 신앙의 표현으로 평가된다. 그렇다면 제18년에 있었던 개혁을 기술하는 것이 역대기의 관심사는 아닐 것이다. 열왕기하 23장과의 비교에서 드러나듯이 요시야 왕의 제의 정화가 간략히 보도된다는 점은 이러한 추측을 뒷받침한다.

(4) 제의 정화 사건과는 달리 유월절은 자세히 보도된다(대하 35:1-19). 역대기 저자는 34장 8절과 35장 19절에서 똑같은 시간 정보를 제시함으로써 유월절이 제18년 개혁의 구성 요소였음을 분명히 해준다. 신명기 역사서에서 율법책의 발견이 유월절을 치르게 한 동인이 된 것과는 달리(왕하 23:3, 21, 24, 25), 역대기 저자는 "율법책에 따라"라는 지시구를 생략함으로써 율법책의 발견이 결코 유월절을 준수한 계기가 아니었음을 분명히 한다. 이로써 역대기 저자는 적어도 유월절이 처음부터 계획된 것이었음을 암시한다. 이와 관련하여 온 땅의 제의 정화에 관한 보도를 요약하는 역대하 34장 33b절은 요시야 제18년의 제의 조치들, 즉 땅의 정화와 성전 보수를 유월절을 위한 준비로 이해해야 한다는 인상을 갖게 한다. 역대기에는 요시야 제18년에 있었던

---

13 Japhet, *2 Chronik*, 474.

유월절이 관심의 중심에 있다.[14] 역대기에서 기술하는 유월절은 열왕기가 보도하는 것과 두 가지 공통점을 지닌다. 하나는 첫째 달 제14일에 예루살렘에서 유월절이 개최되었다는 것이며(대하 35:1; 왕하 23:23), 다른 하나는 온 백성이, 즉 유다와 북왕국에 속한 자들이 유월절을 함께 지켰다는 점이다(대하 35:18; 왕하 23:21). 그럼에도 불구하고 이것은 역대기 저자에 의해 특별하게 강조되지는 않고,[15] 오히려 요시야의 유월절 제사에서 레위인에게 어떤 임무가 맡겨지는지 그 내용이 자세히 서술된다(대하 35:3-6).[16] 요시야 왕은 레위인에게 새 일을 맡기도록 명령한다(35:3 이하). 왜냐하면 언약궤가 성전에 안치된 이후로 궤를 운반하는 레위인의 업무가 더 이상 필요없게 되었기 때문이다. 요시야 왕의 명령은 레위인의 일을 달리 규정했던 시대의 종말을 의미한다.[17] 이제 레위인의 임무는 희생 제물을 잡고 그 가죽을 벗기는 일과 "형제"들을 위한 봉사(6절; 참조 11절)로 이루어진다. 왕과 신하들, 그리고 성전 지도자와 레위인 지도자가 수많은 제물을 바침으로써 제사가 준비된다(7-9절). 섬길 일이 구비된 것이다(10절). 레위인들은 유월절 제물의 도살과 가죽 벗기는 일을 맡고, 제사장들은 피를 뿌리는 일을 담당

---

14 종커(Jonker, *Reflections*, 32-33)에 따르면 요시야가 이상화된 신명기 역사서와는 다르게 역대기 저자는 유월절 잔치의 의미를 강조하기 위해 요시야를 사용한다. 이에 반해 드브리스(De Vries, *Chronicles*, 407)는 요약하는 성격 33b절을 근거로 개혁이 아니라 율법책과 그것의 해석이 중심에 있다는 견해를 피력한다.

15 Steins, *Chronik zur*, 222는 עבדת יהוה כל־ (《콜 아보닷 아도나이》 16절)와 עבדת בית יהוה (《아보닷 벳 아도나이》 2절과 6절)라는 상이한 표현에서 유월절 주제가 이동되는 것을 본다. 그에 따르면 첫 번째 표현은 34:29-33에서 보도된 계약 체결 요약(33절)을 소급하여 지시하고 따라서 요시야의 통치 아래 이루어진 특별한 유월절을 계약 체결에서 나온 의무 수행의 한 예로 관찰하고 있다. 그에 반해 두 번째 표현에서는 제사장과 레위인을 임명하고 또 레위인에게 특별한 기능을 부과함으로써 "야훼의 일"이 아니라 "야훼의 집의 일"의 확립이 그 주제가 된다. 슈타인스에 따르면 이 주제의 이동은 이 본문에 대한 후대의 편집 결과이다.

16 배희숙, "레위인을 위한 역대기의 개혁 프로그램," 『구약논단』 21 (2006), 69-85 참고.

17 L. C. Jonker, "Competing the temple with the celebration of Josiah's Passover?," *OTE* 15/2 (2002), 384.

한다(10-11절).

역대하 35장 12-15절에서는 특히 제의 식사 준비와 관련된 레위인의 직무를 자세히 설명한다. 레위인은 번제물과 소를 따로 옮겨 놓고(35:12), 유월절 제물을 불로 삶으며(13a절), 솥과 가마와 냄비에 분배하여 백성과 자기 자신들과 제사장과 성전가수와 문지기를 위해 준비한다((13b, 14-15절). 여기서 레위인의 직무 수행은 특히 "준비하다"라는 단어로 부각된다(14[2x], 15절). 역대기 저자는 유월절을 지키며 번제를 야훼의 제단에 드림으로써 이 날에 야훼를 섬기는 일이 회복되었다고 분명하게 언급한다(16절). 여기서 "왕의 명령대로"라는 표현의 반복으로부터(10, 16절) 우리는 요시야 왕이 새로운 유월절 규정을 제정하여 집행하였다는 인상을 받게 된다. 이는 히스기야 시대 유월절의 모습을 통해 지지된다. 히스기야의 유월절에서는 레위인이 희생제물의 가죽을 벗기거나 요리하였다는 암시가 없으며, 또 제의적 식사에 대한 일반적인 언급도 없다(30:18). 이를 통해 히스기야의 유월절에서 비상 조치로 도입된 레위인의 기능 확장은 요시야 왕이 유월절에서 명확한 법적 기초 위에 이루어낸 것임이 분명하게 드러난다.[18] 이 점에서 요시야 왕은 법 제정자로 나타난다. 역대기 저자가 요시야 시대의 유월절의 특수성을 왕의 새 규정 제정으로 관찰한다고 한 루돌프의 지적은 옳다.[19] 동시에 루돌프는 역대기 저자의 기본 관심을 두 가지로 언급한다. 첫째, 레위인은 유월절 규정에서 확고한 자리를 획득하게 되었고, 둘째, 유월절 제물의 도살은 제의 제사로 변형되었다.[20] 역대기 저자는 "선지자 사무엘 이후로 이스라엘 가운데서 이와 같이" 즉

---

18 Riley, *King and Cultus*, 137.

요시야 시대의 유월절같이 지키지 못하였다고 평가한다. 이와 같은 언급은 히스기야 시대에 지켰던 온 이스라엘의 유월절을 감안할 때 요시야 시대의 유월절의 질적인 측면을 말하는 것으로 보인다. 즉 역대기에서 "이같이" 내지 "이 유월절처럼"과 같은 비교 불가능성에 대한 언급은 단순히 요시야, 제사장과 레위인, 그리고 온 백성이 유월절을 지켰다는 것을 말하는 것이 아니라(35:18), 레위인으로 하여금 봉사하게 함으로써 온 이스라엘이 유월절을 지키는 것이 가능해졌다는 것을 말하는 것이다.[21] 이 유월절이 바로 왕국의 기초를 재건하는 과정에서 절정이 되었다는 것이다. 이 유월절로 요시야 제18년의 개혁은 종결된다.[22]

2) 정치 분야 (35:20-25)

성전 제의를 회복한 후 요시야 왕은 북상하는 이집트의 느고를 맞이한다. 느고가 "앗수르 왕과 싸우려고" 또는 "앗수르 왕에게(על מלך אשור; 왕하 23:29) 가려고" 하였다는 신명기 역사서의 보도와는 달리 역대기 저자는 이를 생략하고 "유프라테스 강" "갈그미스에서 싸우는 것"이 그 목적이었다고 밝힌다(עלה - להלחם בכרכמיש על-פרת, 대하 35:20). 역사적으로 느고의 갈그미스 원정은 아시리아와 전쟁하려는 것이 아니라 오히려 그 반대로 원조하기 위한 것이었으며 결과적으로 여호야김 통

---

19 Rudolph, *Chronikbücher*, 329.

20 Rudolph, *Chronikbücher*, 318-33.

21 역대기 족보에 따르면 선지자 사무엘은 레위인이다(대상 6:13,18).

22 Becker, *2 Chronik*, 123.

치 시기에 고대 근동에서의 패권이 이집트-아시리아에서 바벨론으로 옮겨가게 된 전투였다(렘 46:2).[23] 여기서 특히 역대기 저자는 열왕기에는 없는 표현인 "므깃도 평원에서"와 "전쟁하려고"를 삽입함으로써(대하 35:22b) 느고와 요시야의 만남을 전쟁으로 규정한다.[24] 이 전쟁에서 요시야 왕은 전사한다. 이 보도는 종결구(26-27절) 앞에 자리하고 있다. 대조적으로 신명기 역사서는 요시야의 죽음을 역사 서술 틀 밖에서 언급하는데(왕하 23:29) 이는 요시야의 예기치 않은 죽음으로 신명기 역사가가 당혹스런 신학적 문제에 부딪혔음을 시사한다.[25] 그에게 요시야 왕은 가장 의로운 왕이었기 때문이다(23:25). 그렇게 의로운 왕에게 어떻게 이러한 재앙이 임할 수 있단 말인가! 신명기 사가는 유다의 멸망에 대한 해석을 지향하면서 이 질문에 답한다. 그에 따르면 제의적으로 바르게 행동한 왕조차도 그 백성에게 임하는 재앙을 막을 수는 없었다. 그 원인은 므낫세의 죄에 있었다.[26] 므낫세의 무수한 죄 탓이지, 요시야 왕에게서는 그 어떤 비난거리도 찾을 수 없다는 것이다(23:26).[27] 그리하여 신명기 역사서에서 요시야의 죽음은 요시야 왕의 개인적 행위에 대한 징벌로 설명되지 않는다.

---

23 배희숙, "전치사 'עַל' 구문의 번역에 대한 고찰 - 왕하 23:29와 대하 17:1하의 경우 -," 『성경원문연구』 24 (2009. 4), 54-71 참고.

24 S. Hasegawa, "Josiah's Death: Its Reception History as Reflected in the Books of Kings and Chronicles," ZAW 129 (2017), 522-35에 따르면 왕하 23:29의 표현 הלך לקרת은 거의 전쟁 맥락에 쓰이지만 그 자체로 전쟁을 함의하지는 않으며, 따라서 요시야의 죽음이 반드시 전쟁에서 일어난 것은 아닌 반면, 역대기에서는 느고와 요시야의 만남을 군사적 대전으로 기술한다고 밝힌다.

25 Albertz, Exilszeit, 213; Z. Talshir, "Three deaths of Josia and the Strata of Biblical Historiagraphy (2 Kings XXIII 29-30; 2 Chronicles XXXV 20-5; 1 Esdras I 23-31," VT 46 (1996), 217.

26 이 점에서 요시야 왕의 죽음에 대한 이유는 나타나지 않는다. S. Delamarter, "The Death of Josiah in Scripture and Tradition: Wrestling with the Problem of Evil?," VT 54 (2004), 29-60; Hasegawa, "Josiah's Death," 522-35.

역대기 저자는 열왕기 저자의 요시야 죽음에 대한 이러한 답변을 수정한다. 므낫세의 죄는 역대기에서 왕국의 운명과 아무런 연관이 없다(대하 33:6).[28] 역대기에 따르면 므낫세 개인이 범한 죄는 그가 이미 회개하였기 때문에 왕국의 미래에 그 어떤 후유증을 남기지 않는다(33:12-13). 역대기 저자는 개인 응보 신학에 따라 요시야의 죽음의 원인을 므낫세에게서 찾지 않고 오히려 요시야 개인에게서 찾으며 이 문제에 대한 신학적 규명을 시도한다.

> 유다 왕이여! 우리가 서로 무슨 관계가 있느냐! 나의 전쟁은 오늘 그대가[29] 아니라 '바벨 왕의'[30] 집에 대한 것이라! 하나님이 나에게 명령하사 속히 하라 하셨으니 그대는 나와 함께 계시는 하나님을 거스르지 말라. 그대를 멸하실까 하노라! (35:21 사역)

역대기 저자에 따르면 느고의 출정은 야훼의 뜻이었으며 그 목적은 유다를 침해하려는 것이 아니었다. 역대기 저자는 느고의 입에서 나온 말을 하나님의 말씀으로 간주한다. 그러므로 요시야가 느고의 말을 귀담아듣지 않고 무시한 것은 야훼의 뜻을 거스른 것이었다. 그것이 종국에는 그의 죽음을 초래한 것이다.[31] 역대기 저자는 요시야의 때

---

27 Albertz, *Exilszeit*, 230 참고.
28 배희숙, "므낫세 왕 다시 보기(역대하 33장)," 200-220 참고.
29 헬라어 번역은 2인칭 남성 단수 대명사 אתה〈아타〉를 ἥκω〈헤코〉(내가 오다)로 옮겼으며, 페쉬타, 타르굼, 불가타, 제3에스라 1:25도 이와 같다. 대명사 אתה〈아타〉는 〈알레카〉에서 이미 명시된 청자를 강조하는 데 사용된다. W. Gesenius, *Hebräische Grammatik*, §135g.
30 『개역개정』에서 "나와 더불어 싸우는 족속으로" 옮긴 히브리어 표현 אל־בית מלחמתי〈엘 벳 밀함티〉는 독해하기 어려운 형태이다. Rudolph, *Chronikbücher*, 330의 제안에 따라 מלך בבל〈멜렉 바벨〉을 추가한다.

이른 죽음을 불순종의 행위에 대한 징벌로 기술하고 있다. 므깃도에서 전사한 열왕기의 기술과는 달리 역대기에 따르면 므깃도에서 부상당한 요시야 왕은 예루살렘에서 사망하며[32] "조상들의 묘실"에 장사되고 또 온 유다와 예루살렘은 요시야를 애도한다(35:24). 이로써 역대기에서는 요시야 왕이 지닌 특별한 의미가 강조된다.[33] 이것은 느고에 의한 요시야의 죽음으로 인해 그의 명예가 실추되지 않았다는 것을 뜻한다. 역대기 저자는 한 번 더 요시야의 죽음을 성찰한다. "예레미야가 그를 위하여 애가를 지었으며 모든 노래하는 남자들과 여자들은 요시야를 슬피 노래하니 이스라엘에 규례가 되어 오늘까지 이르렀으며 그 가사는 애가 중에 기록되었더라"(35:25). 요시야의 영예는 그의 죽음보다 강하다. 역대기 저자에 따르면 요시야의 때 이른 죽음도 그의 삶에 대한 긍정적인 평가를 훼손시킬 수는 없었다.[34] 뿐만 아니라 요시야의 죽음 이후에도 유다 왕국에는 결코 어두운 그림자가 드리우지 않는다.

---

31   H. Henning-Hess, *Kult als Norm. Die Rezeption der vorexilischen Geschichte Israels in den Chronikbüchern aufgrund ihrer Darstellung von Priestern und Leviten, Kult und Königtum* (Diss. Heidelberg 1997), 172.

32   Ch. Mitchell, "The Ironic Death of Josiah in 2 Chronicles," *CBQ* 68 (2006), 421-35.

33   Henning-Hess, *Kult als Norm*, 172.

34   Steins, *Chronik zur*, 212-12.

3 | 요약 및 문제 제기

　역대기의 히스기야 이야기에 따르면 히스기야 왕은 설교를 통하여 전 왕국의 제의 개혁을 주도한다. 이 개혁을 통해 제의가 회복됨은 물론 온 이스라엘의 유월절이 재개된다. 히스기야의 제의 개혁에 걸맞게 요시야 왕은 통치 제12년에 전 왕국을 제의적으로 정화하는 개혁을 추진하고, 제18년에는 계획과 오랜 기간의 준비를 거쳐 성전을 보수한다. 마찬가지로 요시야 왕은 온 이스라엘의 유월절을 준비하기 위해 온 땅을 정화한다. 요시야 개혁의 정점은 제18년에 전 왕국의 유월절 확립, 다시 말해 가족 차원의 유월절을 왕국 차원의 희생 제사로 변경하여 법으로 확정한 것이다.

　상술한 것을 근거로 단언할 수 있는 것은, 두 개혁의 유사성에도 불구하고 역대기 저자는 요시야 개혁보다 히스기야 개혁에 더 주목한다는 점이다. 이것은 앞에서 본 것처럼 평행본문인 열왕기와의 비교를 통해 분명히 드러난다. 많은 학자들이 지적하듯이,[1] 히스기야의 종교 개혁은 열왕기가 보도하는 것보다 훨씬 더 자세하게 소개되는 반면, 요시야의 종교 개혁은 훨씬 더 적게 기술된다. 결과적으로 역대기에서 히스기야 왕은 열왕기가 요시야 왕에게 부여한 자리를 차지한다.[2] 므낫세 이야기를 관찰하면 이러한 강조의 변화는 보다 조직적인 것으로 드러난다.[3] 역대기에서는 므낫세의 상이 변형됨으로써 신명기 역사서에서 대개혁자로 그려진 요시야의 상에 영향을 미친다. 열왕기에 따르면 므낫세는 아시리아의 봉신으로서 자원하여 유다에 이방 종교를 도입한다(왕하 21:2-7). 그러나 역대기에서 므낫세는 극적으로 회개하게 되면서 직접 소폭의 종교 개혁을 단행한다(대하 33:15-16). 그리하여 요시야 개혁에는 산당과 아몬 왕의 우상 숭배를 제거하는 조치만 남게 된다(대하 33:17, 22b). 므낫세 상의 변화를 통해 요시야 개혁은 히스기야 개혁의 후속으로 밀려난다.[4] 요시야 개혁에 대한 축소된 보도를 대할 때 우리는 왜 역대기 저자가 히스기야 개혁을 이렇게 대대적으로 기술하면서 요시야 개혁보다 히스기야 개혁에 더 주목하게 되었는지 그 이유를 묻지 않을 수 없다.

로젠바움은 이러한 강조점의 이동에 대한 이유로 "요시야의 비극적인 죽음과 유다의 포로 사건"을 고려하였다.[5] 크로스의 층 모델(Blockmodell)에 따라 로젠바움은 신명기 사가의 보도(왕하 18-20장)와 역대기 저자의 보도(대하 29-32장)를 비교하고,[6] 이를 통해 역대기의 히

---

1   Curtis - Madsen, *Chronicles*, 462; R. J. Coggins, *The First and Second Books of the Chronicles* (CBC; Cambridge 1976), 266, 291; O. Plöger, "Regen und Gebete im deuteronomistischen und chronistischen Geschichtswerk," *Aus der Spätzeit des Alten Testaments* (Göttingen 1971), 58; Myers, *II Chronicles*, 176; Dillard, *2 Chronicles*, 228; Japhet, *2 Chronik*, 407; K. A. D. Smelik, "The Representation of King Ahaz in 2 Kings 16 and 2 Chronicles 28," in *Intertextuality in Ugarit and Israel*, ed. J. C. de Moor, 181.

2   Smelik, "King Ahaz," 143-85 참고.

3   배희숙, "므낫세 왕 다시 보기(역대하 33장)," 200-220 참고.

4   Japhet, *2 Chronik*, 443 참고.

5   J. Rosenbaum, "Hezekiah's Reform and Deuteronomistic Tradition," *HTR* 72 (1979), 23-42; 이와 유사하게 Myers, *I Chronicles*, XXIII는 요시야의 갑작스런 죽음을 든다.

스기야 개혁 보도는 Dtr¹(왕하 22:1-14; 23:1-25)의 요시야 상에 상응한다고 결론짓는다. 그에 따르면 Dtr¹은 히스기야를 긍정적으로 기술하는 자료를 수용하지 않았는데, 그 까닭은 요시야의 멘토였던 Dtr¹이 다윗 왕국의 재건에 대한 기대를 요시야에게 걸었기 때문이었다. 반면에 역대기 저자는 요시야 죽음과 유다 멸망 및 포로 사건에 직면하게 되면서 히스기야를 긍정적으로 기술한 바로 이 자료(대하 32:1-8, 25, 28-39)를 자신의 작품에 수용함으로써 포로기 이후 시대의 희망을 히스기야에게 둔 것이라고 로젠바움은 설명한다. 그러나 이러한 해석은 그다지 개연성이 없다. 왜냐하면 이미 역대기의 요시야 이야기에서 나타나듯이, 역대기 저자는 요시야의 갑작스런 죽음을 그의 명예 실추로 보지 않고 오히려 요시야 시대를 히스기야 시대와 마찬가지로 긍정적으로 기술하고 있기 때문이다.

아하스 이야기와 므낫세 이야기에 관한 두 개의 논문에서 스멜렉은 신명기 사가와 역대기 저자의 보도의 비교를 토대로 다음과 같은 결론을 내린다. 역대기 저자는 직접적인 개인 응보설을 근거로 신명기 역사서에서 므낫세-요시야의 대조를 통해 채워진 자리를 아하스-히스기야로 대체한다는 것이다. 다시 말해 역대기 저자는 예루살렘 멸망 이후 포로 귀환과 성전 재건을 통해 가능해진 새 출발을 신호하기 위한 원형으로 삼고자 신명기 역사서에서 "므낫세-요시야"의 상을 "아하스-히스기야"로 대체함으로써 히스기야 시대를 강조하고 이로써 히스기야에서 요시야까지 이르는 시기를 전성기로 새로이 구성했다는 것이다.[7] 이러한 해석은 요시야 개혁의 축소화에 대하여는 잘 설명

---

6   Rosenbaum, "Hezekiah's Reform," 33.

하지만, 왜 역대기 저자가 히스기야 시대를 그렇게 강조하는지에 대한 충분한 답은 제공하지 못한다.

북왕국이 바로 히스기야 시대에 멸망했다는 역사적인 사실도 자주 요시야에서 히스기야로 옮겨진 강조 변화의 계기로 간주된다. 플뢰거는 "분열적인 북왕국이 멸망한 바로 그때 유다는 근본적으로, 말하자면 새롭게 구성되어야 했다."고 말한다.[8] 최근에는 다소 강조의 차이는 있지만 역대기 저자의 '이스라엘' 개념이 히스기야 개혁에 대한 평가 전환과 어느 정도 연관되어 있다고 지적된다.[9] 히스기야와 요시야의 개혁 보도에서 '온 이스라엘'의 참여가 여러 면에서 다음과 같이 강조되고 있기 때문이다. (a) 히스기야의 유월절에 남북의 모든 백성이 초대를 받으며 '온 이스라엘'이 유월절을 지킨다(대하 30장). (b) '온 이스라엘'은 히스기야 개혁을 시행한다(31:1). (c) 유다인은 물론 이스라엘 사람도 제의 관리의 생계에 참여한다(31:4 이하). (d) 요시야 개혁에서는 제의 정화와 관련하여 유다와 예루살렘(34:4) 그리고 사마리아(34:7a) 사이에 차이가 없다. (e) 성전 수리를 위한 비용을 위해 온 백성이 헌금한다(34:9). (f) 그 땅의 정화는 온 땅에서 추진된다(34:33). (g) 온 백성, 즉 유다인도 북왕국에 속한 사람들도 예루살렘에서의 절기에 참여한다(35:1, 8). 이와 같이 히스기야와 요시야의 개혁 보도에는 '온

7   K. A. D. Smelik, "The Portrayal of King Manasseh: A literary Analysis of II Kings xxi and II Chronicles xxiii," in *Converting the Past. Studies in Ancient Israelite and Moabite Historiography*, 129-205; "King Ahaz," 143-85.

8   Plöger, "Reden und Gebete," 50-66, 특히 58.

9   가령 Myers, *II Chronicles*, 176은 요시야의 갑작스런 죽음과 북왕국의 멸망이 역대기 저자로 하여금 예루살렘 성전 예배에서 백성을 통일시키려는 의도로 신명기 역사서에 나타난 요시야의 유월절 특징을 히스기야 시대의 유월절로 이동시켰다고 한다. 그러나 그의 주석은 히스기야 개혁은 성공하였고 후에 신명기적 운동의 토대가 되었다는 단순한 역사적 상상으로 그치고 만다. 좀 더 폭넓은 설명으로는 Williamson, *Chronicles*, 351; Ben Zvi, "A Gateway to," 216-49, 특히 218-19; Japhet, *Ideology*, 328을 들 수 있다.

이스라엘' 개념이 지속적으로 일관되어 나타난다. 분명 이스라엘 개념 또는 북이스라엘에 대한 역대기 저자의 입장은 히스기야와 요시야의 개혁을 이해하게 하는 중요한 열쇠임은 물론 역대기 전체를 바라볼 수 있게 하는 관점임에 틀림없다. 그러므로 다음 단원에서는 이스라엘 개념에 대한 자세한 고찰이 이루어질 것이다. 먼저 역대기의 이스라엘 개념 연구사를 들여다볼 것이다. 지금까지 역대기의 이스라엘 개념 연구는 많이 진전되었지만 연구사를 살펴보면 아직도 더 설명이 필요한 곳이 나타난다. 연구사 개관은 앞으로 이 책에서 진행될 역대기 연구의 방향을 설정할 것이다. 역대기의 이스라엘 개념에 관한 연구사는 대표 학자를 중심으로 쟁점이 되는 부분을 중점적으로 다룰 것이다.

III

온 이스라엘 역사서

역대기의 '온 이스라엘' 개념 연구사

아하스 이야기 (대하 28장)

'온 이스라엘'의 분열 (대하 10-13장)

분열 왕국 시대 '온 이스라엘' (대하 14-25장)

북왕국의 멸망과 "이스라엘 왕" 아하스 (대하 28장)

'온 이스라엘' 회복 (대하 29-35장)

1 | 역대기의 '온 이스라엘' 개념 연구사

가. 폰 라트(G. von Rad)

폰 라트는 역대기 저자의 역사상의 틀 안에서 이스라엘 개념의 문제를 다룬다. 그에 따르면 "포로기 이후의 이스라엘의 프로그램서"[1]인 역대기는 "참" 이스라엘이 누구인가를 묻는다. 폰 라트는 역대기 저자가 이미 족보에서(대상 1-9장) 열두 지파 중 유다와 베냐민 지파에 특별한 무게를 두고 있음을 관찰하고, 또한 "이스라엘" 용법을 통해 특히 분열 이후에 "유다와 베냐민"을 "참 이스라엘"로 간주한다고 주장한다(대하 11:13; 12:1; 24:5, 16; 20:29; 28:23, 19; 21:2).[2] 아비야 설교에서도(대하 13장) 북왕국은 비합법적인 제의 때문이 아니라, 야훼와의 구원 관계, 즉 이스라엘을 통치할 왕조를 거스름으로써(대하 13:5) 야훼로부터 거부되었음을 관찰한다.[3] 그 증거로 폰 라트는 북이스라엘의 역사가

---

1   G. von Rad, *Das Geschichtsbild des chronistischen Werks* (Stuttgart: Kohlhammer, 1930), 121.
2   von Rad, *Geschichtsbild*, 31.

유다 역사와 동등하게 취급되지 않은 사실을 언급한다. 그럼에도 불구하고 역대기 저자가 북쪽의 백성과 땅에 대한 입장이 긍정적임을 관찰한 폰 라트는 "북왕국은 비정통 왕조이지만 그 백성은 형제 민족"이라고 결론짓는다.[4] 그의 연구의 제한된 성격이 특히 야펫과 윌리엄슨을 통해 지적되긴 하지만, 적어도 폰 라트는 북이스라엘에 대한 역대기 저자의 입장을 일관적으로 설명해냈다. 그에 따르면 하나님의 백성인 이스라엘은 오로지 다윗 왕국을 통해서만 성취되며 하나님의 약속에 합당하다. 온 이스라엘이 될 가능성은 포로기 이후의 관점에서는 역사의 담지자요 다윗 왕국의 후계자인 참 이스라엘이 누구인가 하는 질문과 밀접하게 연관된다. 그러나 폰 라트는 남왕국을 절대화한 나머지 역대기 저자의 북이스라엘 형제 민족에 대한 긍정적인 입장을 충분히 설명해낼 수 없었다.

나. 야펫(S. Japhet)

야펫은 1973년 히브리어로 된 논문[5]에서 역대기 저자를 이론적으로는 범-이스라엘주의자("pan-Israelite")이지만 실제로는 유다 특수주의자("Judean particularist")로 규정하는 다넬의 입장에[6] 대한 문제 제기

---

3   von Rad, *Geschichtsbild*, 32-33.

4   von Rad, *Geschichtsbild*, 32-33.

5   S. Japhet, *The Ideology of the Book of Chronicles and Its Place in Biblical Thought*, trans. Anna Barber (BEAT 9; Frankfurt am Main: Lang, 1989, ²1997).

6   G. A. Danell, *Studies in the Name Israel in the Old Testament* (Upsala: Appelberg, 1946), 280 이하.

를 이스라엘 개념 연구의 출발점으로 삼는다. 야펫은 역대기 저자에 대한 이러한 모순되는 성격 규정은 역대기와 에스라-느헤미야가 같은 저자의 작품이라는 가정에서 기인된 것으로 설명하면서 '온 이스라엘' 개념, 즉 가장 넓은 의미의 이스라엘 이데올로기가 역대기의 근본임을 강조한다.[7] '이스라엘' 용법을 관찰한 결과 야펫은 이스라엘 개념 연구를 위해 "언어 용법"보다는 역사 기술에 더 주목한다. 야펫에 따르면 역대기 저자는 '이스라엘' 또는 '온 이스라엘' 용어를 통일적으로도 또 교리적으로도 사용하지 않기 때문이다.[8] 야펫의 분석에 따르면 역대상 1-9장의 족보에서 이스라엘 개념은 이스라엘이 "이스라엘의 아들들"인 열두 지파로 구성되었다는 데서 나타나며,[9] 이것은 특히 다윗과 솔로몬의 통일 왕국의 기술에서 강조되어 있다.[10] 분열 왕국에 관한 보도(대하 10-13장)에서는 신명기 역사서의 "이스라엘 대 유다" 또는 "열 지파 대 한 지파"의 대립 구조가 나타나지 않고, 대신 백성은 지리적으로 두 개의 정치 집단으로 나뉘어 있다(대하 11:3, 23). 야펫은 남왕국 유다에 유다와 베냐민 지파뿐만 아니라 다른 지파들로 구성된 "온 이스라엘"이 살고 있음을 지적한다(11:3).[11] 따라서 폰 라트의 이스라엘 개념에 기초가 되었던 역대하 11장 3절의 "유다와 베냐민의 온

---

7 Japhet, *Ideology*, 269 이하.
8 야펫의 관찰에 따르면 '온 이스라엘' 개념은 저본 그대로거나 아니면 약간 수정된 15군데에서 저본에서의 의미가 그대로 보유되어 있다. '온 이스라엘'이 삽입된 곳은 뜻을 더 분명히 해 주거나(대상 14:8) 양식적인 문제이거나(대하 7:4-6; 10:16), '온 이스라엘'의 참여를 강조한다(대상 11:4; 13:6; 15:3; 대하 1:2-3). 저본에는 전혀 나타나지 않지만 역대기에 20회나 등장하는 '온 이스라엘'의 용법은 다양하다.
9 Japhet, *Ideology*, 279.
10 Japhet, *Ideology*, 285.
11 Japhet, *Ideology*, 292-93. 이에 대하여 야펫은 대하 11:10, 12의 삽입과 11:13-17의 북왕국 주민의 남왕국으로의 이주에 대한 기술을 지적한다.

이스라엘"이라는 표현은 저본(底本)에서와 마찬가지로(왕상 12:17) 지리적인 의미를 말하는 것이지 "유다와 베냐민만이 이스라엘"임을 의미하는 것이 아니다. 야펫에 따르면 "온 이스라엘"은 지리적 확장을 통하여 아사(대하 14-15장)와 히스기야(30-31장) 그리고 요시야(34장) 시대를 거치며 점점 확대된다.[12]

야펫은 특히 역대하 13장 4-12절에 대한 연구를 통해 북왕국에 대한 역대기 저자의 입장을 도출해낸다. 그에 따르면 북왕국 이스라엘은 분열부터 멸망까지 정치적 종교적 반역자로 그려져 있으며, 유다 왕조만이 야훼 왕국이라는 것이 역대기 저자의 견해이다(대하 13:8).[13] 야펫은 아비야 설교에서 북왕국의 존재 자체는 유죄로 판결받지만 여로보암의 반역은 하나님의 뜻의 성취로 밝혀진다는 것을 강조하면서[14] 북왕국에 관한 전체적인 기술에 긴장이 있음을 관찰한다. 그는 역대기 저자가 유다 왕국만을 다윗과 솔로몬의 진정한 왕조로 간주하기 때문에 북왕국의 역사를 체계적으로 기술하지는 않지만, 그럼에도 불구하고 유다 역사의 틀 안에서 신명기 역사서보다 더욱 자세하고 완전하게 기술한다고 본다.[15] 역대기 저자의 이러한 이중적인 자세로부터 야펫은 북왕국은 반역에도 불구하고 백성 '이스라엘'을 이루는 구성 요소로 남아 있다고 추론한다.[16] 그들은 유다의 형제이다(대상 12:40; 13:2;

---

12 Japhet, *Ideology*, 298 이하 참고. 이에 대한 증거로 야펫은 예루살렘 주민이 모든 지파 출신이라는 대상 9:2 이하의 목록을 제시한다. 또 그는 포로기 이전의 왕정 기간 동안에 예루살렘의 주민은 온 백성의 대표자로서 유다와 베냐민 그리고 에브라임과 므낫세로 구성되어 있다고 강조한다.

13 Japhet, *Ideology*, 310 참고.

14 Japhet, *Ideology*, 311.

15 대하 10; 11:14-15; 13:2-20; 16:1-6; 18; 20:35-37; 21:6; 22:2-9; 25:6-10, 13, 17-24; 28:5-15; 대상 5:26과 대하 30:6-9. 역대기 경향에 모순되는 본문으로 대하 20:35-37; 25:17-24을 제시한다.

대하 11:4; 28:8, 11). 북왕국 백성에 대한 역대기 저자의 입장에 대한 이념적인 기초로서 야펫은 이스라엘의 아들, 즉 에브라임과 므낫세가 이스라엘의 장자라는 역대상 5장 1-2절을 거론한다.[17] 야펫은 '이스라엘' 백성의 일부인 북왕국 이스라엘 백성은 하나님의 통치 아래 있다고 주장하며,[18] 그 증거로 여로보암이 아비야와의 전투에서 패전한 사실(대하 13:19-20)과 이스라엘 백성의 사로잡힘과 완전한 멸망(28:10-11; 30:7)을 인용한다.[19] 결론적으로 야펫에 따르면 북왕국의 멸망은 그 왕국의 죄에 합당한 결과이다.

야펫은 지리적-정치적 크기로서의 북왕국과 그 백성을 구분하여 관찰함으로써 폰 라트를 극복하고 북왕국 백성에 대한 역대기 저자의 관심과 형제 민족으로서의 칭호를 설명할 수 있었다. 그러나 야펫의 이론은 폰 라트가 제시한 것과 유사한 내적 모순을 지닌다. 폰 라트가 이스라엘 왕국과 그 제의는 비합법적인 것(대하 12장; 15장)으로 설명하고, 백성은 형제로 간주했듯이(대하 28장),[20] 야펫도 한편으로는 북왕국은 비정통 왕조이지만, 다른 한편으로는 하나님의 개입(대하 10:15; 11:4)과 북왕국 백성에 대한 역대기 저자의 긍정적인 입장에서 그 백성은 이스라엘의 일부를 구성한다고 유추한다. 이렇게 야펫이 북왕국의 멸망을 하나님의 백성으로서의 "북이스라엘"의 "원죄"의 결과로 본다면, 북쪽의 백성에 대한 역대기 저자의 긍정적인 자세는 단순히

---

16 Japhet, *Ideology*, 318.

17 Japhet, *Ideology*, 321.

18 Japhet, *Ideology*, 318 참조.

19 Japhet, *Ideology*, 319 참조.

20 Japhet, *Ideology*, 324 참조.

도덕적이거나 이념적인 결과로 격하되어 버리고 만다. 만일 역대기 저자가 왕국 및 제의와 관련하여 처음부터 북이스라엘을 합법적인 것으로 간주하지 않는다면, 나중에 그는 북이스라엘의 멸망을 자신의 신학적인 해석의 직접적인 증거로 사용할 수 있었을 것이다. 그러나 역대기 저자는 그리하지 않고, 오히려 유다와 이스라엘을 북왕국의 멸망 시점까지 동일하게 기술한다. 이것은 북이스라엘 백성에 대한 역대기 저자의 긍정적인 자세 뒤에는 중요한 신학적인 이유가 분명히 존재한다는 것을 말한다. 그러므로 기관인 북왕국과 백성인 북왕국에 대해 모순적으로 보이는 두 입장은 더 합리적인 설명을 필요로 한다.

다. 윌리엄슨(H. G. M. Williamson)

윌리엄슨은 폰 라트나 야펫보다 훨씬 자세하게 역대기에서의 '이스라엘' 용법을 추적한다. 먼저 그는 그의 논문에서 "역대기에서의 이스라엘"에 관한 연구는 역대기와 에스라-느헤미야의 공동 저자라는 잘못된 출발점에 서 있으며, 특히 폰 라트의 결론은 에스라-느헤미야서의 입장이고 그의 연구방법은 너무나 자의적임을 지적한다.[21] 그는 '이스라엘'의 용법 80회 중 51회가 북왕국을 가리킨다는 사실을 근거로[22] 역대하 11장 3절의 "유다와 베냐민에 있는 온 이스라엘"이라는 표현이 역대기 저자의 경향을 말한다는 일반적인 견해에 반대한다. 분

---

21 H. G. M. Williamson, *Israel in the Books of Chronicles* (Cambridge: Cambridg Univ. Pr., 1977), 87 참조.

열 왕국 시기의 "이스라엘" 용법의 분석을 통해 윌리엄슨은 역대기 저자는 남북 왕국 모두에게 '이스라엘' 용어를 사용하며, 이것은 남북의 동등한 권리를 보여준다고 결론짓는다.[23] 분열 왕국의 역사 기술에 관한 분석에서 그는 역대기 저자에 따르면 북왕국이 초기에는 유대 왕 르호보암에 반역할 정당한 이유가 있었으나(대하 10:15; 11:4)[24] 차차 제의적인 분리를 통해(대하 11:14-15), 또 아비야의 요구(13:5 이하)를 거부함으로써 제의적으로는 물론 정치적으로 야훼를 떠난 자의 위치에 놓이게 되었다고 해석한다.[25] 단어 연구를 통해 윌리엄슨은 북왕국 주민이 반역에도 불구하고 하나님의 자녀로서의 자격은 박탈당하지 않았으며, 그러므로 그들은 회개해야 할 자리에 있게 되었다고 단언한다. 이렇게 윌리엄슨은 북왕국이 한편으로는 이스라엘로 칭해지는 바를, 다른 한편으로는 다윗 왕조로부터 배반한 것으로 기술되는 바를 조화시킬 수 있었다.

　　윌리엄슨에 따르면 역대기 저자는 아하스 이야기(대하 28장)에서

22　Williamson, *Israel*, 102 이하에 따르면 "이스라엘"은 저본에서 29회 등장한다(대하 10:19; 16:1, 3, 4; 18:3, 4, 5, 7, 8, 9, 17, 19, 25, 28, 29[2x], 30, 31, 32, 33, 34; 21:6; 25:17, 18, 21, 22, 23, 25; 28:2). 저본을 약간 수정한 형태로 2회 나타나며(대하 10:18; 11:1), 특수 자료에서 20회가 쓰인다(대상 5:17; 대하 11:13, 16; 13:4, 12, 15, 16, 17, 18; 17:4; 20:35; 21:13; 22:5; 25:6, 7[2x], 9; 28:5, 8, 13. 반면 북왕국이 존재하는 동안 '이스라엘' 용어가 유다를 지칭하는 것으로 11회 사용된다(대하 12:1, 6; 19:8; 21:2, 4; 23:2; 24:5, 16; 28:19, 23, 27). 또한 윌리엄슨은 '온 이스라엘' 형태가 18회 달리 쓰이는 용법을 지적한다. 역대하 10:1, 3, 16(3x), 17절과 11:3에서 '온 이스라엘' 또는 '이스라엘'은 저본과는 달리 "지파 전체 수"를 말하며, 그에 반해 역대하 15:9과 15:17에서는 북왕국 지역이나 북왕국 자체를 가리키고, 18:6-7에서는 두 왕국에 대해 사용된다. 역대하 20:29에서 '이스라엘'은 "본래의 가장 폭넓은 의미로" 사용된다. 윌리엄슨의 관찰에 따르면 역대하 17:1과 '이스라엘과 유다 왕들의 연대기'라는 사료 이름에서도(대상 9:1; 대하 16:11; 20:34; 25:26; 27:7; 28:26) 이스라엘 단어의 사용은 정확히 밝힐 수 없으나, 이스라엘과 유다가 함께 나타나는 것은 유다가 이스라엘의 필수 구성 요소임을 강조하려는 역대기 저자의 의도를 보여준다고 한다. 그럼에도 불구하고 역대기 저자는 유다라는 이름을 통해 유다만이 이스라엘이라고 주장하지는 않는다고 한다.

23　Williamson, *Israel*, 110; *1 and 2 Chronicles*, 239.

24　Williamson, *Israel*, 108. 이는 역대기 저자가 왕상 12:16절을 수정함으로써 이루어진다.

25　Williamson, *Israel*, 131 참조.

북이스라엘의 이중적인 위치를 조화시키려 시도한다. 역대기 저자는 역대하 28장에서 13장의 상황과는 정반대로 남북 관계를 그림으로써[26] 민족 통일의 필수 단계인 북이스라엘의 회개를 현재의 죄뿐만 아니라 원래의 죄로부터 해석한다. 그는 역대하 28장 19, 23, 26, 27절의 '이스라엘' 용법에서 왕국 분열 이후 분열적으로 묘사된 북왕국의 존재가 합법적으로 '온 이스라엘'에 대해 이야기하거나 반쪽 국가 이상으로 일컫게 하지 못하는 유일한 방해 요인임이 암시되어 있다고 본다. 이 시점에서 북왕국의 멸망이 확정되고 북왕국 백성의 회개가 이미 시작되어 히스기야 왕 아래서 제의적으로 정치적으로 이스라엘의 자격이 완전히 회복되었다는 것이다.[27]

역대기 저자의 포괄적인 이스라엘 개념에 대한 뛰어난 설명에도 불구하고 윌리엄슨의 이론에서도 북왕국은 멸망까지 '원죄'와 연결되어 있어 결국 한 기관으로서의 북왕국과 그 백성에 대한 명확한 입장 차이가 나타난다.[28] 이 점에서 윌리엄슨에게서도 북왕국과 그 백성에 대한 역대기 저자의 관점은 조화를 이루지 않는다.

위에서 본 대로 야펫과 윌리엄슨, 그리고 폰 라트는 역대기 저자가 두 지파 유다와 베냐민에게 특별한 무게를 둔다는 점에서 일치한다. 그러나 야펫과 윌리엄슨은 폰 라트를 넘어서 역대기 저자가 북왕국도 이스라엘의 일부로 이해하고 있음을 강조했다. 야펫은 북왕국이나 그 주민에 대한 역대기 저자의 상반적인 입장에서, 반면 윌리엄슨

---

26   Williamson, *Israel*, 114 이하.

27   Williamson, *Israel*, 118 이하.

28   Williamson, *Israel*, 114-15; 118 참조.

은 언어 사용에 대한 단어 연구를 통해 이러한 결론에 이르렀다.[29] 그러나 이들이 주장하는 바탕에는 북이스라엘의 "원죄"가 자리하고 있기 때문에, 결국 북왕국에 대한 역대기 저자의 입장에 대한 그들의 설명은 모순적일 수밖에 없다. 정치적 제도로서 북이스라엘은 적법하지 않으나 그 백성은 형제라는 것이다. 이들의 이해에 따르면 역대기 저자는 북왕국과 그 백성에 대하여 대립적인 관점을 지니고 있게 된다. 그리하여 어떻게 이 두 관점이 서로 조화할 수 있는가 하는 질문은 여전히 해결되지 않은 채 남는다. 이 문제에 대한 설명은 다음 단락에서 이루어질 것이다.

벤츠비가 분명히 하였듯이 역대하 28장의 아하스 이야기는 역대기에서 북이스라엘이 특별히 긍정적으로 평가되는 유일한 곳이다.[30] 외관상 역대기가 남왕국의 역사에 집중한 역사 서술이라는 점을 감안할 때, 아하스 이야기는 특별히 역대기의 북왕국에 대한 새로운 관점을 엿보는 데 도움을 줄 것이다. 동시에 아하스 이야기는 히스기야 개혁을 이해하는 전제를 파악할 수 있는 가능성을 제공한다. 그러므로 다음 장에서는 역대하 28장의 아하스 이야기를 다룰 것이다.

---

29 Williamson, *Israel*, 108 이하 참고.
30 Ben Zvi, "A Gateway to," 271-18; Coggins, *Chronicles*, 259 참고

2 | 아하스 이야기 (대하 28장)

역대기 저자의 아하스 이야기에는 몇 가지 특징이 나타난다. 먼저 열왕기하 16장과 역대하 28장의 대조 비교를 통해 공통점과 차이점을 살펴보자.

가. 평행본문 비교

아래의 도표가 보여주듯이 역대기 저자의 아하스 이야기는 열왕기하 16장의 순서를 대체로 따르고 있으나 폭넓게 재해석되어 있다.[1]

(1) 열왕기하 16장 2-4절에 상응하는 도입 구절(대하 28:1-4)에서 2b절과 3a절이 추가되어 아하스의 죄는 좀 더 정확하게 규정되고 바알 신상과 벤-힌놈 골짜기에서의 제의가 추가된다.[2]

(2) 아람과 이스라엘의 유다 침략에 대한 역대기 저자의 기술은

1　Becker, *2 Chronik*, 90.
2　Williamson, *Chronicles*, 343.

온 이스라엘 역사서 — 화해와 화합을 위한 역대기 구상

역대하 28장		열왕기하 16장	
1-4	도입	1-4	도입
	-	5	시리아-에브라임 연합 전쟁과 패전
5a	아람의 유다 침략과 사로잡음	6	아람의 엘라 지역 유다인 추방
5b-8	이스라엘의 유다 침략		-
(16)	-	7-8	아시리아에 아하스가 원조 요청함
9-15	북이스라엘의 유다 형제 사랑		
16	디글랏 빌레셀에게 아하스가	(7-8)	
	원조를 요청함		
17-18	에돔과 블레셋의 유다 침략		
19	신학적인 평가		
	-	9	아시리아의 다메섹 정복
20	디글랏 빌레셀에 의한 유다의 곤경		
21	아하스가 디글랏 빌레셀에게 조	(7-8)	
	공을 바침		
22-23	아하스의 다메섹 신 경배	10-13	새 제단 도입
24a	아하스의 성전 기구 제거	14-18	제의 규정 확립
24b-25	아하스의 성전 문 폐쇄, 이방 신		
	산당 건설		
26-27	종결구	19-20	종결구

몇 가지 점에서 신명기 역사서가 보여주는 시리아-에브라임 전쟁에서 벗어나 있다.

(a) 신명기 역사서의 시리아-에브라임 전쟁은 역대기에서는 열왕기하 16장 5절과는 반대로 두 차례의 분리된 사건으로 나타나며, 그때마다 유다에게 막대한 패배를 안겨 주었다(대하 28:5-8).[3] 이 역사적 사건은 이스라엘에 대한 예언자의 말씀을 통해 확장된다(28:9-15).

(b) 신명기 역사서에서 아하스는 르신과 베가의 위협으로 인해 디

---

3 Curtis - Madsen, *Chronicles*, 455; Coggins, *Chronicles*, 258; De Vries, *1 and 2 Chronicles*, 363; Ch. Begg, "Ahaz, King of Judah according to Josephus," *SJOT* 10 (1996), 32-33; Smelik, "King Ahaz," 170.

글랏 빌레셀에게 구원을 요청하며 그에게 예물을 보낸다(왕하 16:5, 8). 그에 반해 역대기에서는 에돔과 블레셋의 침입 때문에(대하 28:17-18) 디글랏 빌레셀에게 원조를 청한다(19절).[4] 신명기 역사서에서 예물을 통한 구원 청원은 아하스의 정책에 한시적인 도움을 가져다 주지만(왕하 16:7-8), 역대기에서는 또 다른 어려움을 초래한다(대하 28:20-21).

(c) 역대기 저자는 아하스의 다메섹 방문과 새 제단의 도입(왕하 16:10-16)을 다메섹 신들에 대한 예배로 해석한다(23절).[5]

(d) 아하스의 죄에는 성전 기구의 처분(왕하 16:17 참조)에다 또 다른 종교적 중죄가 추가된다. 그는 성전 문을 닫고 예루살렘과 유다 성읍 곳곳에 이방 신들을 위한 산당을 건설한다(대하 28:24-25).

이렇게 저본을 변형하고 새로이 해석함으로써 역대기 저자는 아하스를 신명기 역사서에서보다 더욱 고약한 악인 중의 "악인"으로 그리고 있다.[6]

나. 아하스 이야기 특징

1) 아하스 시대의 유다

역대기 저자의 기술에 따르면 남왕국은 아하스의 통치 시기에 종교적으로는 물론 정치적으로 나락에 떨어진다.[7] 이 점을 역대기 저자

---

4   Curtis - Madsen, *Chronicles*, 459; Williamson, *Chronicles*, 92.

5   Japhet, *2 Chronik*, 347; Begg, "Ahaz," 28-51, 39.

6   Curtis - Madsen, *Chronicles*, 456; Japhet, *2 Chronik*, 349; Smelik, "King Manasse," 183.

는 먼저 아하스의 패전 서술에서 그리고 그에 대한 해석으로써 보여준다.

(1) 아하스 시대에 많은 유다 백성들은 아람인에게 사로잡혀 가거나 다메섹으로 강제 이주된다(28:5a).[8] 또한 유다의 지도층과 수많은 백성은 이스라엘에 의해 죽임을 당하거나(6-7절) 이스라엘로 끌려간다(8절; 참조 9aα절). 유다의 정치적인 참상은 저본(왕하 16:5)에서 공동으로 예루살렘을 공격하였으나 실패한[9] 시리아-에브라임 전쟁이 역대기에서는 두 차례의 분리된, 또 실제로 일어난 사건으로 기술됨으로써(대하 28:5-8) 강조된다.[10] 여기에 유다의 고위관직에 있는 이들의 죽음이 추가된다(7절). 유다의 패전 상황은 "또" 겹친 에돔과 블레셋에 의해 더욱 악화된다(17-18절).[11] 특히 블레셋은 "유다"의 많은 성읍들, 즉 쉐펠라, 네게브, 벳세메스, 아얄론, 그데롯, 소고, 딤나, 김소와 각각 그에 딸린 도시들을 점령하고 그곳에 거주한다(18절). 이러한 묘사는 히스기야 시대 산헤립의 유다 침공이 특히 유다의 도성에 심한 손실을 가져다 주었다는 신명기 역사서의 보도(왕하 18:13)와 유사하다.[12]

---

7   Becker, *2 Chronik*, 90; Smelik, "King Ahaz," 182 참고.

8   이러한 기술에 따르면 유다의 포로 사건은 북왕국 이스라엘이 기원전 732년(왕하 15:29) 또는 722년(왕하 17:21-22) 아시리아의 침략과 정복으로 포로 사건을 맞기 전 이미 시리아-에브라임 연합 전쟁으로 시작된다.

9   이러한 성격은 히스기야에 대한 산헤립의 공격에 나타난다(대하 32:1, 9, 21-22).

10   Smelik, "King Ahaz," 170 참조. 이에 반대하여 황선우는 최근 그의 논문, "열왕기의 아하스와 역대기의 아하스,"『Canon & Culture』 11/1 (2017), 63-87, 특히 73-75에서 역대기의 이 구절은 열왕기하 16:5의 "문학적 수정"이 아니라, 다시 말해 시리아-에브라임 전쟁이 아닌 그와는 완전히 다른 사건을 말한다고 주장한다. 그는 역사성을 강조하면서도 구체적으로 어떤 역사적 사건을 말하는지는 밝히지 않는다. 반면 황선우는 아하스가 디글랏 빌레셀에게 원조를 요청한 것과 그것의 부정적인 결과를 말하는 28:16-21은 삽입으로 간주하면서 본문에 대한 문학적 이해를 시도한다. 여기서 같은 본문을 상이하게 접근하는 방법론적 문제점이 드러난다.

11   17절은 문법적으로 과거완료로 읽을 수 있다. Rudolph, *Chronikbücher*, 291 참조.

12   Knoppers, "History and Historiography," 200.

이와 관련하여 산헤립이 특히 거의 전체에 해당하는 쉐펠라[13] 주민과 또 50-70%의 유다 주민을 죽이거나 사로잡아 갔다는 고고학적인 평가는[14] 히스기야의 시대가 역대기에서는 의도적으로 아하스의 시대로 이동되어 있다는 가정을 하게 한다.[15] 이러한 전이로써 역대기 저자는 아하스 시대를 절망의 나락에 떨어진 시대로 기술하고자 했을 것이다. 아하스 시대에 대한 역대기 저자의 이러한 이해는 히스기야 이야기에서도 잘 드러난다. 히스기야는 레위인에게 베푸는 설교(29:5-11)에서 "너희들의 눈으로 똑똑히 본 것처럼"(29:8)이라는 표현으로써 구체적으로 아람과 이스라엘, 그리고 에돔, 블레셋, 앗수르에 의한 아하스의 패배를 지시하고 있다. 28장에 기술된 패배는 히스기야 이야기에서 특히 "공포와 경악과 비웃음거리"라는 표현을 통해 북왕국의 멸망(30:7)이나 남왕국의 멸망(36:21)보다 훨씬 더 부정적으로 평가되고 있다(29:8; 참조 레 26:32 이하).

(2) 역대기 저자가 아하스 시대를 퇴락한 시기로 기술한다는 것은 유다의 패전을, 바알을 위한 성상을 빚고 벤-힌놈 골짜기에서 희생 제사를 드리며 자기 아들들을 몰록 제사로 바침은 물론 산당에서 제의를 행한 아하스의 죄(대하 28:2b-4)에 대한 야훼의 진노 행위로 해석하는 데서 다시 엿볼 수 있다.[16] 이러한 신학적인 판단은 5절에서 두

---

13 Finkelstein, "Archaeology," 169-87. 핀켈슈타인에 따르면 쉐펠라에 정착한 인구는 8세기 후반에 최고에 달했다고 한다. 8세기에 쉐펠라가 겪은 극적인 파괴는 물론 취락 구조의 붕괴도 산헤립으로부터 기인된다(173).

14 Knoppers, "History and Historiography," 178-203; B. Halpern, "Jerusalem and Lineages in the seventh century BCE: Kinship and the Rise of Individual Moral Liability," in *Law and Ideology in Monarchic Israel*, : eds. B. Halpern , et al., 11-107, 특히 19-34; Albertz, *Exilszeit*, 80.

15 그에 반해 벤츠비는 대하 28:18의 목록은 아하스 시대의 유다보다는 예후드(Yehud) 지방의 지역에 더 맞다고 지적한다. 적어도 아얄론이, 특히 김소가 아하스의 왕국에 속하지 않았기 때문이라고 한다. Ben Zvi, "A Gateway to," 227, 각주 23.

차례 등장하는 "בִּיַד נָתַן"〈브야드 나탄〉의 용법에서도 분명히 나타난다. "야훼가 왕을 아람 왕의 '손에 넘기시니'(בִּיַד נָתַן) … 또 이스라엘의 왕의 '손에 넘기시니'(בִּיַד נָתַן) …." 또한 역대기 저자는 아하스 왕이 야훼의 낮추심에 주의하지 않았을뿐더러 계속하여 죄를 더했다고 강조한다. 아하스의 잘못은 무엇보다도 "도움"을 구한 것과 관련된다(16, 21, 23[2x]절). 먼저 아하스는 에돔과 블레셋의 공격을 받고 디글랏 빌레셀에게 구원을 청하지만(16절) 이는 그를 더 큰 곤경에 빠지게 한다. 디글랏 빌레셀은 에돔과 블레셋을 공격한 것이 아니라 아하스를 향해 진군해 왔던 것이다(20절). 그러자 아하스는 성전과 궁전을 털어 이에 대처한다(21절).[17] 이것은 히스기야가 산헤립에게 막대한 조공을 바친 사실(왕하 18:15-16)을 상기시켜 준다. 역대기의 히스기야 이야기에 신명기 역사서의 조공 에피소드(왕하 18:13-16)가 생략된 점으로 미루어볼 때, 히스기야 시대의 부정적인 요소가 역대기에서 다시 아하스 시대로 옮겨졌다는 추측이 가능해진다.[18] 신명기 역사서에서 르신과 베가의 공격에 따른 아하스 왕의 원조 요청은(왕하 16:5) 일시적인 성공을 가져다 주지만(왕하 16:7aβb-8), 역대기에서 그가 아시리아 왕에게 기대한 도움은 일어나지 않는다(대하 28:21). 이렇게 저본을 의도적으로 수정함으로써 역대기 저자는 아하스의 정치적인 실패를 부각시킨다.

아하스는 한걸음 더 나아가 대적의 신(神)인 아람 신들에게 제사

---

16 Williamson, *Chronicles*, 343 참고.

17 왕상 15:18에서 북이스라엘의 위협에 맞선 아사도 앗수르 왕을 위해 이렇게 대처한다(21절).

18 야펫은 대하 28:20-21에 아하스에 대한 앗수르의 원정에서 일어난 일이 기록되지 않았다는 것을 근거로 이와 같이 추측한다. 참고 Japhet, *2 Chronik*, 357.

하기까지 한다. 아람의 신들이 대적의 승리를 도왔다고 믿은 아하스는 그들의 도움을 기대하지만(28:23a) 이 일도 아무런 성과를 가져다 주지 않는다(23b절). 역대기 저자는 아하스가 아람의 제의에 따라 번제단을 제작했다는 신명기적 보도(왕하 16:10-16)를 이렇게 해석한다.

역대기 저자의 평가에 따르면 계속되는 아하스의 굴욕(대하 28:19a)과 아시리아에 대한 그의 외교 정치의 실패(20, 23절)는 아하스의 죄, 즉 야훼에 대한 배신(מעל, 19bβ, 22a절)에 그 원인이 있다. 역대기 저자의 견해에 따르면 아하스는 그칠 줄 모르는 악행으로 유다를 혼란에 빠뜨렸고(הפריע; 19bα절; 참조 출 32:25), 그리하여 유다 모든 백성이 범죄하기에 이른다. "그들이 그들의 하나님 야훼를 저버렸다"(28:6b). 그러므로 야훼는 죄에 대한 벌로 그들을 낮추신다(הכניע; 19a절, 참조 9aα절). 이 점에서 아하스는 유다와 예루살렘 주민을 잘못 이끌었다는 므낫세와 비교된다(33:9). 그러나 아시리아 왕에 의해 쇠사슬에 꿰어 바벨론으로 끌려가는 징벌을 겪고 난 후 회개하고 부분적인 제의 개혁을 단행한(33:11-16) 므낫세와는 달리 아하스는 야훼를 줄곧 배반하기만 한다(28:22a). 그러므로 역대기 저자는 이런 왕을 두고 "아하스 왕은 바로 이런 사람이었다!"[19](22b절)라고 절망 섞인 한탄을 덧붙인다. 이를 통해 역대기 저자는 그의 요약적인 평가에서 "그가 야훼 보시기에 정직하게 행하지 않았다"(대하 28:1b = 왕하 16:2bα)[20]라는 신명기 역사서의 평가를 더욱 강화한다.[21] 아하스의 거듭되는 악행은 이에 상응한다. 그

---

19 Rudolph, *Chronikbücher*, 289 참고. '아하스는 구제불능'이라는 뉘앙스를 담고 있다.
20 이러한 평가는 신명기 역사서에서 솔로몬(왕상 11:33), 여로보암(왕상 14:8), 아하스(왕하 16:2b)에게 사용되고, 역대기에서는 오로지 아하스(대하 28:1b)에게만 쓰이고 있다. 신명기 사가는 이러한 수동적인 표현으로 왕에 대한 직접적인 평가를 피하려고 한 듯하다.

온 이스라엘 역사서 — 화해와 화합을 위한 역대기 구상

는 제의 기구를 부수고 성전 문을 폐쇄하며, 예루살렘과 유다의 성읍 구석구석에 이방 신을 위한 산당을 세운다(대하 28:24-25). 36세라는 이른 죽음이나[22] 아니면 비록 아사 왕이나(대하 16:14) 웃시야 왕(26:21)처럼 중병에 걸리지 않았음에도 불구하고[23] "이스라엘 왕들의 무덤"에 장사되지 아니한(27절; 참조 왕하 16:20) 불명예는[24] 아하스 개인에게 임한 징계일 수 있다. 그러나 역대기 저자는 아하스가 제의적 죄로써 야훼를 심히 괴롭게 한 일에(28:25b; 참조 29:6) 즉각적인 결과가 수반되지 않았음을 분명히 한다.[25] 죄에 죄를 더하나 회개하지 않음으로써 아하스는 역대기에서 가장 악한 왕이 된다. 이렇게 역대기의 아하스는, 심각한 죄로써 야훼로 하여금 예루살렘을 파괴하고 유다를 쫓아내 대적의 노략이 되도록 결정하게 한(왕하 21:13-15) 신명기 역사서의 므낫세 자리를 차지하게 된다.[26]

(3) 역대기 저자는 한편으로 아하스 시대를 최저점으로 기술하고, 다른 한편으로는 아하스 왕을 최악의 악인으로 제시함으로써 아하스 시대를 유다 역사의 말기와 동일시한다. 특히 성전 기구의 약탈(28:21; 36:6-7, 10), 회개하지 않음(28:22; 36:12), 왕들의 불신(28:19, 22; 36:14)과 범죄(28:7; 여호아하스 36:4; 여호야김 36:6; 여호야긴 36:10)와 같은 동일한

---

21 De Vries, *Chronicles*, 365도 같은 견해를 보여준다. 므낫세에 대한 신명기 역사서의 절대적인 평가 "야훼 보시기에 악을 행하였다"가 역대기 저자의 아하스에 대한 평가에 더 적절해 보이기 때문이다.

22 예를 들면 Smelik, "King Ahaz," 168. 요시야의 죽음 참고.

23 De Vries, *Chronicles*, 366 참고. 요람(대하 21:20)과 요아스(대하 24:25)도 불명예스런 죽음을 맞는다.

24 예를 들면 Curtis - Madsen, *Chronicles*, 462; Japhet, *2 Chronik*, 359; De Vries, *Chronicles*, 366; Smelik, "King Ahaz," 168.

25 Rudolph, *Chronikbücher*, 293 참고.

26 이에 대하여 위에 제시한 Smelik의 므낫세와 아하스에 관한 두 개의 글 참고.

주제를 병행시킴으로써 아하스 시대는 유다의 멸망을 예시(豫示)해 준다. 아하스의 시대는 이로써 한 시대의 끝을 그리고 있다.[27]

2) 아하스 시대의 이스라엘

역대기 저자에 따르면 이 시기에 남왕국뿐만 아니라 북왕국도 나락에 빠진다.

(1) 역대하 28장 8절부터 이스라엘에서 왕이 등장하지 않는다(5절: "이스라엘의 왕"; 6절: "베가 벤 르말야후").[28] 그 대신 "에브라임의 족장들"이 등장하며(12절) 그들은 특이하게도 예언자와 백성을 중개하며 중대한 일의 결정을 맡는다(13절).[29] 또한 백성은 "지도층"(שׂרים)과 "회중"(קהל)으로 구성되어 있다(14절).[30] 이러한 특징은 이스라엘을 "왕이 없는 공동체"로 보여준다.[31] 이것은 적어도 이스라엘의 베가의 죽음(왕하 15:30)과 북왕국의 멸망을 시사한다. 이러한 역대기 저자의 기술로부터 우리는 이미 아하스 시대에 북이스라엘의 멸망이 발생했다고 유추할 수 있다(28:8-15; 참조 대상 5:6, 22, 26).[32] 이것은 호세아가 통치하던 북이스라엘이 히스기야 시대에 멸망했다고 전하는 신명기 역사서(왕하 17:5-6, 20; 18:10)와는 전혀 다른 면이다. 이렇게 역대기에서 아하

---

27 Ben Zvi, "A Gateway to," 218-19에 따르면 대하 28장은 문학적으로 역사 기술적으로 전환점에 있다.
28 Ben Zvi, "A Gateway to," 238.
29 De Vries, *Chronicles*, 363.
30 Japhet, *2 Chronik*, 352은 6-7절과 8-15절의 긴장을 서로 다른 자료에서 기인된 것으로 설명한다.
31 Ben Zvi, "A Gateway to," 217.
32 Williamson, *Chronicles*, 344, 347; Ben Zvi, "A Gateway to," 218.

스 시대는 북왕국에게도 정치적으로 한 시대의 끝을 의미하고 있다.

이 맥락에서 아하스가 다메섹의 신들, 즉 아람 왕의 신들에게 제사들 드리고 또 이것이 아하스는 물론 "온 이스라엘"을 망하게 했다는 역대기 저자의 언급(대하 28:23)이 눈길을 끈다. 역대기 저자의 견해에 따르면 아하스는 아람 신들을 섬김으로써 자신은 물론 온 이스라엘을 멸망으로 몰아넣은 것이다. 이 배후에는 아하스의 정치적인 잘못에 대한 신랄한 비판이 암시되어 있다.[33] 지금까지 역대기 연구는 이 구절에 별로 주목하지 않았으며 여기서 사용된 용어 "온 이스라엘"도 대체로 주목을 받지 못했다. 역대기 저자의 '이스라엘' 이름 용법에 많은 관심을 쏟았던 윌리엄슨조차도 이 구절을 주의 깊게 다루지 않았다. 루돌프는 용어 '온 이스라엘'을 "하나님의 백성 전체 이스라엘"로 해석하고 역대기 저자가 여기서 후대의 예루살렘 멸망을 염두에 두고 있다고 해석한다.[34] 반면 드브리스는 '온 이스라엘'을 "이상적인 이스라엘 국가"의 의미로 추측한다.[35] 그러나 위에서 관찰한 역대기 저자의 유다와 이스라엘에 대한 기술로 미루어볼 때, 23절의 "온 이스라엘"은 유다와 북이스라엘을 말하는 것이 분명하다. 그렇다면 역대기 저자에게 이러한 관점의 근거는 무엇일까? 역대기 저자는 분명히 아하스가 유다 왕국을 아시리아의 봉신 국가로 전락시켰다는 신명기적 저본에서(왕하 16:10 이하), 그리고 아하스가 아시리아에게 도움을 요청함으로써 북왕국 멸망의 단초를 제공했다는 역사적 사실(사 7장 참조)에서 그 근거를 찾았을 것이다. 역대기 저자에 따르면 아하스의 원조 요청은

---

33 사 30:1-3 참고.

34 Rudolph, *Chronikbücher*, 292.

35 De Vries, *Chronicles*, 365.

북왕국을 멸망하게 한 결정적인 요인이었다! 아하스 이야기의 전체적인 관련성 속에서 볼 때, 역대기 저자가 아하스의 정치적인 잘못을 신랄하게 비판하는 지점은 아하스가 아시리아와 그 신들에게 도움을 요청함으로써 유다의 쇠퇴는 물론 북왕국의 멸망을 자초했다는 것이다. 결과적으로 바로 이 지점에서 북왕국 멸망에 대한 책임이 분명하게 아하스에게 전가되고 있음을 인식할 수 있다. 이러한 견해는 지금까지 역대기 연구에서 전혀 대변되지 않았다. 이 점에서 역대기 저자는 이스라엘 멸망의 원인을 이스라엘 백성(왕하 17:9-18, 22)과 여로보암 왕(왕하 17:21)의 제의적 죄에 있다고 보는 신명기 사가와 뚜렷한 차이를 보인다.

(2) 역대기의 기술을 통해 북왕국의 멸망이 아하스 시대에 일어났다는 점이 분명해졌다. 놀랍게도 역대기에는 북왕국의 멸망에도 불구하고 아시리아에 의한 북이스라엘 백성의 강제 이주도, 이방 민족들의 새로운 정착도 전혀 언급되지 않는다. 북왕국 멸망 이후 이스라엘 사람들은 포로로 끌려가고(왕하 17:6) 그 땅에는 이방 민족들이 새로이 거주하여(왕하 17:24) 이스라엘은 역사에서 더 이상 존재하지 않게 되었다는 신명기 역사서의 기술(왕하 15:29)과는 대조적으로, 역대기의 기술에 따르면(대하 28:8-15) 북왕국은 멸망 이후에도 공동체로 실재한다! 히스기야 이야기도 이 점을 확증한다. 히스기야 이야기는 이스라엘의 포로 사건에 대해 말하지만(30:9),[36] 그러나 북이스라엘 백성은

---

36 S. Japhet, "Exile and Restoration in the Book of Chronicles," in *The Crisis of Israelite Religion. Transformation of Religious Tradition in Exilic and Post-Exilic Times*, eds. B. Becking, et al., 33-44. 야펫은 역대기에서 북왕국의 멸망에 대하여 족보에서 3회(대상 5:6, 22, 26), 그리고 역사적인 면(대하 30장)에서 1회, 총 4번 언급되어 있음을 지적한다. 그러나 자세히 들여다보면 이 모든 전거들은 놀랍게도 멸망이 아니라 포로 사건에 대해 말하고 있다.

온 이스라엘 역사서 — 화해와 화합을 위한 역대기 구상

여전히 그들이 원래부터 살던 땅, 즉 에브라임(30:1, 10), 므낫세(30:1, 10, 11), 스불론(30:10, 11), 아셀(30:11)에 거하고 있음을[37] 증거한다. 그러나 이스라엘 백성이 자신들이 사로잡은 유다의 포로들을 남북 왕국의 경계로 간주되는 여리고(수 16:1; 18:12 참조)에서[38] 돌려보냈다는 보도(대하 28:15)는 북왕국의 멸망에도 불구하고 남북의 정치적 통일은 이루어지지 않았다는 인상을 불러일으킨다.[39] 특이하게도 바로 이 맥락에서 본문은 아하스를 "이스라엘의 왕"으로 칭한다(28:19). 이 읽기가 과거에 큰 난제였다는 것은 이미 몇몇 히브리어 필사본과 또 칠십인역, 불가타, 페쉬타, 타르굼과 같은 고대 번역본에서 "이스라엘"이 "유다"로 수정되어 읽혔다는 점에서 잘 드러난다. 오늘날에도 마찬가지로 이 읽기 형태는 역대기 연구에서 자주 간과되거나 전혀 평가되지 않는다. 가령 윌리엄슨은 이 칭호에 놀라움을 금치 못한다.[40]『공동번역』과 그 개정역은 이를 아예 번역하지 않았으며, 가장 최근의 역대기 번역서에서는 "이스라엘 임금"을 "유다 임금"으로 수정한 것이 "더 원본문에 맞을 것"이라고 평가하고 있다.[41] 그러나 23절의 "온 이스라엘"과 관련시켜 볼 때 아하스에 대한 칭호 "이스라엘 왕"은 결코 잘못된 표기(lapsus calami)로 간주될 수 없다. 루돌프의 주장대로 "유다"로 읽는 것은 "수정된 것임이 자명하다".[42] 폰 라트도 이 견해를 대변하지

37   Japhet, "Exile and Restoration," 40.

38   Williamson, Chronicles, 347.

39   아시리아의 통치 기간에 여리고는 아시리아 행정 구역 사마리아 지방의 일부였다는 고고학 연구도 이를 증거한다.

40   Williamson, Israel, 118. 나중에 그는 자신의 주석(1 and 2 Chronicles, 348)에서 이것을 "통일 된 백성을 제시하기 위한 움직임"으로 해석한다.

41   정태현, 임승필 번역,『역대기 상·하 에즈라·느헤미야』, 209.

42   Rudolph, Chronikbücher, 290.

만, 그러나 그는 이 칭호를 "유다와 베냐민만이 참 이스라엘"이라는 자신의 테제를 위한 증거로 내세운다.[43] 이러한 경향은 국내의 해설서에도 그대로 반영되어 있다. "역대기 저자의 독특한 견해에 따르면 남쪽 유다 왕국만이 진정한 이스라엘이기 때문에, … 아하즈를 이스라엘 임금으로 부를 수 있을 것"이다.[44] 그러나 필자는 유다 왕 아하스에 대한 "이스라엘 왕"이라는 칭호에는 이와는 정반대의, 매우 깊은 의미가 담겨 있다고 생각한다. 이에 대해서는 아래서 자세히 다루기로 한다.[45]

(3) 놀랍게도 북이스라엘 왕국이 쇠락하는 시기에 그 백성은 매우 긍정적으로 기술된다(28:9-15). 사마리아의 오뎃이라 하는 예언자는(9절) 이스라엘 군대가 사로잡은 유다 포로들과 의기양양 입성하는 군대 앞에 나가, 북이스라엘은 유다를 채찍하기 위한 하나님의 도구로 부름 받았으나 그들은 하나님의 지시에 따르지 않고 정도에 지나치도록 유다 백성을 학살하고 억압했음을 분명히 밝힌다(9b절). 예언자는 "너희는 야훼에 대하여 죄가 없느냐?"라는 주장으로 군사들에게 유다의 포로들을 돌려보낼 것을 요구한다. 그 근거는 유다 포로들이 형제이며, 하나님의 진노가 이스라엘 위에 있기 때문이다(11aβb절). 예언자의 경고와 "형제"인 포로의 석방 요구(11aα절)에 에브라임의 족장들은 예언자 오뎃의 요구보다 더욱 강력하게 포로 석방을 주장하고 나선다. 그렇지 않으면 야훼 앞에 죄악과 허물을 더하기 때문이다(12-13절). 그러자 군사들은 사로잡은 자와 전리품을 포기하고(14절), 언급된 족장들은 포로들에게 옷가지와 먹을거리를 푸짐히 마련해 주고 여리고에서

그들을 형제 품으로 돌려보낸다(15절).

주석가들은 대체로 역대기 저자의 특수 자료 역대하 28장 9-15절을[46] 아하스와 이스라엘을 대조시키기 위해 삽입된 것으로 간주한다. 가령 루돌프는 북이스라엘의 이야기는 단지 아하스의 부정적인 상을 강화시키기 위해 삽입되었다고 주장한다. 이와 유사하게 스멜릭은 북이스라엘의 이야기는 한 죄인이 또 다른 죄에 빠지지 않기 위해 어떻게 처신해야 하는지를 보여주는 하나의 실례라고 말한다.[47] 이러한 견해는 북이스라엘이 역대기의 다른 곳에서 주로 부정적으로 기술되어 있다는 관찰을 통해 지지될 수 있다.[48] 그러나 이 본문은 에브라임 족장들이 말하는 석방의 근거(13절)에서 특별한 주의를 요한다. "너희들이 야훼 앞에 우리의 죄악과 허물에 또 다른 허물을 보태려 하는구나. 이미 우리의 허물은 족하니라." 특히 몇몇 주석가들은 이 구절의 "죄악과 허물"을 왕국 분열 때의 북왕국의 정치 제의적인 죄와 관련시키고 바로 이 죄를 북왕국 멸망의 원인으로 간주한다.[49] 이렇게 북왕국의 멸망은 계속하여 신명기적 인과응보 원리의 의미로 설명되곤 한다. 그러나 이러한 해석은 바로 개인적이고 직접적인 징계를 지향하는 역대기 저자의 응보 원리에 결코 부합하지 않는다.[50] 유다의 전쟁 포로 십이만과 이

---

46 Smelik, "King Ahaz," 참고. 스멜릭은 역대하 28장이 교차배열법으로 형성되어 있으며, 특히 9-15절이 그 중심을 차지하고 있다는 것을 시각적으로 보여주었다. [a (1a절) - b (1b-4절) - c (5-8절) - d (9-15절) - c' (16-21절) - b' (22-25절) - a' (26-27절)].

47 Rudolph, *Chronikbücher*, 289; Smelik, "King Ahaz," 176. 최근의 논문으로 I. Amar, "Chaotic Writing as a Literary Element in the Story of Ahaz in 2 Chronicles 28," *VT* 66, 3 (2016), 349-64 참고. 이와는 달리 Coggins, *Chronicles*, 257는 아하스의 부정적인 상은 북이스라엘의 긍정적인 기술을 위한 배경이라고 한다. Williamson, *Israel in the Chronicles*, 115도 이 방향으로 해석한다.

48 Rudolph, *Chronikbücher*, 291 참고.

49 예를 들면 Curtis - Madsen, *Chronicles*, 459; Rudolph, *Chronikbücher*, 291; Japhet, *Ideology*, 319; Williamson, *Israel*, 115 이하와 *1 and 2 Chronicles*, 347; De Vries, *Chronicles*, 369.

십만이라는 큰 수가 보여주듯이 (28:6, 8), 북왕국이 하나님의 징벌 도구로서 정도를 넘어 유다를 응징했다는 것과 13절의 질문이 28장에서 형제 포로 석방 요구에 대한 기초가 되고 있다는 것을 고려하면, 여기서 "죄악과 허물"은 제의 및 왕조 건설이라는 북이스라엘의 "원죄"와는 아무런 상관이 없고, 북왕국이 유다와의 전쟁에서 저지른 현재의 죄를 가리키는 것이 분명해진다. 앞에서 이미 지적한 대로 역대기 저자는 북왕국의 멸망에 대한 책임을 "이스라엘 왕" 아하스에게로 돌린다 (28:23). 포로 석방 요구에 대한 근거 설정에서 무엇보다도 형제 민족을 억압한 죄가 강조된다. 이것은 그들이 하나님의 분노를 야기했다는 언급에서 (28:11; 참조 29:10; 30:8) 거듭 강조된다. 그러나 이스라엘의 죄에 대한 강조가 기록의 중심에 있는 것은 아니다. 유다 포로를 돌려보내라는 예언자의 요구에는 북이스라엘 주민이 유다 사람과 형제 관계에 있다는 생각이 그 바탕에 있다 (28:11). 이 선언은 수많은 부녀자와 어린 자녀들을 사로잡음으로써 또 다른 죄를 더한다는 지적 외에도 역대기 저자가 이스라엘의 죄가 아니라 남북 공동의 정체성을 부각하기 위해 힘쓰고 있음을 확연히 드러낸다. 그처럼 북이스라엘 주민은 다음 열 개의 동사가 보여주듯이 형제 유다인에게 "유례 없는 형제 사랑"[51]을 베푼다. "그들은 '일어나'(ויקמו) 포로들을 '돌보며'(ויחזיקו), 전리품에서 옷을 가져와 벌거벗은 이들을 '입히고'(הלבישו) '겉옷으로 감싸주며'(וילבשום) '신을 신기고'(וינעלום) '먹게 하고'(ויאכלום) '마시게 하며'(וישקום), 약한 이들에게는

---

50 역대기 연구에서 "개인 응보 사상"은 역대기 저자의 특징으로 자주 언급된다. 이에 대하여 Williamson, *Chronicles*, 31-33; Braun, *1 Chronicles*, xxxvii-xi; Dillard, *2 Chronicles*, 76-81; "Reward and Punishment in Chronicles: the Theology of Immediate Retribution," *WThJ* 46 (1984), 164-72; Japhet, *Ideology*, 150-98 참고.

51 Japhet, *2 Chronik*, 350.

온 이스라엘 역사서 ─ 화해와 화합을 위한 역대기 구상

'기름을 발라 주며'(ויסכום) 걷지 못하는 이들은 나귀에 '태워'(וינהלום) 종려나무 성읍 여리고에 있는 그들의 형제들 가까이 '데려다 주었다'(ויביאום)" (15절).[52] 아람인(5a)과 에돔인(17절)에게 사로잡혀 간 포로들도 있지만 오직 북왕국의 포로들만 석방되었다는 사실을 통해 다시금 형제 사랑이 강조된다. 특히 역대기의 아하스 이야기에 흐르고 있는 직접적인 개인 응보 원리를 감안하면, 아하스와 그의 백성이 회개하지 않음에도 불구하고 이루어진 포로 석방은 형제 유다인에 대한 북이스라엘 주민의 선례 없는 형제애를 재차 강조한다는 점이 더욱 눈에 띈다.

북이스라엘이 보여준 형제 사랑은 역대기 연구에서 회개 또는 과거의 잘못을 만회하기 위한 선행으로 해석됨으로써 또다시 북이스라엘의 '원죄'와 연결된다.[53] 그러나 역대하 28장 어디에도 이런 연관성은 나타나지 않기 때문에 북이스라엘의 사랑 실천에 대한 다른 식의 설명이 필요하다. 이에 대해서는 왜 역대기 저자가 형제 사랑 주제를 강조하는지의 문제와 연관하여 나중에 설명할 것이다.[54]

위에서 살펴본 아하스 이야기를 요약하면 역대기 저자에게 아하스 시대는 유다에게나 이스라엘에게나 한 시대의 끝을 의미한다. 아하스 통치 시대에 남왕국은 종교적 정치적 파산에 이른다. 그리하여 역대기의 아하스는 신명기 역사서가 므낫세에게 부여한 자리를 차지한다. 북왕국이 히스기야 왕과 동시대인 호세아 왕 아래 멸망했다는 신

---

52 Ben Zvi, "A Gateway to," 244는 나아가 역대기 저자가 북이스라엘을 제의 공동체가 아니라 의를 행하는 이상 사회로 기술하고 있다고까지 말한다. 북왕국 백성의 이러한 모습은 누가복음(10:30-35)의 선한 사마리아인을 연상시킨다.

53 예를 들면 Williamson, *Chronicles*, 347.

54 III.5 참조.

명기 역사서의 보도(왕하 17:5-6, 20; 18:10)와는 달리, 역대기는 이스라엘 멸망은 이미 아하스 시대에 일어났음을 시사한다(대하 28:8-15). 유다의 파산은 물론 북이스라엘 멸망은 다름아닌 아하스 왕의 책임이며 (23절) 이 때문에 아하스는 독특하게도 "이스라엘의 왕"이라 칭해진다(19절; 참조 27절). 멸망 후 포로 사건(왕하 17:6)과 새 민족의 이주(왕하 17:24)를 통해 북이스라엘은 더 이상 존재하지 않게 되었다는 신명기 역사서의 관점(왕하 15:29)과는 반대로 역대기에서 북이스라엘은 멸망 후에도 왕이 없는 공동체로 명맥을 유지한다(대하 28:14). 북왕국 주민은 긍정적으로 기술되고, 그에 반해 유다는 아하스의 그칠 줄 모르는 악행으로 인해 아무런 희망이 없는 왕국으로 기술된다.

역대기 저자의 '이스라엘' 개념을 완전히 이해하기 위하여 다음 단락에서는 왕국 분열 사건에 대한 역대기의 해석을 고찰해 보기로 한다.

온 이스라엘 역사서 — 화해와 화합을 위한 역대기 구상

3 | '온 이스라엘'의 분열 (대하 10-13장)

사울의 죽음 이후 다윗은 '온 이스라엘'과 함께 다윗을 도와 왕국을 재확립하고 예루살렘을 정복하여 왕국의 정치적 중심지로 삼는다(대상 10:1-11:9). 정치적 통일을 이룬 다윗은 '온 이스라엘'의 왕으로서 종교 개혁을 단행한다. 그는 먼저 언약궤를 예루살렘으로 옮겨와 예루살렘을 야훼가 거하는 종교적 중심지로 삼은 후(대상 13, 15장) 이스라엘 제의 역사의 새 시대를 선포하고, 다음으로 성전 건축을 계획한다. 다윗은 성전 건축을 위해 물질적 준비는 물론 건축될 성전 제의를 위한 새로운 제도를 정비함으로써 성전 건축 준비를 완수한다(대상 23-29장). 다윗을 이은 솔로몬은 다윗의 계획과 제도를 그대로 실현함으로써(대하 1-8장) 다윗과 솔로몬 시대에 온 이스라엘의 왕국은 정치적으로 또 종교적으로 단단한 기초를 다지게 된다.

그러나 솔로몬의 죽음 이후 오래지 않아 다윗 왕국은 갈라지기에 이른다. 역대하 10-13장은 왕국의 분열 과정을 보여주는 하나의 문학 단위로서 세 단락으로 구성되어 있다. 첫 번째 단락(10:1-11:4 // 왕상 12:1-24)은 북왕국 이스라엘이 어떻게 기원하였는지를 상세히 설명하고, 두 번째(11:5-12:16)와 세 번째 단락(13장)은 분열 직후 남북 왕국의 상태를 기술하고 있다. 역대기 저자는 특히 남북 왕국의 분열 과정을 비교적 상세히 서술하면서 북왕국에 대한 입장을 신명기 역사가와는 분명히 다르게 표명한다. 역대기 저자의 '이스라엘' 개념에 관한 연구사에서 드러난 문제점을 기억하면서 역대기 저자의 '이스라엘' 의식을 중심으로 이 본문들에 집중할 것이다. 먼저 평행본문인 열왕기상 12-15장과 역대하 10-13장을 비교 대조해 보자.

가. 평행본문 비교

(1) 북왕국의 배반과 형제 전쟁 금지에 관한 예언자의 말씀이 나오는 저본(왕상 12:1-24)은 역대기(대하 10:1-11:4)에 기본적으로 수용되었으나 이스라엘의 노역에 관한 것은 충분히 언급되지 않으며(대하 10:4) 실로 사람 아히야의 말씀은 암시되기만 한다(대하 10:15; 참조 왕상 11:26-39). 여로보암에 대한 왕조 약속도 그의 즉위(왕상 12:20) 내용도 역대기에는 빠져 있다.

(2) 열왕기상 12장 25절-14장 20절까지의 큰 단락에서 북왕국 주제는 훨씬 더 눈에 띄게 변형되어 있다.

(a) 여로보암에 관한 자료, 즉 세겜과 부느엘 건축(왕상 12:25), 벧엘과 단 성소 건축(12:26-33), 아들의 죽음과 여로보암 왕조와 북왕국에 관한 실로 사람 아히야의 신탁(왕상 14:1-20), 여로보암이 세운 제의에 대한 책망과 심판의 말씀(12:33-13:10)은 역대기에서는 통째로 빠져 있다.

온 이스라엘 역사서 – 화해와 화합을 위한 역대기 구상

역대하 10-13장		열왕기상 12-15장	
10:1-12:16	르호보암 이야기	12:1-14:31	르호보암과 여로보암
10:1-19	북왕국의 배반	12:1-19	북왕국의 배반
-		12:20	여로보암 왕이 됨
11:1-4	예언자의 형제 전쟁 금지 말씀	12:21-24	예언자의 형제 전쟁 금지 말씀
11:5-12	르호보암의 요새 건축	12:25	여로보암의 건축
11:13-17	야훼 신자들의 이주	12:26-33;	여로보암의 제의적 배반
		13:33	
		13:1-32	벧엘성소 파괴 예언
11:18-21	르호보암의 가족	13:34-14:14	여로보암 아들 죽음과 여로
			보암 집에 관한 말씀
		14:15-16	북왕국 멸망 선포
		14:17-18	여로보암 아들들의 죽음과 애도
		14:19-20	여로보암에 관한 종결구
[12:13-14a]		14:21	르호보암 도입구
12:1	유다의 율법 유기	14:22-24	유다의 제의적 타락
12:2-12	애굽 시삭의 유다 원정	14:25-28	시삭의 유다 원정
2a, 9aα	도입구	25	도입구
2b-8	유다의 굴욕		
9aβ-11	시삭의 공격	26-28	시삭의 공격
12	종결		
12:13-14	르호보암 평가	[14:21]	
12:15-16	종결구	14:29-31	종결구
13:1-14:1	아비야 이야기	15:1-8	아비야 이야기
13:1-2a	도입	15:1-2	
13:2b-20	아비야와 여로보암의 전쟁	-	
		15:3	아비야에 대한 부정적 평가
			와 다윗의 선택
		15:4-5	다윗의 선택
		15:6	르호보암과 여로보암의 전쟁
			에 관한 기록
13:21	아비야의 가족	-	
13:22	사료 정보	15:7a	사료 정보
[13:2b]		15:7b	아비야와 여로보암의 전쟁
13:23a	종결구	15:8	종결구

(b) 금송아지 형상을 빚고 성소를 건축한 여로보암의 죄(왕상 12:26-33)는 역대기에서 간결히 언급되지만(대하 11:14b, 15; 참조 13:8) 여기에 "숫염소 우상"이 추가되어 죄가 배가됨은 물론 신명기 역사서에서 출애굽의 신으로 간주되는 벧엘과 단의 금송아지(왕상 12:28, 32)는 전적으로 우상 숭배로 간주된다.[1]

(3) 여로보암의 세겜 및 부느엘 건축 보도 대신(왕상 12:25) 역대기는 르호보암의 건축을 소개한다(대하 11:5-23). 여기서부터 기록은 유다의 역사에 집중된다.

(4) 시삭의 원정 이야기(대하 12:1-12)는 꼼꼼하게 짜여 있다.

(a) 열왕기상 14장 25-28절의 보도는 역대하 12장 2a, 9-11절에서 거의 축자적으로 반복된다.

(b) 2a절과 9절 사이에 낀 특수 자료에서 예언자의 말씀과 겸비하는 자세의 백성에 관해 보도된다(대하 12:2b-8).

(5) 열왕기의 도입구(왕상 14:21-22)는 역대기에서 르호보암 이야기 끝에 자리하며(대하 12:13-14), 여기서 열왕기와는 달리 유다 백성(왕상 14:22-24)이 아니라 르호보암 왕(대하 12:14)이 "야훼를 찾지 않은 악인"[2]으로 고발된다. 그 다음에 종결구(15-16절)가 온다.

(6) 역대기의 아비야 이야기는 완전히 변형된다.

(a) 역대기는 "열왕기상 15장 1-8절의 저본을 다소 변형시키고, 열왕기상 15장 1-2, 7-8절의 틀에 나오는 중립적인 기록만"[3] 수용한다.

(b) 아비야에 관한 신명기 사가의 부정적 평가(왕상 15:3)는 생략되

---

1 Becker, *2 Chronik*, 43; Japhet, *2 Chronik*, 149.
2 Becker, *2 Chronik*, 46.
3 Becker, *2 Chronik*, 47.

고 전쟁 이야기로 보완된다(대하 13:2b-20). 아비야와 여로보암의 전쟁사는, 아비야와 여로보암 사이에 전쟁이 있었다는 저본의 기록(왕상 15:7b)에 기초한 것으로 보인다.[4] 반면 르호보암과 여로보암 사이의 지속적인 전쟁에 관한 기록(대하 12:15b // 왕상 14:30; 15:6)은 주변적으로 인용된다.

(c) 두 책에 나타난 아비야의 상은 매우 대조적이다. 열왕기의 악인은 역대기에서 신실한 야훼 신앙인으로 변모되어 있다. 그러나 특이하게도 역대기는 아비야에 관한 긍정적 평가를 적극적으로 하지 않고 아비야의 후계자인 아사가 나중에 종교적 폐해를 제거해야 했다는 보도의 엇박자를 감수한다(대하 14:2-4).[5]

평행본문 비교를 통해 우리는 역대기에 기록된 왕국 분열과 분열 직후 두 왕국의 초기 역사는 신명기 역사서에서 눈에 띌 정도로 강하게 벗어나 있다는 것을 알 수 있다.[6]

나. 북왕국 이스라엘 기원

열왕기와 역대기는 르호보암이 북이스라엘 지파의 노역 경감 요구를 거절한 데서 왕국 분열이 발단되었다고 말한다(왕상 12:1-19 // 대

---

4 Becker, *2 Chronik*, 48; M. Delcor, "Hinweise auf das samaritanische Schisma im Alten Testament," *ZAW* 74 (1962), 283.

5 Becker, *2 Chronik*, 47은 역대기 저자가 바로 북왕국과의 전쟁에 관한 보도에서 남왕국의 부정적인 상을 원하지 않았다고 주석한다.

6 G. N. Knoppers, "Rehoboam in Chronicles: Villain of Victim?," *JBL* 109 (1990), 430 참고. 크노퍼스는 역대기가 유다의 마지막 시대(대하 35:20-36:23)를 기술할 때도 신명기 역사서와 크게 다르다는 것을 지적한다.

하 10:1-19). 그러나 북왕국과 여로보암 왕조에 대하여 열왕기와 역대기는 공통적으로 실로의 예언자 아히야를 통해 선포된 야훼의 뜻에 그 기원이 있다고 요약 설명한다(왕상 12:15 = 대하 10:15; 왕상 12:21-24 = 대하 11:1-4). 열왕기와 역대기는 이러한 공통점을 나누고 있지만 세부적으로는 분명한 입장 차이를 드러낸다.

1) 열왕기

왕국 분열에 대한 이유로 신명기 역사서는 솔로몬의 타락(왕상 11:4, 6, 9)과 다른 지파들의 제의적 죄(33절)를 꼽는다. 신명기 역사가에 따르면 야훼는 여로보암에게 그를 열 지파의 왕으로 삼고 그를 위해 견고한 집을 세우며 그에게 이스라엘을 주리라(37-39절)는 조건적인 약속을 하신다. 열왕기에서 여로보암의 왕조는 다윗 왕조처럼 하나님의 재가를 받은 합법적인 왕국으로 나타난다. 르호보암의 어리석음은 아히야를 통해 전달된 하나님의 말씀이 성취되는 계기일 뿐(11:29-39; 12:15), 북 지파들이 새 왕국을 세움으로써(12:20) 예언이 성취된다. 신명기 역사서에서 분열은 솔로몬의 타락과 다른 지파들의 제의적 죄에 대한 하나님의 징계이다(11:11, 33). 북왕국의 창건은 정치적으로 아무런 제약 없이 합법적인 것으로 기술되어 있다(12:24).[7] 그럼에도 불구하고 분열은 북쪽의 지파들이 다윗의 집을 "배반"한 것으로 평가된다(12:19). 이 점에서 신명기 역사서의 설명에는 약간의 모순이 존재한

---

7   G. N. Knoppers, *Two Nations: The Deuteronomistic History of Solomon and the Dual Monar-
     chies 1: The Reign of Solomon and the Rise of Jeroboam* (HSM 52; Atlanta 1993), 135-223 참고.

온 이스라엘 역사서 ― 화해와 화합을 위한 역대기 구상

다. 신명기 역사서에서 이스라엘의 죄는 먼저 예루살렘 성전에서 제의적으로 이탈한 데서 드러난다(12:25-14:20). 정치적 분열은 야훼의 말씀에 따라 합법적인 것이지만 제의적 분열은 중앙 성소법과 형상 금지 명령을 위반한 것으로 여로보암의 죄이다. 신명기 역사서에 따르면 이스라엘 분열의 근본적 특징은 제의적 분열에 있다.

2) 역대기

(1) 역대기 저자도 신명기 역사가와 마찬가지로 북왕국과 여로보암 왕조는 실로의 예언자 아히야를 통해 선포된 하나님의 뜻에서 유래한다고 말한다(대하 10:15; 11:1-4). 그러나 역대기에서 실로 사람 아히야의 예언은 암시되기만 할 뿐(10:15; 9:29), 여로보암에게 주어진 왕조 약속(왕상 11:29-39)은 결코 명시되어 있지 않다. 여로보암을 이스라엘이 왕으로 삼았다는 열왕기의 보도 또한 생략되어 있다(왕상 12:20). 이러한 변형을 통하여 역대기 저자는, 분열은 야훼의 뜻이지만 그렇다고 해서 여로보암이 새 왕조를 창건하는 것까지 그렇다는 것은 아니라는 점을 분명히 한다. 특이하게도 역대기 저자는 여로보암의 정치적 활동에 대하여 저본과는 약간 달리 보도한다. 역대기 저자는 "그[여로보암]가 애굽에 있었다"는 열왕기상 12장 2b절을 "여로보암이 애굽에서 돌아왔다"(대하 10:2b)라는 표현으로 갈음한다. 역대기에서는 열왕기 저자가 분열의 이유로 지적하는 솔로몬의 죄도 유다의 제의적 죄도 언급되지 않기 때문에 이런 변형의 의도는 명백하다. 그것은 여로보암을 분열을 조장한 배후 세력으로 그리려는 것이다.[8] 이 읽기에 따르면 "온 이스라엘"은 여로보암의 선동에 의해 정치적 반역을 꾀하게

되었다는 것이다(대하 10; 왕상 11:27). 여기서 "온 이스라엘"은 자주 "백성"으로 칭해지고 있는데(대하 10:5, 6, 9, 10, 12, 15, 16), 이는 구체적으로 북쪽의 지파들을 의미한다(10:1, 3, 16).[9] 이 점은 역대하 9장 31b절(∥왕상 11:43)의 "르호보암이 솔로몬을 대신하여 왕이 되었다"라는 선언에서 또렷해진다. 르호보암은 이미 예루살렘에서 왕이 되었다. 르호보암과 북 지파 사이에 특별한 계약 체결이 필요했다는 것은 다윗과 솔로몬 아래 열두 지파의 통일 왕국이 형성되고 유지되었지만 실제로는 남북 지파 사이에 해묵은 갈등이 존재했다는 것을 암시한다. 이러한 역사적 갈등은 이스라엘의 북쪽 지파들이 르호보암에게 부역을 경감시켜 줄 것을 요구하는 이야기(왕상 12∥대하 10)에 잘 반영되어 있다. 역대기는 여로보암을 이 협상을 주도하는 북이스라엘의 주동자로 그린다. 그리하여 르호보암의 교만과 민주 체제에 의한 어리석은 결정은 왕국 분열의 명목상의 계기가 될 뿐이다. 분열에 대한 역대기 저자의 이러한 관점은 아비야의 해석적인 설교에서 거듭 확인된다.

> 다윗의 아들 솔로몬의 신하 느밧의 아들 여로보암이 일어나 자기의 주를 배반하고 난봉꾼과 잡배가 모여 따르므로 스스로 강하게 되어 솔로몬의 아들 르호보암을 대적하였으나 그 때에 르호보암이 어리고 마음이 연약하여 그들의 입을 능히 막지 못하였었느니라(대하 13:6-7)

---

8 Rudolph, *Chronikbücher*, 227; Becker, *2 Chronik*, 40; De Vries, *1 and 2 Chronicles*, 278; Thompson, *Chronicles*, 250.

9 M. Noth, *I Könige 1-16* (BKAT 9/1; Neukirchen-Vluyn ²1983), 272; E. Würthwein, *Die Bücher der Könige. 1. Kön 1-16* (ATD 11,1; Göttingen, Zürich ²1985), 153; Coggins, *Chronicles*, 183.

아비야에 따르면 여로보암의 행동은 군신 관계를 깬 반역 행위이며 미숙한 르호보암을 이용한 악행이었다.[10] 이러한 해석으로 역대기 저자는 여로보암을 처음부터 왕국 분열의 장본인으로 간주한다. 역대기에서 이렇게 여로보암은 정치적 반역을 꾀한 죄인으로 나타난다.

(2) 왕국 분열에 대한 이러한 기술은 분열을 하나님의 개입에 의한 것으로 설명하는 역대하 10장 15절의 언급과 모순된다.

> 왕이 이같이 백성의 말을 듣지 아니하였으니 이 일은 하나님께로 말미암아 난 것이라 여호와께서 전에 실로 사람 아히야로 하여금 느밧의 아들 여로보암에게 이르신 말씀을 응하게 하심이더라

남과 북을 갈라 놓으려는 하나님의 뜻은 역대하 11장 1-4절(∥왕상 12:21-24)에서 더욱 확실해진다. 왕국 분열 직후 르호보암 왕이 다윗 왕국에서 갈라져 나간 왕국의 더 많은 부분을 회복하고자 예루살렘에서 십팔만 용사를 모집하여 전쟁하려 하자 하나님 야훼는 예언자를 통해 전쟁을 금하신다. "너희는 올라가지 말라 너희 형제와 싸우지 말고 각기 집으로 돌아가라 이 일이 내게로 말미암아 난 것이라"(대하 11:4∥왕상 12:24).

사라 야펫은 르호보암의 전쟁이나 또 아비야의 주장(대하 13:4b-20)은 다 왕국 분열을 신적 개입으로 여기는 입장과 대조를 이룬다는 점을 여러 차례 지적하였다.[11] 여로보암이 분열의 원흉이라는 필자의

---

10 분열의 책임을 르호보암에게서 찾는 해석은 다음을 참고하라. Williamson, *Israel*, 108; *Chronicles*, 238 이하; Riley, *King and Cultus*, 114; Mosis, *Untersuchungen*, 170.

11 Japhet, *2 Chronik*, 141.

해석은 분열이 하나님의 뜻이라는 위 말씀과 조화를 이루지 않는다. 이러한 모순을 우리는 어떻게 설명해야 할까?

윌리엄슨은 분열을 하나님의 뜻으로 언급하는 구절(대하 10:15; 11:4)을 근거로 북왕국은 초기에 유다 왕 르호보암에게 반역할 정당한 이유를 지녔다는 것이 역대기 저자의 입장이라고 주석한다. 이에 대한 증거로 윌리엄슨은 열왕기상 12장 16절의 도입 부분인 וירא כל-ישראל 〈바야르 콜 이스라엘〉이 역대하 10장 16절에서 וכל-ישראל 〈베콜 이스라엘〉로 대체된 것을 내세운다.[12] 이 구절을 옮기면 다음과 같다.

> 이 일은 여호와께로 말미암아 난 것이라 여호와께서 전에 실로 사람 아히야로 느밧의 아들 여로보암에게 하신 말씀을 이루게 하심이더라 온 이스라엘이 자기들의 말을 왕이 듣지 아니함을 보고(왕상 12:15b-16a)

> 이 일은 하나님께로 말미암은 것이라. 여호와께서 실로 사람 아히야를 통하여 느밧의 아들 여로보암과 온 이스라엘에게 하신 말씀을 이루시려고 왕이 백성의 말을 듣지 아니한 것이라. 그러자 백성들이 왕에게 대답하였다.(대하 10:15b-16)

윌리엄슨에 따르면 역대기 저자는 저본을 이렇게 수정함으로써 왕국 분열에 대한 책임을 '온 이스라엘'도 여로보암도 아닌 오로지 르호보암에게만 전가시킨다는 것이다.[13] 그러나 점차 여로보암과 북왕

---

12 Williamson, *Israel*, 108.

국은 제의적으로 분리해 나감으로써(대하 11:14-15), 또 아비야의 호소 (13:5 이하)에 거부함으로써 제의적으로나 정치적으로 야훼를 떠난 자가 되었다는 것이다.[14] 모지스는 분열을 두 번씩이나 하나님의 뜻으로 언급하는 것은 북왕국이 범한 분열의 죄에 대한 사면이라고 해석하면서 역대기 역사서가 반사마리아적 경향을 띤다는 테제에 반박한다.[15] 이와 유사하게 라일리도 하나님의 개입에 대한 언급은 오히려 왕국 분열에 대한 르호보암과 유다의 죄를 강조하는 것이라고 주장한다.[16] 한걸음 나아가 라일리는 역대기 저자는 야훼를 "자신의 자유의지로 왕조 약속을 제한하는 분"으로 그리고 있다고 덧붙인다. 루핑도 르호보암의 개인적인 살못이라는 역사적인 악행에도 불구하고 나윗 가문에 대한 나단 약속은 무제한적으로 적용된다고 주장함으로써 르호보암의 죄를 인정하는 것이 역대기 저자의 견해라고 말한다.[17] 이에 반해 코긴스는 하나님의 개입이라는 언급에는 "북이스라엘을 거부하기 위한 하나님의 계획"이 암시되어 있다고 본다.[18] 그러나 분열의 책임 소재를 남유다나 아니면 북이스라엘에게 묻는 이러한 모든 관점을 왕국 분열에 대한 역대기의 전체적인 보도는 지지하지 않는다. 역대기에서 분명한 것은 북왕국 이스라엘이 정치적 제의적으로 반역자로 그려져

---

13 Williamson, *Israel*, 108; *Chronicles*, 238 이하. 최근에 윌리엄슨의 입장을 대변하는 T. D. Cudworth, "The Division of Israel's Kingdom in chronicles in Chronicles: A Reexamination of the Usual Suspects," *Bib.* 95 (2014) 498-523에서는 온 이스라엘의 청원을 무시한 데서 르호보암의 죄를 찾는다.

14 Williamson, *Israel*, 131.

15 Mosis, *Untersuchungen*, 170.

16 Riley, *King and Cultus*, 114 이하.

17 A. Ruffing, *Jahwekrieg als Weltmetapher. Studien zu Jahwekriegstexten des chronistischen Son-dergutes* (StBB 24; Stuttgart: Verl. Kath. Bibelwerk 1992), 71.

18 Coggins, *Chronicles*, 183.

있으면서 동시에 여로보암의 반역이 하나님 뜻의 성취로 언급되고 있다는 것이다. 야펫은 이 점을 잘 간파하였다.[19] 북왕국에 관한 전체적인 기술에 긴장이 있음을 관찰한 야펫은 역대기 저자의 이러한 이중적인 자세로부터 어쩔 수 없이 북왕국은 반역에도 불구하고 하나님의 백성 '이스라엘'을 구성하는 요소라는 결론을 내리게 되었다.[20] 그러나 필자는 이러한 모순되는 언급은 오히려 북왕국의 존재에 대한 역대기 저자의 특별한 이해를 반증하고 있다고 생각한다.

르호보암의 전쟁 시도에 대한 반대가 한편으로는 분열은 야훼로 말미암은 것이고 다른 한편으로는 북왕국이 형제라는 이중적 근거(대하 11:3-4)를 지닌다면, 이러한 두 가지 이유는 한편으로는 "형제 관계"라는 진술을 도덕적 또는 이념적 의미로 오해하지 말라는 경고이며, 다른 한편으로는 왕국 분열에도 불구하고 하나님의 뜻은 하나님 백성의 통일에 있다는 가르침인 것이다. 이러한 근거로써 역대기 저자는 왕국 분열 사건에 신명기 역사가와는 완전히 다른 빛을 비춘다. 즉 분열은 한시적일 뿐만 아니라, 동시에 형제라는 공동의 정체성을 확인하고 다지는 데 그 목적이 있다는 것이다. 왜냐하면 다름아닌 분열의 때에 정체성은 정제되어 결정체로 완성되기 때문이다. 따라서 분단의 시간은 정체성을 시험하는 시험대가 될 것이다. 그러므로 유다는 이제 북왕국을 정치적 기관이 아니라 형제 민족으로 바라보아야 한다.[21] 이렇게 역대기는 북왕국의 존재를 하나님의 뜻으로 설명하는 동시에 북

---

19 Japhet, *Ideology*, 311.

20 Japhet, *Ideology*, 318.

21 역대기에 북왕국 멸망이 수없이 암시됨에도 불구하고 한 번도 명시되지 않는다는 사실은 이를 지지해 준다. 이 점에서 여로보암이 세운 제의에 대한 심판 말씀과 여로보암 왕조와 북왕국 멸망에 관한 심판 말씀(왕상 12:33-13:10)의 생략도 자명해진다.

온 이스라엘 역사서 — 화해와 화합을 위한 역대기 구상

이스라엘 백성에 대하여 긍정적인 관점을 가져야 할 근거를 아무런 모순 없이 제시하고 있다.

여기서 주목해야 할 부분은 야훼 말씀이 "유다와 베냐민의 집"(대하 11:1)이 아니라 "르호보암과 유다와 베냐민에 있는 온 이스라엘"(11:3)[22]에게 주어지고 있다는 점이다. 폰 라트는 바로 이 구절에서 출발하여 역대기는 "유다와 베냐민만"을 "참 이스라엘"로 간주한다고 주장하였다.[23] 그러나 "유다와 베냐민에 있는 온 이스라엘"이라는 표현은 유다 성읍에 사는 이스라엘 사람들이 다윗의 통치 아래 있다는 관점에서 나온 것이다(대하 10:17 = 왕상 12:17). 역대기 저자에 따르면 유다 지역에는 유다와 베냐민 지파만이 아니라 북쪽 지파에 속하는 자들도 거하였다.[24] 역대기 저자는 이들을 역대하 10장 (16절) 18절의 반역하는 이스라엘 사람들과 구별한다. 이 점에서 분열은 신명기 역사서가 제시하듯 열 지파와 한 지파인 이스라엘과 유다의 대립 결과가 아니라 이스라엘 지역에 있는 백성 이스라엘이 유다에 사는 백성 이스라엘에게서 떨어져 나간 것이었다. 야펫의 주장대로 왕국 분열은 지파 간의 분열이 아니라 지리적인 분열인 것이다.[25] 그러므로 이제 공동의 정체성을 확고히 하기 위해 분투해야 하는 이들은 다름아닌 "유다에 사는 온 이스라엘"이다. 야훼의 말씀을 듣고 무장한 르호보암의 군사들은 거부하지 않고 귀가하며 분열을 기정사실로 받아들인다. 이러한 자세로부터 우리는 "유다"가 반역한 북왕국을 형제 민족으로 간주

---

22 "유다와 베냐민의 온 집"(왕상 12:23) 참고.
23 von Rad, *Geschichtsbild*, 31. 야펫과 윌리엄슨의 논박에 대하여 III. 1장 연구사 참고.
24 이 사실은 대하 11:3에서는 물론 이미 10:17에 암시되어 있다. S. Japhet, *2 Chronik*, 141 참고.
25 Japhets, *2 Chronik*, 132.

하고 있으며 왕국 분열을 영원한 것이 아니라 한시적인 것으로 여기고 있다고 추론할 수 있다. 이것은 르호보암의 건축 조치를 통해 확증된다(11:5-6). 르호보암은 베들레헴과 에담, 드고아, 벧술, 소고, 아둘람, 가드, 마레사, 십, 아도라임, 라기스, 아세가, 소라, 아얄론, 헤브론에 견고한 성읍을 세우는데(6-10절),[26] 이것은 쉐펠라와 "유다 산지의 남동쪽"에 요새를 건축한 사업이었다.[27] 르호보암은 그곳에 지휘관을 두고 양식과 기름, 포도주를 저장하며 모든 성읍에 방패와 창을 두어 강하게 한다(11-12절). 반면 왕국의 북쪽에서는 요새 건축이 이루어지지 않는다. 분열 직후 북왕국과의 정치적 대치 상황을 감안해 볼 때 르호보암의 건축 정책이 시사하는 바는 실로 크다 하겠다. 르호보암은 북왕국을 방어하기 위하여 성읍을 건축한 것이 아니었던 것이다! 다시 말해 르호보암은 분열 직후 남북의 정체성을 위해 고군분투해야 하는 임무를 띤 유다 왕국을 강화하는 데 집중하였던 것이다.

---

26 V. Fritz, "The 'List of Rehoboams Fortresses' in 2 Chr. 11:5-12. A Document from the Time of Josiah," *Eretz Israel* 15 (1981) 46-53. 프리츠는 "요새"라는 표현이 왕정 시대에 나타나지 않기 때문에 5절의 도입구와 성읍 목록의 6-10aα절의 자료를 구별한다. 프리츠에 따르면 6-10aα절의 목록은 요시야 시대에 속한다. 그는 역대기 저자가 요시야의 삶을 제의 개혁의 관점으로 고찰하고 있기 때문에, 요시야의 건축 활동을 보도할 필요가 없었다고 한다. 그에 반하여 역대기 저자는 르호보암의 궁정적인 기술을 위하여 또 시삭 원정의 원인을 설명하기 위하여 요시야의 건축 활동에 관한 보도를 사용했다는 것이다. 이에 반하여 Japhets, *2 Chronik*, 147은 르호보암 시대의 것이나 시삭 침공 이후의 건축으로 본다.

27 Fritz, "List of Rehoboams Fortresses," 48; 참고, Thompson, *Chronicles*, 254; D. Elgavish, "Baashas War against Asa," in *Studies in Historical Geography and Biblical Historiography*, eds. G. Galil, et al., 141-49.

온 이스라엘 역사서 — 화해와 화합을 위한 역대기 구상

다. 왕국 분열 직후 유다와 이스라엘

1) "네 형제와 싸우지 말라!" (대하 10-12장)

가) 르호보암 시대 첫 삼 년

왕국 분열에 대한 설명 후 신명기 역사서는 북왕국에서 어떤 죄가 계속되는지 자세히 보도한다. 간단히 말해 여로보암은 금송아지를 세우고 레위인이 아닌 자로 제사장을 삼으며 절기력을 바꾸기까지 하였다(왕상 12:28-33). 그러니까 성치적인 분열이 결국 종교 제의적 분열까지 초래한 것이다. 역대기 저자도 이와 유사하게 북왕국의 제의적 죄를 다룬다(대하 11:13-17). 첫째, 여로보암은 제사장과 레위인의 직무를 박탈한다(11:14b). 역대기 저자에 따르면 여로보암의 이 조치는 제사장과 레위인이 유다와 예루살렘으로 이주하는 동인이 된다(14a). 둘째, 여로보암은 북왕국에 비레위인 제사장을 기용한다(14a; 왕상 12:31-32과 13:33에 근거). 셋째, 여로보암은 열왕기가 보도하듯이 송아지만 섬긴 것이 아니라(왕상 12:28) 나아가 숫염소도 우상화한다(대하 11:15; 참조 13:9). 이와 같이 역대기에서 여로보암의 죄는 열왕기에서보다 더 가중되어 있다. "여로보암과 그의 아들들"이라는 말이 암시하듯(11:14) 역대기 저자에 따르면 북이스라엘에는 산당에서든(왕상 12:32a) 금송아지를 섬기든(왕상 12:28, 32) 숫염소를 섬기든(대하 11:15) 비합법적인 제의가 지속적으로 이루어졌던 것이다.[28] 이러한 이유로 "마음을 굳게

---

28 Becker, *2 Chronik*, 43-44.

하여 이스라엘의 하나님 여호와를 찾는 자들"은 그들의 조상들의 하나님 여호와께 제사하고자 예루살렘으로 향하였다(11:16). 백성이 제사를 드리고자 예루살렘으로 올라가면 그 마음조차 빼앗기게 될 것이라는 여로보암의 우려(왕상 12:26-27)는 이렇게 현실이 되어 버린다. 여로보암의 제의적 죄는 여로보암과 전쟁하기 직전에 행하는 아비야의 설교에서 특히 더 강조되어 있다(대하 13:4b-20).

여기서 우리가 간과하지 말아야 할 점은, 역대기 저자도 신명기 역사서에서와 같이 여로보암의 종교적 죄를 지적하지만 그러나 죄를 지적하는 데 보도의 목적이 있는 것이 아니라 그보다는 왕국 분열 후에 유다 왕국이 어떻게 강성해지는지에 관심을 기울이고 있다는 사실이다. 이는 르호보암의 통치 기간에 'חזק'(〈하작〉 강하게 하다)이라는 단어가 자주 사용된다는 점에서도 알 수 있다(11:11, 12, 17; 12:1, 13; 13:7, 8). 북 지파의 이탈로 인해 르호보암 시대 유다 왕국은 재건이 그만큼 어려운 시대적 상황에 처했기 때문이다. 르호보암의 왕국 강화는 여러 정책과 외부 요인으로 실현된다. 먼저는 요새를 건축함으로써, 다음으로는 이스라엘 출신의 야훼를 찾는 자들이 남왕국으로 내려옴으로써, 유다는 정치적으로는 물론 제의적으로 동력을 얻게 된다. 역대하 11장 17절은 제사장과 레위인, 그리고 그들을 따르는 자들이 분열 초기에 왕국을 강화하고 르호보암의 통치를 공고히 한 세력이었다고 강조한다. 역대기에는 북이스라엘의 제의적 죄에 대한 고발이 보도의 중심에 있는 것이 아니라, 제의 관리들의 참여와 하나님을 찾는 자들이 르호보암과 남왕국 유다에게 종교적인 정당성을 부여했다는 확언이 더 중요하게 자리잡고 있다. 역대기 저자에게 르호보암 통치 첫 삼 년은 야훼의 말씀에 순종함으로써(11:2b-4), 그리고 지방 정책(11:6-12)과

온 이스라엘 역사서 — 화해와 화합을 위한 역대기 구상

북왕국 출신의 하나님을 찾는 자들의 이주(11:13-17)를 통해 "하나님을 찾는 시기"[29]라는 특징을 띠게 된다. 그 결과 유다는 두 측면에서 북이스라엘에 대한 우위를 확보한다. 첫째, 유다는 분열 이후 다윗-솔로몬 왕국의 정통 후계자가 된다. 유다에만 합법적인 제사장단이 있으며 그러므로 예루살렘에서만 "이스라엘의 하나님", "조상들의 하나님"을 찾을 수 있다. 둘째, '이스라엘'은 북이스라엘의 온 지파들이 예루살렘으로 월남함으로써 새로이 구성된다. 유다 왕국은 이스라엘 모든 지파로 구성됨으로써(10:17; 11:3)[30] '이스라엘'이 갖는 실질적인 의미를 획득한다. 이처럼 역대기 저자는 르호보암 시대의 유다가 어떻게 유일한 합법적인 왕국으로 발전해 나가는지를 자세히 보여주고 있다. 뿐만 아니라 왕자들을 유다와 베냐민 지역의 모든 성읍에 흩어 놓은 르호보암의 후계자 정책(11:18-23)도 왕국의 안정과 강화에 한몫을 담당하게 된다. 이렇게 역대기 저자는 유다와 르호보암이 합법적인 왕국으로 약진하였음을 여러 차례 제시하고 있다.

나) 르호보암 시대 후기

역대기 저자에 따르면 유다의 범죄는 나중에서야 시작된다(대하 12:2b). 첫 삼 년이 하나님을 찾은 때로 기술되고 있기 때문에(11:17) 유다가 범죄한 시기는 르호보암 제4년이 될 것이다. 12장 1절에 따르면 범죄의 시발점은 왕의 불순종이었고 그것은 그 다음에 온 백성에게까

29　Becker, *2 Chronik*, 43.
30　Japhet, *Ideology*, 292-93.

지 확산되었다. 역대기 저자는 르호보암이 왕국을 굳건히 하여 왕국이 강성해지자 르호보암과 "온 이스라엘"이 야훼의 율법을 버렸다고 강조하여 말한다. 역대기 저자는 르호보암의 죄가 무엇인지 구체적으로 명시하지 않는다. 장자를 정통 후계자로 규정하는 신명기 21장 15-17절로 미루어 볼 때 르호보암의 결혼 정책이 죄가 될 수 있을 것이다. 이 점에서 르호보암은 율법을 무시했다고 볼 수 있기 때문이다(대하 11:18-23; 참조 21:3).[31] 그러나 앞에서 보았듯이 역대기 저자는 이러한 정책을 단죄하는 것이 아니라 오히려 왕국을 강화시킨 힘으로 제시하고 있다.[32] "나라가 견고하고 세력이 강해지매"라는 12장 1절의 표현으로부터 르호보암의 죄는 자신의 힘에 대한 신뢰나 교만이었다고 추론할 수 있다. 교만은 종종 야훼를 버리는 계기가 된다(26:16; 32:25-26 참조). 가령 예언자 스마야는 "너희들이 나를 버렸다"(12:5)고 말한다.[33] 아비야는 "이스라엘이 야훼를 버렸다"고 고발한다(13:11b). 이러한 유비를 통하여 우리는 르호보암의 통치 아래 남왕국 유다가 여로보암 시대 북왕국 이스라엘과 같은 식으로 야훼께 범죄하였다고 추론할 수 있다. 그러니까 유다는 분열 이후 초기 삼 년이 지나자 이스라엘과 마찬가지로 하나님을 떠났던 것이다. 르호보암 시대 유다에 야훼의 진노가 애굽, 리비야, 숙, 구스인 군사들과 함께 한 시삭의 침략으로 구체화되었다는(12:3) 점에서 유다의 범죄가 이스라엘보다 더 중하였다고 우리는 해석할 수 있을 것이다. 그 결과 요새화된 성읍들이 정복되었으며(12:4) 예루살렘의 정복도 목전에 임박하게 된다. 이 상황에서 예언

---

31 Rudolph, *Chronikbücher*, 233.

32 Williamson, *Chronicles*, 244.

33 대하 7:19,22; 13:10b-11aá; 15:2; 21:10; 24:18,20; 28:6; 29:6; 34:25 참고.

온 이스라엘 역사서 — 화해와 화합을 위한 역대기 구상

자 스마야가 등장하여 "너희가 나를 버렸으므로 나도 너희를 버려 시삭의 손에 넘겼노라"는 야훼의 말씀을 전하자 르호보암과 지도자들은 겸비한다(12:5-6). 이 대목에서 1절의 "온 이스라엘"과 함께 6절의 "이스라엘 방백들"(참조 21:4)이라는 표현이 주목된다.[34] 두 경우 모두 "이스라엘"은 좁은 의미로 유다를 가리킨다. 이것은 "이스라엘 방백"과 "유다 방백"(12:5)이라는 칭호가 서로 교차되어 사용되고 있다는 점에서 확인된다(22:8; 24:17 참조). 그러나 여기서 유다에 대하여 "온 이스라엘" 또는 "이스라엘"이라는 칭호를 적용하는 것은 매우 적합한 쓰임새이다.[35] 왜냐하면 유다에는 이스라엘의 모든 지파 출신의 주민들이 거하고(10:17; 11:3; 11:13 이하), 또 왕국 분열 이후 유다 왕국이 그 '온 이스라엘'을 대표하고 있기 때문이다. 왕과 지도자들이 겸비하자 위협적인 위험은 사라지고 예루살렘은 보호받는다(12:7). 그리하여 르호보암은 예루살렘에서 계속 통치할 수 있게 된다(대하 12:13; 왕상 14:21).

그러나 유다는 이러한 은혜를 입기 전에 애굽의 왕 시삭에게 다스림을 받아야 했다. 그것은 유다가 "하나님을 섬기는 것"과 "세상 나라들을 섬기는 것"이 무엇인지를 알도록 하기 위함이었다(대하 12:8). 다시 말해 교육 차원의 징벌이었던 것이다. 이 징계는 성전과 궁전의 보물고가 약탈되는 것으로 이루어진다. "애굽 왕 시삭이 올라와서 예루살렘을 치고 여호와의 전 보물과 왕궁의 보물을 모두 빼앗고 솔로몬이 만든 금방패도 빼앗은지라"(대하 12:9; 왕상 14:26). 성전과 궁전 보물고의 손실이 세상 나라를 섬기는 것을 의미한다면, 성전과 궁전의 보

---

34 대하 19:8과 23:2의 칭호 "이스라엘의 족장".
35 R. G. Kratz, *Die Komposition der erzählenden Bücher des Alten Testaments* (UTB 2157; Göttingen, 2000), 39 참고.

물 자체는 하나님의 통치를 상징할 것이다. 이것은 예루살렘의 선택을 통해 확증된다. 예루살렘은 여호와께서 "그의 이름을 두신 성"이다 (12:13). 겸비함의 표현으로 르호보암은 솔로몬의 금방패를 놋으로 교체하여 예전적 기능을 갖추게 한다.[36] 솔로몬의 금방패는 왕이 야훼의 전에 들어갈 때마다 지니는 것이었다(11절). 이것은 르호보암이 예루살렘을 온 이스라엘의 제의 장소로 인식하고 있음을 시사한다. 이 맥락에서 역대기 저자는 유다에 대하여 '온 이스라엘' 또는 '이스라엘'이라는 칭호를 사용하여(12:1, 6) 온 이스라엘에 대한 통치권이 유다에 있음을 확인하고 있다(13:5).

신명기 역사서에서 르호보암이 야훼께서 선택하신 예루살렘에서 17년간 다스렸다는 통치 요약 문구(왕상 14:21)는 시삭의 원정 보도 앞에 자리하고 있는 반면 역대기에서는 그 뒤에 보도된다. 즉 17년간이라는 통기 기간은 왕이 애굽의 원정과 관련하여 겸비한 결과로 제시하고 있다. 역대기 저자에게 겸비함은 축복의 요소이자 동시에 매우 중요한 신학적 주제이다. 종결구 후에 역대기 저자는 르호보암과 여로보암 사이에 전쟁이 끊임없었다(대하 12:15b = 왕상 14:30; 15:6)고 말한다. 이것으로써 역대기 저자는 유다의 우위에도 불구하고 왕국 분열은 아직도 최종적이지 않음을 밝히려는 듯하다.

---

36 Japhet, *2 Chronik*, 159 참고.

2) "여호와와 싸우지 말라!" (대하 13장)

가) 아비야의 설교

아비야는 여로보암 제18년에 유다의 왕위에 오른다(대하 13:1 = 왕상 15:1-2). 즉위 직후 그는 여로보암의 도발에 맞서 전쟁의 진을 갖춘다.[37] 전쟁을 개시하기 전 아비야는 남북 왕국의 경계 에브라임 산에 위치한(대하 15:8; 17:2; 19:4 참조) 스마라임 산에서[38] 여로보암과 온 이스라엘에게 대설교를 행한다(13:4a). 여기서 아비야는 무엇보다도 북이스라엘 왕국의 건국자로서의 여로보암을 지탄한다(13:4b-20).

아비야는 먼저 수사의문문으로 이스라엘의 하나님 야훼가 '이스라엘', 즉 열두 지파에 대한 통치권을 다윗과 그의 자손들에게 소금 언약으로 영원히 주셨다고 말한다(13:5; 참조 12:1, 6). "소금 언약"이란 영원한 지속성을 표현하는 용어이다(레 2:13; 민 18:19; 겔 43:24; 스 4:14 참조).[39] 독특하게도 여기서 아히야의 예언은 더 이상 언급되지 않고(대하 10:15 = 왕상 12:15), 대신 "다윗의 선택"에 대해 말한다(대하 12:13 참조). 이 주제는 다윗에게 등불을 주셨다는 열왕기상 15장 4-5절을 변형한 것이다. 열왕기의 구절은 아비야에 대한 부정적인 평가(왕상 15:3)와 르호보암과 여로보암 간의 지속적인 전쟁에 관한 기록(왕상 15:6) 사이에

---

37 Becker, *2 Chronik*, 48; Japhet, *2 Chronik*, 166 참고.

38 대하 15:8과 17:2에 따르면 아사는 에브라임 산지의 성읍들을 정복하며, 여호사밧의 개혁은 브엘세바에서 에브라임 산지까지 한정된다. 역대기에서 에브라임 산지는 남북 왕국의 경계를 이룬다(19:4). 신명기 역사서에 따르면 여로보암은 에브라임 산지에 세겜을 건축한다(왕상 12:25). 에브라임 산지는 분명히 지리적으로 두 왕국의 지리적 경계로 간주되고 있음을 알 수 있다.

39 Rudolph, *Chronikbücher*, 237; I. Kalimi, "Zur Geschichtsschreibung des Chronisten," 299 참고.

끼어 있다.[40] 신명기 역사서에서 "다윗의 선택"의 주제가 르호보암과 아비야의 죄에도 불구하고 다윗 왕조와 예루살렘이 존속하는 근거로 제시되는 것과는 달리,[41] 역대기에서 아비야는 이 주제를 여로보암을 비난하는 근거로 사용한다. 아비야에 따르면 솔로몬의 종 여로보암은 다윗의 선택에 거스르는 행위로 그의 주군에 반역하였다(대하 13:6). 따라서 성년임에도 불구하고(41세 즉위) 르호보암은─열왕기상 11장 26-40절에서와는 달리─솔로몬(대상 22:5; 29:1)이나 요시야(대하 34:27)와 같이 유약하며 이를 근거로 미숙하지만 무죄한 것으로 간주된다. 그에 반해 분열의 책임은 반역을 일으킨 여로보암과 그의 모리배들에게 전가된다(대하 13:6-7).[42] 역대하 10장 1-4절을 재해석하는[43] 아비야의 설교에서 여로보암과 그의 무리에 대한 고발은 절정에 달한다. 역대기 저자는 분열을 초래한 자와 북이스라엘 사람들을 분명히 구별한다.[44] 여기서 북이스라엘 주민들에 대한 역대기 저자의 긍정적인 관점을 재차 엿볼 수 있다(11:4 참조).

계속하여 아비야는 또 하나의 수사의문문으로써 여로보암이 합법적인 제사장들을 추방하였으며 이방인의 관례에 따라 아무나 제사장으로 세웠다고 말한다(13:9). 이 점은 역대하 11장 13-15절에서보다 훨씬 더 강력하게 지적된다. 그에 반해 유다는 올바른 제의 규정을 엄수하였는데, 그 증거로 아비야는 합법적인 제사장단(13:10)과 또 진설

---

40   왕상 14:21-22과 대하 12:13-14의 '예루살렘 선택' 주제도 그렇다. 여기서 '예루살렘 선택'은 르호보암에 대한 부정적인 평가 사이에 추가되어 있다.

41   Würthwein, *Könige* 1-16, 185 참고.

42   Rudolph, *Chronikbücher*, 237.

43   R. Boer, "Utopian Politics in 2 Chronicles 10-13," in *The Chronicler as Author. Studies in Text and Texture*, eds. M. P. Graham, et al., , 371 참고.

44   Williamson, *Israel*, 112 참고.

병 등으로 확인되는 예루살렘 성전에서의 정규적인 제의를 내세운다 (대하 29:7 참조). 규칙적인 제의 수행은 예루살렘 성전에서의 야훼 제의의 핵심을 이룬다. 이것은 솔로몬 왕이 성전을 건축한 목적에 속한다.

> 이제 내가 나의 하나님 여호와의 이름을 위하여 성전을 건축하여 구별하여 드리고 주 앞에서 향 재료를 사르며 항상 떡을 차려 놓으며 안식일과 초하루와 우리 하나님 여호와의 절기에 아침 저녁으로 번제를 드리려 하오니 이는 이스라엘의 영원한 규례니이다(대하 2:4)

이런 까닭으로 야훼에 대한 여로보암의 첫 번째 범죄는 다윗 집에서 떨어져 나온 것이며(대하 13:5), 두 번째는 비합법적인 제사장단을 세운 것이다(9절).[45] 역대기 저자에 따르면 오로지 하나의 왕국만이 존재할 뿐이다. 그것은 다윗 자손의 손에 맡겨진 야훼의 왕국이다(8절).[46] 아비야는 이스라엘의 하나님 야훼가 "이스라엘"을 통치하도록 이 왕국을 다윗에게 영원히 주었다고 선언한다(5절; 참조 대상 10:14; 17). 아

---

45 Rudolph, *Chronikbücher*, 237.

46 김회권은 "역대기서의 화해신학," 『신학사상』 152 (2011), 9-50쪽에서 '하나님 나라' 개념을 이스라엘의 정체성을 규정하며 역대기 민족 화해 신학의 원천으로 간주한다. 그에 따르면 '하나님 나라' 개념은 왕이 아닌 하나님의 통치를 말하는 것으로, 역대기는 다윗 왕조의 부활과 같은 특별한 통치나 정치 형태를 추구하지도, 성전을 하나님이 직접 통치하는 대행기관으로 제시하지도 않는다. 이 글은 하나님 나라 개념의 근거는 에스라-느헤미야에 기초하면서도, 주제 면에서 역대기를 에스라-느헤미야의 분리주의적 관점과 구별하는 모순을 드러내고 있다. 필자의 연구에 따르면 사마리아 분열 상황에서 화해와 화합을 조성하기 위해 역대기 저자에게 중요한 것은 다윗 왕조나 예루살렘 성전을 포기하는 것이 아니라 오히려 이 둘을 붙잡는 것이었다. 역대기는 무조건적인 통일을 주장하지 않기 때문이다. 따라서 역대기에서 하나님 나라 개념은 철저히 온 이스라엘에 대한 유다의 대표적 통치권, 즉 유다 왕들의 온 이스라엘 통치를 말하기 위한 것이지 하나님의 통치 자체를 의미하는 것이 아니다. '온 이스라엘' 개념은 이스라엘의 정체성과, 포로기 이후 사마리아 분열과 관련된 통일 및 화해 요구에 필수적인 요소들, 즉 다윗 왕조의 합법성과 유다 왕국의 우위권, 그리고 예루살렘 성전을 아우르는 상위개념이다. 역대기의 시대적 배경과 저작 목적에 대하여 아래 제IV장 "역사적 신학적 자리" 참고.

비야는 북이스라엘이 유다보다 두 배나 많은 팔십만의 군대를 소유하였지만(3절), 이스라엘은 결코 승리하지 못할 것이라고 말한다(12b절). 북이스라엘의 편에는 야훼가 아니라 여로보암이 세운 금송아지가 있고, 반면 유다의 편에는 야훼가 있기 때문이다. 전쟁 제의에서 올바로 사용된 나팔은 야훼의 함께 하심을 상징한다(12절).[47] 이렇게 아비야는 유다가 이스라엘보다 우위에 있다는 점을 증거하는 세 가지를 언급한다. 첫째, 유다는 하나님이 세우신 왕국이며(5절), 둘째, 유다 왕국에는 율법에 적법한 제사장이 있고(12a절), 셋째, 참 하나님이 유다 편에 있다는 것이다(12aα절).[48]

그럼에도 불구하고 아비야는 북이스라엘이 유다처럼 "이스라엘의 하나님", "조상들의 하나님"을 섬긴다는 사실을 간과하지 않는다(12절).[49] 아비야에 따르면 유다와 이스라엘은 공동의 종교적 정체성을 지닌다. 그렇기에 아비야는 이스라엘 사람들에게 "야훼와 싸우지 말라"고 호소한다(12b절). 그러므로 아비야의 설교는 여로보암과 북왕국에 대한 질책을 넘어, 정치적 종교적 통일에 대한 호소이다. 이 점에서 아비야의 설교는 야훼가 유다에게 "형제와의 전쟁"을 금지하셨던 11장 4절 말씀이 훨씬 더 강화된 형태가 된다. 아비야 설교는 북이스라엘에게 본래 하나였던 그 때로 돌아가자는 첫 번째 회개 요청인 것이다.[50]

---

47 대상 13:8; 15:24, 28; 16:6, 42; 대하 5:12-13.
48 Rudolph, *Chronikbücher*, 238 참고.
49 Japhet, *2 Chronik*, 169; Williamson, *Israel*, 113 참고.
50 Japhet, *2 Chronik*, 166 참고.

나) 여로보암의 패전과 죽음

아비야의 호소에도 불구하고 여로보암은 유다에 대한 공격을 감행한다(대하 13:13). 이것은 야훼께 대항하는 것이었다. 그 결과 여로보암은 벧엘(!), 예샤나, 에브론 성읍을 빼앗기고 죽음을 맞이한다.[51] 아비야의 경고에도 불구하고 여로보암이 야훼 왕국을 인정하지 않으려 함으로써 남북 왕국은 완전히 분열된다. 이러한 전쟁 결과는 두 가지를 입증한다. 첫째, 여로보암의 왕국은 마침내 제의적으로 종교적으로 비합법직인 기관으로 증명된다(19-20절). 반면 유다는 여로보암을 이김으로써 야훼 왕국의 담지자로 확인된다. 역대기 저자에 따르면 야훼 왕국은 군사적인 힘이 아니라 합법적인 제의를 통해 보증되는 하나님의 함께 하심에 있다. 경고에도 불구하고 여로보암이 야훼의 왕국을 인정하려 하지 않음으로써 왕국은 완전히 갈라지게 된다.

라. 요약과 문제 제기

위의 고찰을 통해 얻은 결과를 요약하면 다음과 같다. 역대기의 기술에 따르면 르호보암 시대의 온 이스라엘은 여로보암의 정치적 배반을 통해 유다와 이스라엘로 분열된다. 정치적 분열 이후 여로보암은 제의적으로도 죄를 짓는다. 그에 반해 이미 르호보암의 통치 아래 유다는 합법적인 왕조로 발전하여 온 이스라엘을 대표하는 왕국이 된다.

---

51 왕상 15:9의 정보로 연대기적 문제가 발생한다. 대상 5:11-17 참조.

아비야 시대에 유다는 야훼 왕국의 담지자로 입증된다. 그에 반해 여로보암의 왕국은 비정통 왕조로 드러나며, 이로써 남북 왕국의 분열은 최종적인 것이 된다. 그러나 북왕국의 백성은 왕국 분열의 책임에서 자유롭다. 왜냐하면 그 책임은 여로보암과 그 무리들에게 귀속되며, 그들은 자신들의 행위에 따라 징벌을 받았기 때문이다. 이로부터 북왕국 백성에 대한 역대기 저자의 긍정적인 입장이 도출된다. 북왕국의 창건은 왕국 분열 초기부터 하나님의 뜻에 기초함으로써 이미 분열은 처음부터 백성의 화합을 지향하게 된다. 이렇게 북왕국 백성에 대한 역대기 저자의 긍정적인 입장이 왕국 분열에 대한 보도에서부터 잘 표명되어 있다. 그렇다면 역대기에서 분열 왕국 시대의 역사 보도는 북왕국이 존재하는 한 온 백성의 통일을 모색하는 방향으로 서술될 것이다.

그러나 이러한 결론과는 달리 적어도 겉으로 보기에[52] 역대기 저자는 북이스라엘을 자격 미달로 치부해 버리는 듯하다. 분열 왕국 시대의 역사 기술에서 북왕국의 역사가 생략되어 있으며 이 현상은, 흔히 설명하듯, "이스라엘 역사를 다윗 중심으로 해석하는 것"으로 이해하게 하기 때문이다.[53] 그러나 앞서 보았듯이 역대기 저자가 여러 차례 북왕국과 그 백성에 대한 긍정적인 입장에 대한 근거를 제시하고 있다는 것을 감안한다면, 역대기 저자가 신명기 역사가처럼 남북 왕국의 역사를 병행하지 않고 유다 왕국의 역사만을 기술한 것은 분명 특별

---

52 역대기의 역사 기술에서는 대하 13:1(∥왕상 15:1-2)에서만 신명기 역사서에서 사용되는 동시적 배열 양식(Synchronismus)이 나타난다.

53 W. M. Schniedewind, *Chronicler*, 164; 이외에 von Rad, *Geschichtsbild*, 31; Dillard, *2 Chronicles*, 92 참조.

한 목적에서 연유한 것으로 보인다. 북왕국 역사의 생략은 역대기 저자가 '하나의' 이스라엘의 역사서, 즉 '온 이스라엘 역사서'를 기록하기 위해 남북 왕국 왕들의 역사를 나란히 기술하는 신명기 역사서의 문학적인 틀을 포기한 데서 나온 결과일 것이다.[54] 그러므로 역대기 저자의 온 이스라엘 개념을 규정하기 위하여 추가적으로 분열 왕국 시대의 남북 관계를 직·간접적으로 제시하고(대하 14-25장) 또 북이스라엘에 대한 부정적 진술이 담긴 본문들(특히 20:35-37; 25:17-24)을 면밀히 재검토할 필요가 있다. 왜냐하면 이 단락들에는 북이스라엘과 맺은 모든 동맹은 비판되고(19:2; 20:37; 21:6b; 22:2 이하) 심지어 야훼께서 '에브라임' 즉 이스라엘과 함께 하지 않으신다는 진술(25:7)까지 등장하기 때문이다. 그러므로 다음 단락에서는 아하스 이야기의 특징을 설명하기 전에 남북 왕국으로 분열된 시기에 관한 역대기의 기록을 자세히 살필 것이다.

---

54 놀랍게도 이와 유사한 통찰이 임태수, "역대기사가의 통일신학," 『신학연구』 28 (1987), 418-419에 이미 나타나 있다.

4 | 분열 왕국 시대 '온 이스라엘'
(대하 14-25장)

앞에서 살펴보았듯이 역대기에 따르면 남북 왕국의 분열은 여로보암의 정치적 반역의 결과이면서 동시에 하나님의 뜻이다(대하 10:15; 11:4). 분열에 대한 이러한 이중적인 설명은 모순되지만 바로 이 모순 속에 분열에 대한 역대기 저자의 특별한 이해가 담겨 있음을 확인하였다. 분열은 하나님의 뜻이며 시간적으로 제한되어 있고, 그러므로 분열 시기 동안 남북 왕국은 '형제'라는 공동의 정체성을 위해 힘써야 한다는 것이다.

그럼에도 불구하고 역대기 저자는 이스라엘에 대한 통치권은 다윗과 그의 후손에게 있다고 말한다(대하 13:6). 제의 관리로서 적격한 제사장과 레위인의 존재, 진설병과 등잔으로 상징되는 상번제, 그리고 다윗 자손에 의한 통치는 유다 왕국이 야훼의 왕국임을 나타내는 표지이다. 분열 상태는 정체성에 대한 시금석이므로, 분열 왕국 시대에 적어도 유다 왕국의 왕들은 남북 왕국의 통일을 위해 힘써야 하며, 실제로 유다 왕들에 대한 평가는 이러한 노력 여부에 따라 좌우된다. 이제 남북 분열 시대에 관해 살펴보자. 이 시대는 아사부터 여호사밧, 그

온 이스라엘 역사서 — 화해와 화합을 위한 역대기 구상

리고 아마샤까지 역대하 14-25장이 기술하고 있다.

가. '온 이스라엘'의 재편 (대하 13:23b-16:14)

1) 평행본문 비교

역대하 13:23b-16:14		열왕기하 15:9-24	
13:23b	평화에 관한 기록	-	-
		15:9-10	도입구
14:1	평가	15:11	평가
14:2	아사의 제의 개혁	15:12	우상 제거
14:3-7	제의 개혁, 건축과 군사	-	
14:8-14	구스 전쟁	-	
15:8-15	계약 체결	-	
15:16-18	모후 폐위	15:13-15	모후 폐위
15:19	평화에 관한 기록	15:16	전쟁에 관한 기록
16:1-6	북왕국과의 대립 상태	15:17-22	아사와 바아사의 전쟁
16:7-10	예언자 하나니의 심판 말씀	-	
16:11	사료 정보	15:23a	사료 정보
16:12	아사의 병	15:23b	아사의 병
16:13-14	아사의 죽음과 장례	15:24a	아사의 죽음과 장례

2) 아사 시대의 유다와 이스라엘

가) 온 이스라엘의 평화

(1) 역대기 저자는 아사의 이야기를 땅이, 즉 온 나라가 십 년 동안 평안했다는 보도로 시작한다(13:23b). 이 시기에 아사는 내적으로는

잘못된 제의 기구들과 성소를 제거하며(14:2, 4)[1] 야훼를 찾으라고 명하고(3절), 외적으로는 유다에 요새를 건설하여(5a, 6절) 매년마다 왕국뿐만 아니라(4b절) 온 땅이 안식을 찾고 그 결과 어떤 대적도 유다에 전쟁을 일으키지 못하게 할 정도가 되게 하였다(5b절). 이것은 아사의 군비에 대한 7절의 보도를 통해 확인된다.[2] 그러나 십 년간 지속한 평화 시대는 구스인과의 전쟁을 통해 중단된다(8절).[3] 이 전쟁 보도에서 역대기 저자는 특히 하나님께 간구하는 아사의 기도에서 그의 신심 깊은 신앙적 자세(10절)와 군사적 성공의 연관성을 강조한다. 동시에 야훼의 간섭도 강조된다. 야훼는 도주하는 대적을 치셨으며(12절) 야훼의 두려움은 그랄 부근의 모든 도시까지 덮쳤다(13절). 역대기 저자에게 있어 구스인과의 전쟁은 평화 시대의 중단이 아니라 그 연속이었던 것이다.[4] 역대기 저자에 의하면 평화 시대란 전쟁이 없는 상태를 말하는 것이 아니라 하나님과 함께 하는 시간을 뜻한다.

(2) 구스 전쟁의 승리 직후 예언자 아사랴의 말씀이 나온다(대하 15:1-7). 놀랍게도 예언자 아사랴 벤 오뎃은 구스 전쟁의 승리가 하나님의 개입에 의한 결과임에도 불구하고 회개의 필요성에 대해 말하고 있다. 이에 대하여 루돌프는 예언자 아사랴가 여기서 바로 구스 전쟁에서 야훼가 함께 하셨다는 사실로부터 "야훼는 자기를 찾는 자에게 나타나신다"는 보편적인 교훈적 결론을 끌어내고 있다고 해석한다.[5] 그러나

---

1 역대기에서 솔로몬, 르호보암, 아비야의 제의적 잘못에 대해 언급하지 않는다는 점에서 아사의 제의 개혁 보도는 문제를 일으킨다.
2 야훼의 도움을 나타내는 징표로서의 군사력 정보에 대하여 Mosis, *Untersuchungen*, 173 참고.
3 Rudolph, *Chronikbücher*, 239; Thompson, *Chronicles*, 266; De Vries, *Chronicles*, 297 이하. 루돌프는 15:10-11을 근거로 구스 전쟁을 아사 왕 제11년으로 생각하는 반면, 드브리스는 제15년으로 설정한다.
4 Rudolph, *Chronikbücher*, 244 참고.

이 견해는 하나님의 영이 아사랴에게 임하였으며(1절) 아사랴가 왕을 만났다는 언급(2절)에 부합하지 않는다. 왜냐하면 이러한 내용은 흔히 구체적인 상황에서 사용되기 때문이다.[6] 뿐만 아니라 예언자 아사랴는 사사 시대에 해당하는 듯한(삿 2:11-13; 17:5-6)[7] 이스라엘 역사에서 부정적인 예를 끌어와 지적하고 있기 때문에(대하 15:3, 5-6), 예언자는 사사 시대를 가리키면서 유다의 현재 상황에 대해 말하고 있다고 해석하는 것이 더 적합해 보인다.[8] 설교에서 예언자는 왕정 이전 시대를 바른 예배와 토라 교육이 부재한 혼란의 시대로 규정하며[9] 또 "사람의 출입이 평안하지 못하며"(אין שלום ליוצא ולבא, 15:5)와 "온 땅의 모든 주민이 크게 요란하여"(וכתתו גוי-בגוי, 15:6)라는 표현으로써 그 시대를 전쟁 시대로 묘사한다.[10] 아사랴가 백성에게 야훼를 찾으라고 요구하고(7절) 야훼를 찾은 결과 땅의 안식(15절)과 전쟁 없는 시대가 도래했다면(19절), 예언자의 설교는 분명히 구스 전쟁을 염두에 둔 것일 것이다.[11] 이런 해석이 맞다면 여기서 예언자는 물질적인 승리에 뒤따라야 할 유다의 영적 쇄신을 요구하는 것이 될 것이다.[12] 그러나 이러한 이해 또한 문맥에 맞지 않다. 이는 위에서 보았듯이 야훼에 대한 아사의 큰 믿음과 하나님의 개입에 의한 구원이 구스 전쟁 보도의 중심에 있기 때문이다(14:10-14;

---

5   Rudolph, *Chronikbücher*, 240-41.

6   Japhet, *2 Chronik*, 189 참고.

7   Rudolph, *Chronikbücher*, 245; Coggins, *Chronicles*, 203; Williamson, *Chronicles*, 267 참고. 반면 이집트 체류와 광야 시대(De Vries, *Chronicles*, 301, 307), 또 느부갓네살에 의한 예루살렘 정복 시대와 포로 시대가 고려된다(Mosis, *Untersuchungen*, 174).

8   같은 견해로 Japhet, *2 Chronik*, 190.

9   Albertz, *Religionsgeschichte*, 612.

10   Japhet, *2 Chronik*, 191에 따르면 성경에서 형제 전쟁은 여러 차례 이 두 표현으로 묘사된다.

11   Mosis, *Untersuchungen*, 174; De Vries, *Chronicles*, 301; 306; Japhet, *2 Chronik*, 189 참고

12   Japhet, *2 Chronik*, 191; W. Johnstone, *2 Chronicles 10-36. Guilt and Atonement* (JSOT.S 254; Sheffield 1997). 64 참고.

16:8). 아사 왕이 예언자의 설교 후에 온 이스라엘에 관한 포괄적 개혁을 추진했다는 사실을 고려하면(15:8-15),[13] 예언자의 설교는 '온 이스라엘'에 관한 것이 되어야 한다. 그렇다면 다음으로 제기되는 질문은 예언자가 구체적으로 무엇을 지탄하는가 하는 것이다. 이에 대해 아사가 남북의 경계에 놓인 에브라임 산에 있는 성읍들을 '정복하였다'는 사실은 시사하는 바가 크다(15:8a; 17:2b). "취하다"(לכד 〈라카드〉)라는 동사는 땅이나 성읍을 군사적인 방법으로 정복한 것을 말하는 전문용어이다(신 2:34-35; 3:4; 수 8:19; 10:1, 28, 32, 35, 37, 39, 42). 따라서 프리츠는 이로부터 아사가 북왕국에 군사적 행동을 취하였다고 추론한다.[14] 역대기 저자의 표현에 따르면 이 정복은 한편으로는 십 년간 지속한 평화 시대 이후에(대하 13:23), 다른 한편으로는 아사의 통치 제15년에 있었던 큰 잔치 이전에(15:10) 이루어졌을 것이다. 즉 아사의 통치 제11년과 제15년 사이가 된다. 여기서 다른 북이스라엘 주민이 아사에게로 넘어왔다는 언급(15:9)에 주목할 필요가 있다. 역대기 저자에 의하면 분열 상황에도 불구하고 백성들의 이주는 가능하였고 계속되었던 것이다. 이 맥락에서 "사람의 출입이 평안하지 못하며"와 "온 땅의 모든 주민이 크게 요란하여"라는 표현은 남북 왕국의 전쟁 때문에[15] 두 왕국 백성들의 왕래가 불가능해졌다는 추측을 가능케 한다. 왜냐하면 아사는 르호보암이 하지 않았던 국경을 강화하였기 때문이다(11:5-12).[16] 예언자의 설교에

---

13   Dillard, *2 Chronicles*, 121; 123 참고.
14   V. Fritz, *Das Buch Josua* (HAT 1/7; Tübingen 1994), 71-71. 대하 15:8의 정보를 근거로 Dillard, *2 Chronicles*, 121는 유다와 이스라엘의 군사적 대결을 주장한다. 대하 16:1에서 출발하여 Rudolph, *Chronikbücher*, 247; Williamson, *Chronicles*, 270은 아비야의 정복(대하 13:19)이 오래 가지 않고 아사의 통치 아래 대부분 상실하게 되었다고 주장한다. 이로써 그들은 남왕국과 북왕국 사이의 지속적인 전쟁을 말한다.
15   Rudolph, *Chronikbücher*, 245, 왕상 15:16의 아사와 바아사 사이의 전쟁을 고려한다.

온 이스라엘 역사서 — 화해와 화합을 위한 역대기 구상

서 두 백성의 자유로운 왕래를 방해한 것은 인간적인 처신에 대한 하나님의 징벌의 결과로 기술되어 있다(15:6b). 그렇다면 여기서 역대기 저자는 아사 왕이 국경의 정복이나 강화로 백성들의 상호 왕래를 가로막았다는 질책을 받을 만하다고 말하는 것이다.[17] 이 점에서 예언자 오뎃[18]이 아사와 "유다와 베냐민"(15:2)에게 한 설교(15:8)는 분열 직후에 선포되었던 하나님의 형제 전쟁 금지 명령(11:1-4)의 연속선상에 있으며 동시에 공동의 정체성을 확인시켜 준다. 아사의 광범위한 개혁은 이 차원에서 이해되어야 한다.

역대기의 기술에 의하면 북이스라엘 백성은 하나님이 아사와 함께 하심을 보았기 때문에 이사에게로 합류하였다(15:9-10).[19] 하나님이 아사와 함께 했다는 말은 분명 십 년간의 평화 시대를 가리킬 것이다(13:23). 제사장은 물론 평민도 포함된 북이스라엘 주민의 유입은 이미 르호보암 시대에 시작되었다(11:13-14, 16). 그 결과 유다 왕국과 르호보암의 세력은 강화되었다(11:17). 이런 식의 이주는 아사 시대에 다시 이어진다. 분열 직후 왕정 이전의 이스라엘을 계승한 것은 유다 왕국이었으며, 북왕국 주민들의 이주로써 아사 시대에도 '온 이스라엘'은 새롭게 구성된다.[20] 오뎃의 경고에 따라 아사의 개혁은 '온 이스라엘' 차원의 축제를 지향하게 된다. 아사는 먼저 유다와 베냐민의 땅과 그

---

16 Elgavish, "Baashas War," 148.

17 야펫의 입장에 반대한다. 북왕국 주민의 이주 외에 야펫은 역대기 보도의 일반적인 특징으로서(대하 13:9; 15:8; 16:6; 17:2) 북이스라엘 쪽으로의 영토 확장을 주장한다. Japhet, *Ideology*, 295; *2 Chronik*, 192 참고. 그러나 필자가 보기에 역대기에는 인구의 증가가 중심에 있다.

18 대하 15:1의 "아사랴 벤 오뎃"으로 읽는다. 대하 28:9의 북왕국 예언자 오뎃 참고.

19 "에브라임과 므낫세에서, 또 시므온에서 와 그들과 함께 사는 이방인들"(대하 15:9)은 "게르"(גר)로 불린다(대하 15:9). 반면 그 유다 백성은 "유다와 베냐민"으로 불린다(대하 15:2). 대하 30:25 참고.

20 탈북민의 남한 정착 상황을 이러한 관점으로 바라보아야 할 것이다.

가 정복한 에브라임 산에 있는 성읍들을 정화하고(15:8) 유다, 베냐민과 에브라임, 므낫세, 시므온에서 이주한 사람들로 구성된 회중을 소집한다(9절). 그렇게 예루살렘에 모인 많은 회중은 구스 전쟁에서 얻은 전리품 덕에 많은 짐승으로 야훼께 제사를 드리게 된다(10-11절). 제사는 온 마음과 영으로 야훼를 찾겠노라는 맹세로 이어진다(12-15절). 유다와 북이스라엘은 분열 이후 처음으로 '새 이스라엘'의 형태로 함께 예배를 드린 것이다. 특히 서약 의식은 새로이 구성된 백성 '이스라엘'의 새 출발점이 된다. 역대기 저자는 바로 이 공동의 자기 의무의 맥락에다 아사 왕이 자신의 어머니인 모후에게 내린 엄중한 조치를 자리하게 한다. "아사 왕의 어머니 마아가가 아세라의 가증한 목상을 만들었으므로 아사가 그의 태후의 자리를 폐하고 그의 우상을 찍고 빻아 기드론 시냇가에서 불살랐으니"(대하 15:16 // 왕상 15:13).

그러나 역대기 저자는 그 다음에 아사의 마음이 일평생 온전하였지만 그가 "이스라엘에서" 산당을 제거하지 않았다는 열왕기상 15장 14절의 보도를 전한다(대하 15:17). 이 보도는 아사가 유다의 모든 성읍에서 산당을 제거했다는 14장 2, 4절과 모순을 이룬다. 야펫은 산당 주제는 역대기 저자에게 그리 중요하지 않은 것이라 여기고 이를 간과하는 반면,[21] 딜라드는 이를 이해할 두 가지 가능한 해석을 제시한다. 첫째, 14장 2절은 초기의 개혁을 말하고, 15장 17절은 후기의 개혁, 즉 30년 후의 개혁을 가리킨다는 것이다. 이로써 딜라드는 이 모순되는 언급을 "유다 역사의 지속적인 문제로 유다에 거듭되는 개혁을 요구하게 한 토착 제의의 탄력성의 증거"로 간주한다.[22] 두 번째 가능성은

---

[21] Japhet, *2 Chronik*, 198.

"이스라엘에서"는 아사가 잠시 통치하였던 지역을 가리킨다고 한다. 이 견해에 톰슨이 동조한다.[23] 그에 반해 윌리엄슨은 역대기에 추가된 "이스라엘에서"라는 문구는 "북왕국에 대한 남왕국 왕의 권한"을 암시한다고 본다.[24] 필자가 보기에 이 문제는 아사가 이스라엘이 아닌 유다에서 산당을 제거했다는 말을 액면 그대로 받아들이면 간단히 해결된다. 아사의 행위는 정치적인 상황에서 기인된 것이다. 즉 역대기 저자에 따르면 아사는 온전한 마음에도 불구하고 정치적인 분열 상황 때문에 이 조치를 "온 이스라엘" 차원에서 실행할 수 없었다. 그래서 이 구절은 15장 17절과는 반대로 정치적으로 분열된 상태에 대한 아쉬움을 전하는 동시에, 온 이스라엘의 대표로서 새로이 형성된 유다의 자의식을 표현하고 있다. 르호보암이 시삭에게 털어주었던(대하 12:9; 왕상 14:25-28) 성전의 보고를 다시 충분히 메꿈으로써 아사는 예루살렘을 온 이스라엘의 제의 장소로 승격시킨다(대하 15:18; 왕상 15:15).

이스라엘의 쇄신에 이어 또 하나의 평화 시대가 도래한다. "아사왕 제35년까지 전쟁이 없었더라"(대하 15:19; 참조 15:15b). 이 평화 시대는 20년간, 그러니까 이전보다 두 배로 길게 지속된다(참조 13:23). 남북 왕국 사이에 전쟁이 없었다는 평화 시대에 관한 보도는 "아사와 바아사 사이에 평생 전쟁이 있었다"는 열왕기상 15장 16절과 대조를 이룬다. 유다와 이스라엘 사이에 있었던 끊임없는 전쟁에 대한 기록은 역대기에서는 왕국 분열 초기에만 나타난다. 즉 르호보암과 여로보암 사이에만 전쟁이 있었다(대하 12:15b // 왕상 14:30; 15:6; 참조 대하 13:2b; 왕

---

23 Dillard, *2 Chronicles*, 118.
23 Thompson, *Chronicles*, 272.
24 Williamson, *Israel*, 104.

상 15:7b). 여기서 역대기 저자는 남북 상황을 근본적으로 대립이나 적대 관계로 보고 있지 않다는 결론이 나온다. 역대기 저자에게 두 왕국의 관계는 항상 개방되어 있다. 왜냐하면 분열은 공동의 정체성을 확인하기 위한 시금석이기 때문이다.

나) 아사 왕의 국경 정책과 전쟁 예고

아사 왕 제36년에[25] 긴 평화 시대는 이스라엘 왕 바아사의 침략으로 깨진다. 바아사의 목적은 라마를 보수함으로써 그 백성이 유다 왕아사에게로 왕래하지 못하게 한 것이었다(대하 16:1). 이에 대한 대응책으로 아사는 아람 왕 벤하닷에게 성전과 궁전의 보물을 지불하고 북이스라엘에 군사적으로 개입할 것을 요청한다(2-3절). 북이스라엘의성읍인 이욘, 단, 아벨마임과 납달리의 다른 지역들을 겨냥한 아람의침입으로(4절) 바아사가 추진한 라마에서의 강화 조치는 중단된다(5절). 아사는 바아사가 라마를 위해 마련한 건축 자재로 이스라엘의 국경 지역인 유다 성읍 게바와 미스바를 보강하게 한다(6절).[26] 신명기역사서에 따르면 바아사의 라마 건축은 이스라엘과 유다 사이에 지속적인 국경 분쟁이 있었기 때문에 유다의 침략을 방어하기 위한[27] 군사조치였다. 역대기 저자는 신명기 역사서의 보도를 문자적으로 수용한다. 역대기에는 남북 왕국의 지속적인 전쟁에 대한 기록이 빠져 있고

---

25 왕상 15:33과 16:8에 따르면 북왕국 바아사는 이미 남왕국 아사 제26년에 죽는다.

26 J. Werlitz, *Die Bücher der Könige* (NSK. AT 8; Stuttgart 2002), 152; Japhet, *2 Chronik*, 203 참고.

27 Würthwein, *Könige*, 188.

(왕상 14:30; 15:7b; 15:16), 그에 반해 평화 시대에 대한 기록은 여러 차례 반복되고 있기 때문에 역대기에서 국경을 강화하려는 바아사의 군사적 조치는 그 의미를 상실하고 만다. 이 맥락에서 북이스라엘 백성이 남유다로 이주하였다는 언급이 눈에 띈다. 이것은 역대기 저자가 "왕래" 또는 "출입"(אצי ובא)이라는 표현을 군사적 행동으로 이해한 것이 아니라 지역적인 의미로 민간적 차원의 왕래를 염두에 두고 있다는 생각을 갖게 한다. 이로 미루어 보건대 오랜 평화 시대는 북이스라엘 주민이 유다로 지속적으로 이주하게 한 요인이었던 것이다. 역대기 저자에 따르면 아사 왕은 예언자의 경고 이후 백성의 자유로운 왕래가 재개되도록 하였다. 유다 왕 아사가 이스라엘 쪽으로 국경을 개방하기 위해 애썼다는 점에 비추어 보면 북왕국 바아사의 국경 강화 조치는 당연해 보인다. 그럼에도 불구하고 아사의 행동은 선견자 하나니에게는 믿음의 결핍으로 보였다(대하 16:7 이하). 아하스에 대한 부정적인 평가가 디글랏 빌레셀에게 원조를 요청한 것과 관련된 것임을 생각할 때(28:16-23) 아사에 대한 부정적인 평가 원인 또한 그가 형제 민족으로부터 남왕국을 방어하기 위해 외세에 도움을 요청하며 나아가 성전과 궁전의 보물을 희생한 데 있음이 분명하다. 비난의 중점은 아사가 북왕국에 대한 강화 조치를 취함으로써(16:6) 다시 남북 왕국의 교류를 차단했다는 데 있다. 아사 왕의 이 조치 이후에 북이스라엘의 이주가 더 이상 언급되지 않는다는 사실은 이러한 해석을 뒷받침한다. 아사 왕 통치 아래 아람과의 연합을 통해 남북 왕국은 대립 관계로 돌입한다. 아사 왕에 대한 징계로 지속적인 전쟁 위협이 예고된다(16:9). 아사 이야기에서 평화 시대에 대한 언급이 반복된다는 점에 비추어 볼 때(13:23; 14:4 이하; 15:15, 19), 예언자의 심판 말씀은 역대기 저자가 형

제 민족에 대한 유다 왕(과 왕국)의 태도를 얼마나 중시하는지를 단적으로 보여주는 뚜렷한 증거라 할 수 있다. 독특하게도 역대기에서는 "유다의 열왕들의 책"이라는 저본의 사료 정보(왕상 15:23a)가 "유다와 이스라엘의 왕들의 책"으로 대체되어 있다(대하 16:11).[28] 주석가들은 여기서 역대기 저자가 유다를 전체 이스라엘의 일부로 기술하려고 한다고 설명한다.[29] 그러나 필자가 보기에 역대기 저자는 유다의 왕들을 전체 이스라엘의 왕으로 간주하는 것이다. 형제 민족에 대한 아사의 잘못된 행위가 그의 생애에서 전환점이 되는 것은 바로 이 때문이다.

나. '온 이스라엘'의 연합 (대하 17–23장)

앞에서 필자는, 왕국 분열 상태는 정체성을 확인하는 시험대이며 그러므로 분열 왕국 시대의 모든 왕들은, 특히 유다의 왕들은 남북 통일을 위해 노력해야 한다는 것이 역대기 저자의 관점임을 밝혔다. 이 점에서 여호사밧 왕은 특히 높이 평가할 만하다. 여호사밧은 아합 왕조와 인척 관계를 맺음으로써(18:1) 북왕국과의 진정한 외교적 관계를 시작하여 르호보암(12:15), 아비야(13:2), 그리고 아사(16:1) 시대까지 지속되었던 두 왕국의 갈등 관계를 종식시키고 새로운 평화 체제를 구축하였기 때문이다. 특히 아사가 아람과 연합함으로써 또 북왕국에

---

28 독특하게도 아사의 발병 이야기는 문학적으로 전체 틀 밖에서 다뤄진다(대하 16:12; 왕상 15:23b). 이는 여호사밧의 섭정 때문일 수 있다. 그럼에도 불구하고 역대기 저자는 아사가 41년 통치했다는 점을 분명히 한다(대하 16:13).

29 Williamson, *Chronicles*, 276; Thompson, *Chronicles*, 275.

대한 요새를 건축함으로써 가능한 모든 남북 왕국의 교류를 저지하였던 아사 왕의 통치 말기에 비난이 있었던 점을 감안하면, 여호사밧 왕은 백성의 통일을 위한 제대로 된 길을 선택한 것으로 보인다. 여호사밧은 아합과 연합하여 전쟁에 출정하고(18:2), 통치 말기에는 다시스 원양 무역을 위해 북왕국 아하시야 왕과 함께 에시온게벨에서 배를 건조한다(20:36). 여호사밧의 아들 아하시야는 아합의 아들 요람 왕과 함께 길르앗 라못 전쟁에 나간다(22:5). 아달랴 통치 아래 마침내 두 왕조는 한 사람의 통치자를 갖기에 이른다(22:10). 그러나 이 모든 연합 정책은 역대기에서 신랄한 비판을 받는다. 여호사밧 왕은 북왕국과의 연합 전쟁 이후 예언자의 꾸짖음을 들으며(19:2), 아하시야와 동역한 선박 건조 사업은 파선으로 종결된다(20:37). 유다의 죄의 뿌리가 바로 두 왕가의 결혼 정책에 있다고 고발한다(21:6b; 22:2 이하). 북왕국과의 연합에 관한 수많은 비판적 평가를 대할 때 역대기 저자는 여호사밧의 혼인 정책을 "재앙을 부른 치명적 실수"로 간주하며,[30] 따라서 북왕국과의 관계 형성 자체를 전면 거부하는 것처럼 보인다. 과연 역대기 저자는 북왕국을 철저히 배제하는 것일까? 이 물음에 대해 많은 학자들은 긍정적으로 대답하였다.[31] 신명기 역사서와는 달리 역대기에 북왕국의 역사가 생략된 것만을 바라본다면 이러한 일반적 입장은 타당해 보인다. 그러나 역대기의 '이스라엘' 개념을 바라볼 때 이러한 입장

---

30 Becker, *2 Chronik*, 60.

31 예를 들면 Rudolph, *Chronikbücher*, 255; Williamson, *Chronicles*, 279; Becker, *2 Chronik*, 60; 68; Dillard, *2 Chronicles*, 144; De Vries, *Chronicles*, 316; Thompson, *Chronicles*, 276-77; G. N. Knoppers, "'Yhwh is Not with Israel': Alliances as a Topos in Chronicles," *CBQ* 58,4 (1996), 612-22; J. Kegler, "Prophetengestalten im Deuteronomistischen Geschichtswerk und in den Chronikbüchern. Ein Beitrag zur Kompositions- und Redaktionsgeschichte der Chronikbücher," *ZAW* 105 (1993), 494-95.

은 재고되어야 한다. 이제 해당 본문에 천착하여 이 입장의 타당성을 확인해 보자.

1) 여호사밧 시대의 유다와 이스라엘 (대하 17-20장)

가) 평행본문 비교

(1) 열왕기에서 한 장에 기술된 여호사밧 이야기는 역대기에 세 장으로 늘어나 있으며 그 중심에는 여호사밧의 개혁 보도가 있다.

(2) 열왕기에서 여호사밧과 아합의 결혼 동맹은 요람과 아하시야 이야기에서야 언급된다(왕하 8:18, 27).

(3) 신명기 역사서와는 달리 여호사밧 왕은 처음부터 아하시야와 동역한다(20:36).

(4) 열왕기상 22장은 역대기 저자에 의해 거의 문자적으로 수용되고 있다.

(5) 엘리야 이야기(왕상 17:1-21:29)는 물론 아합의 종교 정책(왕상 16:29-34)과 그의 죽음에 대한 신학적인 평가(왕상 22:36-40)는 역대기에 생략되어 있다.

(6) 열왕기에서는 여호사밧의 군사 활동이 암시되기만 하지만(왕상 22:45) 역대기에서는 전쟁 보도가 20장에 자세히 기록되어 있다.

온 이스라엘 역사서 ─ 화해와 화합을 위한 역대기 구상

역대하 17-20장		열왕기상 15장, 22장	
17:1a	즉위	15:24b	즉위
-		15:25-16:34	나답에서 아합까지
-		[17-19장]	엘리야-이야기
-		[20장]	이스라엘과 다메섹 전쟁
-		[21장]	나봇의 포도원
17:1b-2	온 땅을 강화함		
17:3-6	야훼와 여호사밧		
17:7-9	백성의 율법 교육	-	
17:10-11	야훼의 후원과 그 결과		
17:12-19	군사적 행정적 조치	-	
18:1a	여호사밧의 부와 명예	22:1-38	
18:1b	아합과 연혼	[왕하 8:18,27]	아합과 연혼에 관한 기록
		왕상 22:1	아람과 이스라엘의 평화
18:2-34	아합과 여호사밧 동맹 전쟁	22:2-35	아합과 여호사밧 동맹 전쟁
		22:36-40	아합의 죽음
19:1-3	예언자의 책망	-	
19:4	여호사밧의 사법 개혁	-	
19:5-7	지방의 사법 개혁		
19:8-11	예루살렘 사법 개혁		
20:1-30	동요르단 민족과의 전쟁, 승리		
20:31	전기적 요약	22:41-42	전기적 요약
20:32-33	종교적 평가	22:43-44	종교적 평가
		22:45	이스라엘과 평화 관계
20:34	사료 정보	22:46	사료 정보
		22:47	제의 개혁
		22:48	에돔의 봉신
		22:49	선박 건조 실패
20:35	아하시야와 연합		
20:36	아하시야와 선박 공동 건조	22:50	아하시야의 동역 제안에 거절
20:37	예언자의 심판: 계획 실패		
21:1	여호사밧의 죽음과 후계자	22:51	여호사밧의 죽음과 후계자

나) 여호사밧의 '온 이스라엘' 정책

여호사밧의 즉위에 관한 도입 구절 다음에 역대기는 여호사밧 이야기를 וַיִּתְחַזֵּק עַל־יִשְׂרָאֵל 〈이트핫젝 알-이스라엘〉이라는 요약적인 표현으로 시작한다(17:1b). 이 구문은 해석하기에 다소 어려움이 있다. 『한글개역』 성경은 이 구절을 여호사밧이 "스스로 강하게 하여 이스라엘을 방어하되"라고 번역하고 있지만, 특히 עַל־יִשְׂרָאֵל 〈알 이스라엘〉 구문 때문에 역본들은 저마다 서로 다른 번역을 보여준다. 가장 흔한 번역은 "이스라엘에 대하여"라는 것인데, 이는 북왕국 이스라엘의 침략을 막기 위하여 유다가 방비를 강화하였다는 뜻으로 풀이된다(새번역, 표준새번역, 공동번역, KJV, NIV, LUT). 그러나 이 해석은 이스라엘과의 연합을 보여주는 구절들(18:1; 20:35-36)과 모순된다. 큰 맥락에서 읽을 때 모순이 있음을 인식한 루돌프는 이 표현을 "그가 이스라엘을 강화하였다."라고 옮겼다.[32] 그리고 여기서의 "이스라엘"을 21장 2절, 4절과 같이 남왕국 유다로 이해하였다. 왜냐하면 17장 2절의 군사적 조치가 북왕국에 관한 것이 아니기 때문이다.[33] 그러니까 루돌프에 따르면 여호사밧 왕은 순수하게 유다 왕국을 굳건히 하였던 것이다. 이에 반해 드브리스는 17장을 남북 왕조의 갈등 관계를 보여주는 16장과 연결시킴으로써 "이스라엘"을 북왕국으로 간주한다.[34] 『표준새번역』과 『공동번역』 성경이 보여주듯이 여호사밧은 이스라엘과의 대립 관계를 염두에 두고 국방력을 강화하였다는 것이다. 이렇게 "이스라엘"을 남왕국으로 간주하든 아니면 북왕국으로 이해하든 이 입장들 모두는 야펫이 해석하는 것처럼 유다 왕국과 그 백성이 견고해졌다는(가령 대하 2:1, 46b) 일반적인 이해를 공유하고 있다는 점에서 동일한 해석이라 할 수 있다.[35]

---

32 Rudolph, *Chronikbücher*, 249-50. 『한글개역』의 번역도 이와 같다.
33 Rudolph, *Chronikbücher*, 249; 같은 견해로 Williamson, *Chronicles*, 281 참고.
34 De Vries, *Chronicles*, 310; 참고 Dillard, *2 Chronicles*, 133.

그러나 "유다 모든 견고한 성읍에 군대를 주둔시키고 또 유다 땅과 그의 아버지 아사가 정복한 에브라임 성읍들에 영문을 두었더라"(17:2)라는 구절에 주목해 볼 때 여기서의 "이스라엘"은 이러한 일반적인 의미보다 훨씬 더 포괄적인 뜻을 지닌다. 위의 구절로 미루어 보아 여호사밧은 북쪽 이스라엘 지역까지 통치권을 확대할 수 있었다. 이 점에서 여호사밧의 개혁은 아사의 개혁과 유사하다. 아사는 통치 제15년에 국가적 차원의 제의 개혁을 단행하였는데 그 범위는 유다와 베냐민 지역은 물론 그가 정복한 에브라임 지역까지 달했다(15:8). 이에 맞게 역대기 저자는 여호사밧이 "그의 아버지 '아사[36]의'" 초기 행적을 따랐다고 말한다(17:3b; 참조 20:32). 또 여호사밧은 그의 아버지의 하나님 야훼를 섬기고(17:4a) 바알을 좇지 않음으로써(17:3b) 이스라엘 오므리 왕조의 잘못된 길을 택하지 않았다(17:4b). 역대기 저자는 여호사밧의 야훼에 대한 이러한 헌신이 바로 내적 정치적 안정이라는 축복된 상황과 백성의 사랑을 받는 근거가 되었다고 말한다. 유다 백성들은 여호사밧의 부귀와 영광을 인정하는 표시로 왕에게 예물을 드렸다는 것이다(17:5).

이에 힘을 얻은 여호사밧 왕은 계속하여 개혁을 추진한다. 그는 먼저 "산당들과 아세라 목상들을" 제거한다(17:6; 참조 20:33). 제3년에는 다섯 명의 관리와 여덟 명의 레위인과 두 명의 제사장을 유다 성읍으로 보내 백성들에게 "여호와의 율법책"을 가르치게 한다(17:7-9). 마지막으로 여호사밧은 유다에 요새와 국고성을 건축하고(12절), 유다

---

35 Japhet, *2 Chronik*, 214 참고.
36 마소라 본문은 17장 3절에서 "그의 조상 다윗"이라고 쓰지만 아사를 의미하는 것이 분명하다. 왜냐하면 역대기 저자는 다윗의 태도를 초기와 후기로 구별하지 않기 때문이다. Williamson, *Chronicles*, 281; De Vries, *Chronicles*, 310 참조.

성읍과 예루살렘에 수비대를 둔다(13b-19절). 아사 왕의 개혁이 종교 개혁에 한정된 반면(15:8) 그의 아들 여호사밧은 새로이 형성된 "온 이스라엘"(17:1)을 강화하고 안전하게 하기 위한 예방 조치로 국방 및 행정에 특별히 헌신함으로써 아버지의 개혁을 능가한다. 이러한 신앙에 대한 보상은 바로 외적으로부터의 보호(17:10-11; 참조 14:4b; 15:15b)와 부귀와 영광이었다(18:1a).

다) "유다 왕" 여호사밧

"온 이스라엘"을 내적으로 공고히 다진 후에 여호사밧은 혼인을 통해 아합 가문과 인척 관계를 맺는다(18:1b). 앞서 말했듯이 열왕기에서 결혼 동맹은 요람과 아하시야 이야기에서야 언급되지만(왕하 8:18, 27) 역대기는 아합과 연합 전쟁에 참여하기 전에 이미 체결된 것으로 보도한다. 이로써 역대기 저자는 처음부터 이 인척 관계가 여호사밧의 주도권으로 시작되었음을 암시한다. 그런데 부귀와 영광을 떨치고 있던 여호사밧 왕은 왜 굳이 아합 가문과 인척 관계를 맺고자 한 것일까? 17장 1절이 남북 왕국의 적대 관계를 암시한다고 간주하는 주석가들은 여호사밧의 정략 결혼을 그런 관계를 중단하기 위한 시도로 설명한다.[37] 그에 반해 여호사밧의 결혼 정책은 종종 교만으로 해석되기도 한다.[38] 그러나 위에서 관찰한 바와 같이 여호사밧 왕이 온 이스라엘을 위한 정책에 전념한 것을 볼 때(17:1-2) 인척 관계 체결의 목적

---

37   Thompson, *Chronicles*, 283; Dillard, *2 Chronicles*, 133.
38   Williamson, *Chronicles*, 279; De Vries, *Chronicles*, 316; Japhet, *2 Chronik*, 225.

은 여호사밧이 훨씬 더 적극적으로 이스라엘의 통일을 꾀하려 했기 때문인 것으로 추측할 수 있다. 이러한 여호사밧의 의도는 이전 역사를 통해 추론해 볼 수 있다.

아사 시대에 북이스라엘 왕 바아사는 백성들이 아사에게로 돌아가자 이를 막기 위하여 유다를 공격하고 라마를 건축하였다(16:1). 그러자 유다 왕 아사는 두려운 나머지 성전 곳간과 왕궁 곳간을 털어 아람 왕 벤하닷에게 보내고 그에게 이스라엘을 배신하고 유다를 도와줄 것을 요청하였다(16:2-3). 이 원조 요청에 아람 왕은 이스라엘과의 약조를 깨고 이스라엘 성읍을 공격하여 바아사로 하여금 라마 건축을 포기하게 하였다(16:4-5). 전쟁의 위기에서 벗어난 아사 왕은 바아사가 중단한 건축의 돌과 재목으로 게바와 미스바를 건축하여 국경을 방비함으로써 남북 교류의 가능성을 전면 제거하였다(16:6). 이 일로 아사 왕은 선견자 하나니로부터 책망을 받고 왕국에 지속적인 전쟁이 있으리라는 하나님의 심판을 선고받았다(16:9). 이렇게 아사 왕이 아람과 동맹을 맺어 북이스라엘과의 관계를 막은 일이 하나님의 심판을 피할 수 없었던 점에 비추어 볼 때, 여호사밧은 결혼 정책으로써 남북 왕국 백성들의 평화로운 왕래를 가능하게 하며(22:12 참조) 또 두 백성의 통일을 위한 바른 길을 모색하고자 했던 것으로 보인다. 여호사밧 왕이 길르앗 라못을 정복하자는 아합의 제안을 쉽게 받아들였던 것도 이러한 목적에서 나왔을 것이다.

여호사밧은 연합 후 첫 번째 사업으로 아합과 함께 길르앗 라못을 얻고자 다메섹으로 출정한다(18:2). 하나님 말씀을 무시한 아합은 전쟁터에서 죽고(18:25-26; 참조 16:10) 여호사밧은 간신히 목숨을 부지한 채 예루살렘으로 돌아온다. 그러나 예루살렘에서는 쓰디쓴 책망이 그를 기다리고 있었다. "당신이 악한 자를 돕고 여호와를 미워하는 자들을 사랑하십니까? 이 일로 야훼의 진노가 당신에게 임할 것입니다."(19:1-2 사역). 선견자 예후의 선포로 미루어 볼 때 "형제"(11:4)인 북이스라엘을 끌어안고 백성의 통일을 지향하고자 했던 여호사밧의 정책은 전면 거부되는 것 같다. 그 원인은 무엇일까? 이에 대한 답을 얻기 위하여 우리는 역대하 18장의 본문을 특별히 주의하여 읽어야 한다.

역대하 18장에는 열왕기의 본문이 거의 수정되지 않은 채 그대로 수용되어 있다. 그러나 1절에서 역대기 저자는 신명기 역사서에서 나타나지 않는 여호사밧의 부귀와 영광에 대한 보도를 통해 처음부터 아합이 아닌 여호사밧에게 더 큰 비중을 부여한다. 이 점은 3절에서도 드러난다. 역대기 저자는 3a절에서 저본(왕상 22:4)에는 없는 "아합"을 주어로 추가하는 한편, 다른 한편으로는 저본에 있는 주어 "여호사밧"을 생략한다. 따라서 역대기의 본문은 열왕기와는 전혀 다른, 완전히 새로운 의미를 띠게 된다.

[이스라엘의 왕이] 여호사밧에게 이르되 "당신은 나와 함께 길르앗 라못으로 가서 싸우시겠느냐" **여호사밧이** 이스라엘 왕에게 이르되 "나는 당신과 같고 내 백성은 당신의 백성과 같고 내 말들도 당신의 말들과 같으니이다"(왕상 22:4)

이스라엘 왕 아합이 유다 왕 여호사밧에게 이르되 "당신이 나와 함께 길르앗 라못으로 가시겠소?" 또 **그에게** 말하기를 "나는 당신과 다름이 없고 내 백성은 당신의 백성과 다름이 없으니 당신과 함께 싸우리이다." 하였다(대하 18:3 사역).

저본(왕상 22:4)에서 이 대화의 후반부 주어는 여호사밧인 반면, 역대기에서는 주어의 추가와 생략으로 본문의 주어는 전반부와 마찬가지로 아합이 된다. 아합이 자신을 방문한 여호사밧과 그의 시종을 위해 융숭한 잔치를 배설하고 길르앗 라못 치기를 "유혹하였다"(18:2)[39]는 점을 감안하면, 역대기 저자는 18장 3b절을 아첨으로 이해하고,[40] 따라서 저본의 주어 "여호사밧"을 생략하여 여호사밧 왕의 말이었던 것을 아합의 것으로 고쳤음이 분명해진다. 그리하여 역대기에서 유다는 신명기 역사서와는 달리 북왕국에 종속되어 있지 않고 오히려 17장에서 증명되었듯이 유다 왕국과 여호사밧 왕은 북왕국보다 우위에 있음이 강조된다.[41] 전체적으로 볼 때 여호사밧 이야기에서는 "유다"가 두루 강조된다.[42] 그런데 특이한 것은 여호사밧이 특히 21장 2절에서[43] "이스라엘의 왕"의 칭호를 지니고,[44] 또 유다가 "이스라엘"로 강조된다는 것이다(17:1; 19:8; 20:34; 21:4). 이 점에서 우리는 역대기 저자가 여호사밧을 의도적으로 "온 이스라엘"의 대표자로 제시한다는 결론을 끌어낼 수 있을 것이다. 그러므로 역대기 저자의 여호사밧에 대한 비판은 바로 이 빛 아래 관찰해야 한다.

---

39 『개역한글』과 『개역개정』은 "권하였다"로, 『표준새번역』은 "제안하다"로 번역한 סות 〈수트〉의 히필형은 '유혹하다'를 뜻한다. 『공동번역』은 "라못길르앗을 칠 셈으로 … 대접하였다."로 번역하여 '유혹'의 의미를 담고 있다.

40 Thompson, *Chronicles*, 283.

41 Japhet, *2 Chronik*, 225의 의견에 반대한다. 야펫은 역대기 저자가 두 왕을 평등하게 그리고 있다고 보았다.

42 자주 나오는 '유다'의 용법을 참고. 17:2 (2x), 5, 6, 7, 9 (2x), 13, 19; 18:3, 9, 28; 19:1, 5, 11; 20:3, 4(2x), 5, 13, 15, 17, 18, 20, 27, 31, 35.

43 『개역한글』, 『개역개정』, 『공동번역』은 히브리어 성경의 "이스라엘 왕 여호사밧"을 "유다 왕 여호사밧"으로 고쳐 쓰고 있다. 『표준새번역』은 원문대로 "이스라엘의 왕 여호사밧"으로 읽는다.

44 대하 18:3, 9, 28; 19:1; 20:31, 35의 "유다 왕" 참고.

비록 그 당시 이스라엘 왕국에서는 아합과 이세벨 통치 아래 바알 제의가 널리 퍼졌음에도 불구하고 바알이 아니라(17:3-4) 야훼를 찾은 (17:4-5) 여호사밧에게는 연합 원정을 나서기 전 야훼의 예언자로부터 허락의 말씀을 듣는 것이 중요했다(18:4, 6).[45] 그래서 여호사밧은 사백 명이나 되는 이스라엘의 예언자로부터 긍정적인 대답을 듣는 것에 만 족하지 아니하고(5b절) 야훼의 선지자를 청한다(6절). 야훼 예언자 미 가야 벤 이믈라는 먼저 얼핏 승낙으로 보이는, 그러나 조롱 섞인 응답 을 하더니(14b절; 참조 왕상 22:15),[46] 그 다음에는 환상으로써 간접적으 로 부정적인 답변을 준다.[47] "내가 보니 온 이스라엘이 목자 없는 양 같 이 산에 흩어졌는데 여호와의 말씀이 이 무리가 주인이 없으니 각각 평안히 자기들의 집으로 돌아갈 것이니라 하셨나이다"(대하 18:16; 참조 왕상 22:17). 전쟁에서 패하고 백성들은 목자 잃은 양같이 될 것이라는 부정적인 말씀에도 불구하고 여호사밧은 야훼 예언자의 말씀을 무시 하고 길르앗 라못으로 나간다(대하 18:28). 여호사밧이 19장 2절의 심 한 비판을 받게 된 원인은 바로 여기에 있다. "당신이 악한 자를 돕고 여호와를 미워하는 자들을 사랑하십니까? 이 일로 야훼의 진노가 당 신에게 임할 것입니다."(19:1-2 사역) 이 구절에 나오는 '사랑하다'와 '미워하다'의 단어는 자주 정치적인 의미로 해석되고 그에 따라 예언 자 예후의 선언은 북왕국에 대한 정치적 거부를 의미하는 것으로 풀 이되는 경향이 짙다.[48] 그러나 이것은 북왕국에 대한 거부를 말하는 것

---

45 배희숙, "설교를 위한 성경연구: 보여주는 말씀, 들려주는 말씀(왕상 22:1-23)," 『교회와 신학』 76 (2009, 봄), 70-80 참고.

46 O. Bächli, "Verhinderung von Kriegen," TZ 52 (1996), 293.

47 Bächli, "Verhinderung von Kriegen," 293

48 예를 들면 Williamson, Chronicles, 286; Thompson, Chronicles, 288.

이 아니다.[49] 이것은 이스라엘과 유다의 연합군 '대표'인 '유다 왕' 여호사밧에 대한 책망이다. 왜냐하면 여호사밧은 유다와 이스라엘의 연합에서 '대표권'을 지닌 통치자로 아합이 계획한 사업을 막지 못함으로써 이스라엘의 평화와 안녕을 보장하지 못했기 때문이다. 그러므로 여호사밧 왕은 마땅히 야훼의 진노를 받는다. 그러나 다른 책망받을 일이 없으므로 야훼의 은혜를 입는다(19:3a; 참조 12:12). 여기서 또 하나의 질문이 제기된다. 그렇다면 여호사밧에게서 찾을 수 있는 선한 일이란 무엇일까?

역대기 저자는 선한 일로 여호사밧이 그 땅에서 아세라 목상들을 제거하고 온전한 마음으로 하나님을 찾았다(19:3b)는 것을 들고 있다. 그렇다면 여기서 여호사밧이 행한 선한 일은 그가 유다에서 행한 17장 6절의 개혁을 말하는 것 같다. "그가 전심으로 여호와의 길을 걸어 산당들과 아세라 목상들도 **유다에서** 제거하였더라"(17:6). 그러나 이 구절은 여호사밧 왕이 '유다에서' 행한 일을 말하고 있다. 그런데 예언자가 북이스라엘과 관련하여 여호사밧을 책망한다면 왕이 행한 선한 일 또한 북왕국과 관련된 것이어야 할 것이다. 19장 3절은 말하기를, "… 왕에게 선한 일도 있으니 이는 왕이 아세라 목상들을 **이 땅에서** 없애고 마음을 기울여 하나님을 찾음이니이다". 이 구절이 유다에서 시행한 개혁 조치(17:6)와 구별된다면, 19장 3절은 여호사밧이 "북이스라엘"에서 아세라 목상들을 제거한 일을 말할 것이다. 즉 역대기 저자는 여호사밧이 남유다에서는 물론 북이스라엘에서도 다시 말하면 '온 이스라엘'에서 아세라 목상들을 제거했다고 전한다. 북이스라엘 지역에서 여호사밧이 행한 종교 개혁은 아합에 대한 전체적인 평가에도 영향을 미친다. 역대기 저자는 열왕기상 22장을 문자적으로 그대

로 수용하고 있음에도 불구하고 엘리야 이야기(왕상 17:1-21:29)뿐만
아니라 아합의 종교적 태도에 대한 부정적 평가(16:29-34)와 그의 죽
음에 대한 신학적 평가(22:36-40)를 생략하고 있다.

라) "이스라엘 왕" 여호사밧

역대기 연구에서 여호사밧 이야기 중 19-20장은 여호사밧이 아
합과 행한 연합 전쟁에 대한 예언자의 비판(19:1-2)과 연결되어 해석
된다. 예를 들면 윌리엄슨은 역대기 저자는 19장과 20장에서 아합 가
문과의 혼인과 아합과의 동맹 전쟁으로 인해 여호사밧에게 내린 야훼
의 진노(19:2)가 첫째는 사법 개혁을 단행함으로써(19:4-11) 다음으로
는 이스라엘과 동맹하지 않고 온전히 하나님만을 의지하며 전쟁함으
로써(20:1-30) 철회되었음을 보여준다고 주장한다.[50] 이에 반해 루돌프
는 "그 후에"라는 중립적인 연결사를 근거로 20장의 전쟁을 19장 2절
이 의미하는 징벌로 보는 것을 거부한다.[51] 루돌프에 따르면 역대기 저
자는 정치적으로 그리 중요하지 않은 원정을, 왕과 이스라엘 백성이
지녀야 할 마땅한 태도를 보여주기 위해 테마로 삼은 것이다.[52] 필자는
루돌프의 해석을 받아들이면서 동시에 한걸음 나아가 19장과 20장은
온 이스라엘을 대표하는 통치자 여호사밧의 모습을 18장에서와는 완
전히 다르게 보여준다는 점을 밝힐 것이다.[53]

49 예를 들면 Mosis, *Untersuchungen*, 176.

50 Williamson, *Chronicles*, 279. 이와 유사하게 Becker, *2 Chronik*, 62; De Vries, *Chronicles*, 320.

51 Rudolph, *Chronikbücher*, 260; 같은 견해로 De Vries, *Chronicles*, 308; 328 참고.

52 Rudolph, *Chronikbücher*, 260.

북이스라엘과의 동맹에 대하여 책망을 받은 후 여호사밧 왕은 자신이 앞서 추진했던 개혁(17장)의 자리로 돌아온다. 그는 백성들을 하나님께 돌아오게 하고(19:4) 사법 개혁을 단행한다(19:5-11).[54] 그 후 모압, 암몬, 마온 사람들이 연합하여 여호사밧을 공격하는 일이 발생한다(20:1-30). 열왕기는 여호사밧의 전쟁을 암시하기만 할 뿐인데 반해(왕상 22:45) 역대기는 이 전쟁 과정을 상세히 보도한다.

큰 무리의 침략을 목전에 둔 여호사밧 왕은 두려워하며 야훼께 낯을 향하여 간구하고 "모든" 백성에게 금식을 공포한다(대하 20:3). 유다의 "모든" 성읍에서 온 유다 사람들이 예루살렘에 집결한다. 왕(20:3), 유다 사람(4a절), 유다의 모든 성읍에서 온 사람들(4b절)과 관련하여 세 번씩이나 반복되는 '야훼께 간구하다'(דרש יהוה)는 표현은 위협의 정도가 얼마나 대단한지를 보여주는 동시에 모든 무리의 야훼에 대한 전적인 신뢰를 보여준다. 하나님 신뢰는 반드시 보상을 받게 된다. 결론적으로 야훼는 이에 기적으로 응답하신다.

여기서 자주 쓰이는 "모든"이라는 단어는 여호사밧의 전쟁 승리는 참여한 모든 사람이 함께 한 공동의 성과임을 가르쳐 준다.[55] 그럼에도 불구하고 본문에서 여호사밧 왕의 대표적인 모습이 두드러지게 나타난다. 이미 여호사밧 왕은 백성에게 금식을 공포하여 전쟁 대비를 주도한다. 다음으로 여호사밧 왕은 성전 새 뜰에 모인 유다와 예루살

---

53 20장을 포로기 이후 이스라엘의 정체성 문제와 관련하여 해석하는 경우로 P. R. Davies, "Defending the Boundaries of Israel in the Second Temple Period: 2 Chronicles 20 and the 'Salvation Army,'" in *Priests, Prophets and Scribes: Essays on the Formation and Heritage of Second Temple Judaism*, ed. E. Ulrich, 43-54가 있다.

54 이에 대하여 정석규, "역대하 19장의 공시적인 해석," 『한영신학대학교 교수논단집』 6 (2002), 91-118; 소형근, "여호사밧의 사법 개혁," 『구약논단』 17, 2 (2011), 86-104 참고.

55 H.-P. Mathys, "Prophetie, Psalmengesang und Kultmusik in der Chronik," in *Prophetie und Psalmen*, eds. B. Hyuwyler, et al., 283.

렘의 회중 앞에 서서(5절) 백성의 대표로 기도한다.[56] 여호사밧은 야훼가 그의 백성 "이스라엘"에게 "그의 친구 아브라함에게 거룩한 땅을 영원히 주겠다는 약속으로" 이스라엘을 보장하시고(7-8a절) 어떤 곤경에서도 도움을 구하면 들으시는 계시 장소로(8b-9절) 성전을 주셨음을 상기한다.[57] 그러므로 여호사밧이 현재의 군사적 위기에서 야훼께 도움을 구하는 것은 정당하다.[58] 야훼의 간섭을 간구하는 것은 더더욱 정당하다. 세 민족이 거룩한 땅을 공격하는 것은(11절) 배은망덕의 표시이기 때문이다. 이스라엘이 약속의 땅에 들어올 때 이스라엘은 야훼의 약속에 따라 그들의 땅을 보호했었다(10-11절; 참조 신 2:1-19; 삿 11:15-17).[59] 여기서 유다 왕국은 국가 이전의 이스라엘의 후계자로 분명하게 강조되고 있다. 이것은 과거와 현재 이스라엘의 연속성과 정체성을 보여준다.[60] 또한 세 민족은 "이스라엘의 대적"으로 지칭된다(대하 20:29). "이스라엘"이라는 칭호는 "종교적으로 명예로운 이름"이며,[61] 이를 넘어서 온 이스라엘을 포괄한다(20:7, 10, 19, 29). 여기서 분명한 것은 여호사밧 왕이 아합과의 동맹 전쟁에서와는 완전히 다르게(32절) 이스라엘의 대표답게 처신하는 왕으로 그려 있다는 점이다. 역대하 20장은 여호사밧이 북왕국의 왕에게 종속된 역할을 취하는 열왕기하 3장을 변형한 것이라는 주장이 옳다면,[62] 여기서 여호사밧을 '온

---

56 P. C. Beentjes, "King Jehoshapat's Prayer. Some Remarks on 2 Chronicles 20, 6-13," *BZ* 38 (1994), 264-70에서 여호사밧 왕의 기도는 '국가 탄원시'로 규정된다.

57 Rudolph, *Chronikbücher*, 261 참고.

58 Rudolph, *Chronikbücher*, 263.

59 Rudolph, *Chronikbücher*, 261.

60 Coggins, *Chronicles*, 223-34. 이러한 특징은 대하 19장 8절의 사법 제도에서도 볼 수 있다.

61 Rudolph, *Chronikbücher*, 263.

62 예를 들면 Werlitz, *Die Bücher der Könige*, 200.

이스라엘'의 대표로 그리려는 역대기 저자의 의도는 더욱 뚜렷해진다. 이는 여호사밧 이야기에서 유다의 우위적 위치를 부각하고 여호사밧을 유다의 왕으로 강조하는 것과 동일선상에 있다.

이와 같이 여호사밧 왕을 긍정적으로 요약 평가한 후 역대기 저자는 저본을 확장하여 보도하기를 여호사밧이 "산당만은 철거하지 아니하였다"(20:33a; 왕상 22:44a)라고 한다. 이러한 보도는 산당과 아세라를 유다에서 제거했다는 17장 6절과 긴장을 이룬다. 그러나 17장 6절이 유다에서의 조치를 말하고 있기 때문에 이 구절은 문자적으로 이해하면 어려움 없이 해결된다. 즉 여호사밧은 유다에서는 산당과 아세라를 제거했지만 북이스라엘에서는 산당을 제거하지 않았다. 산당을 철폐하지 않은 이유를 역대기 저자는 저본에서 이탈하여 이렇게 언급한다(20:33; 참조 왕상 22:44b). "백성이 여전히 마음을 정하여 그들의 조상들의 하나님께로 돌아오지 아니하였더라." 이미 확인했듯이 여호사밧은 아세라 목상들을 북왕국에서도 제거하였다(19:3). 그러나 산당은 남겨두었는데 그것은 북왕국 백성들이 그들의 마음을 조상들의 하나님께 두지 않았기 때문이다(20:33). 이것은 북왕국 백성이 아닌 여호사밧에 대한 비판이다. 그러니까 여호사밧은 아사 왕과는 달리 혼인 관계를 통하여 북왕국의 산당을 제거할 위치에 있었음에도 불구하고(14:2; 15:17 참조), 온 이스라엘의 대표적인 통치자로서 북왕국 백성에게 긍정적인 영향을 끼치지 못했던 것이다. 이렇게 '유다'와 '유다의 왕'을 온 이스라엘의 대표적 기능으로 보는 역대기 저자의 관점은 사료 정보를 변형한 데서도 볼 수 있다. 여호사밧의 행적은 "유다의 열왕기"(왕상 22:46)가 아니라 "이스라엘 왕들의 책"(대하 20:34)에 기록되어 있다.[63]

통치 말기에 여호사밧은 다시 북이스라엘 왕 아하시야와 연합한다(대하 20:35). 아합과의 연합에서 실패한 후 두 해가 채 지나지 않았다. 열왕기의 보도에 따르면 여호사밧의 배가 파선하자 북이스라엘의 아하시야가 여호사밧에게 동역을 요구한다. 그러나 여호사밧 왕은 이 요구를 거절한다(왕하 22:48-49). 이에 반해 역대기에서 여호사밧 왕과 아하시야와의 동역은 처음부터 이루어진다(대하 20:36). 그들은 다시스로 보내고자 에시온게벨에서 선박을 건조하였다. 이것은 순전히 상업적인 목적에서 기인하였을 것이다. 그러나 엘리에셀은 여호사밧에게 심판을 선포한다. 이 심판은 야훼의 진노가 여호사밧에게 임하였으나 선한 일 때문에 약화되었던 19장 2절에서보다 훨씬 더 엄중하다. "왕이 아하시야와 교제하므로 여호와께서 왕이 지은 것들을 파하시리라!"(20:37). 예언자가 선포한 대로 배가 파선하여 여호사밧의 선박은 다시스로 가지 못한다. 이 자리에서 역대기 저자는 아하시야를 열왕기 저자처럼(왕상 22:52-54) "심히 악을 행하는 자"(대하 20:35b)로 규정한다. 이로 보아 이 비판은 "악인" 아하시야와 동역하는 여호사밧의 태도를 향한 것임이 분명하다.

마) 요약 및 소결론

여호사밧은 '온 이스라엘'을 위한 개혁을 단행함으로써 왕국을 공고히 다진 후 북이스라엘과 평화 관계를 체결한다. 그는 먼저 아합의 제안에 따라 길르앗 라못으로 연합 전쟁에 나선다. 야훼 선지자의 부

---

63 야펫은 실제로 역대기 저자의 사료로 사용된 두 작품 "유다와 이스라엘 열왕기"와 "이스라엘 열왕기"를 구별한다. 야펫은 후자가 일종의 연대기로서 세대에서 세대를 거쳐 당대의 예언자에 의해 기록되었다고 가정한다. Japhet, *2 Chronik*, 260 참고.

온 이스라엘 역사서 — 화해와 화합을 위한 역대기 구상

정적인 말씀을 듣고도 여호사밧은 아합 왕을 설득하지 않고 하나님이 허락하지 않은 전쟁에 나섬으로써 백성의 안녕과 평화를 해친다. 그런 고로 여호사밧은 하나님의 판결을 받는다. 그러나 북이스라엘에서 행한 다른 선한 일이 있어 여호사밧은 야훼의 은총을 입는다. 온 이스라엘의 대표적 지위를 인식한 여호사밧 왕은 다시 눈을 돌려 왕국을 정비하고, 외세의 공격에 처했을 때는 이스라엘을 대표하는 통치자로 행동한다. 그러나 그는 다시 북왕국의 왕 '악인' 아하시야와 교제한다. '악인'과의 연합은 다시 하나님의 심판을 초래한다.

그러므로 북왕국과 관련된 모든 거부는 북왕국 자체에 대한 것이 아니라 이스라엘과 인척 관계를 맺은 연합 상태에서 '온 이스라엘'을 대표하는 유다 왕의 처신에 대한 비판이라 할 수 있다.

2) 여호람에서 아달랴까지 (대하 21-23장)

가) 평행본문 비교

역대하 21-23장		열왕기상 22장-열왕기하 11장	
21:1	여호람 도입구	왕상 22:51	여호사밧 죽음과 후계자
-		22:52-54	아하시야 평가
-		[왕하1:1-8:15]	엘리야와 엘리사 이야기
-		8:16	여호람에 관한 도입구
21:2-3	여호사밧의 가족 정책		
21:4	여호람의 형제 살인		
21:5-7	여호람 평가	8:17-19	여호람 평가
21:8-10	에돔과 립나의 배반	8:20-22	에돔과 립나를 잃음
21:11	여호람의 제의적 죄		
21:12-15	엘리야의 편지	-	
21:16-17	또 다른 실패		
21:18,19상	여호람의 병		
21:19하	여호람의 죽음과 장사		
21:20상	결구	8:23	사료 정보
21:20하	장사	8:24	장사
22:1	아하시야의 즉위		
-		8:25	동시대적 기록
22:2	도입구	8:26	도입구
22:3-5	아하시야의 악한 길	8:27-28	아하시야의 악한 길
22:6	아하시야의 요람 병문안	8:29	아하시야의 요람 병문안
-		[9:1-26]	엘리야 이야기
22:7-9	아하시야의 종말	9:27-28	아하시야의 종말
-		[10:1-36]	엘리야 이야기
22:10	아달랴에 의한 유다 위기	11:1	아달랴에 의한 유다 왕조 위기
22:11-12	요아스 생명 구출	11:2-3	요아스의 생명 구출
23:1-11	요아스의 즉위	11:4-12	요아스의 즉위
23:12-15	아달랴의 종말	11:13-16	아달랴의 종말

온 이스라엘 역사서 — 화해와 화합을 위한 역대기 구상

나) 통치의 진공 시대

(1) 역대기 저자는 여호람이 즉위한 후 자기의 여섯 형제들(대하 21:2-3; 참조 11:23)과 지도층의 몇 사람들을 죽였다고 보도한다. 이러한 여호람의 행위에 대한 동기는 직접 언급되어 있지 않다. "여호람이 그의 아버지의 왕국에 대하여 일어나"라는 21장 4절로 미루어 보아 그 동기는 교만이었을 것이다(12:1 참조). 여호람의 형제 살인 행위에서 역대기 저자는 다윗 왕조의 위기를 감지한다. 이것은 역대기 저자의 저본 변형에서 분명하게 표현된다. 야훼가 그의 종 다윗 때문에 유다를 멸하고자 하지 않고(왕하 18:9) 다윗의 집을 보존하였다는 것이다(대하 21:7).[64] 역대기 저자에 의하면 여호람의 죄는 그가 이스라엘 왕들의 길을 따른 데 있다(21:6). 역대기 저자는 에돔과 립나의 배신(21:8, 10a)과 여호람의 정치적인 실패의 원인을 제의적 죄에서 찾는다. 여호람은 유다의 산에 산당을 세워 예루살렘 주민으로 하여금 우상을 섬기게 하였고 유다를 배신하게 하였다(21:10b, 11). 심지어 열왕기의 이 맥락에서는 전혀 등장하지 않는 예언자 엘리야가 편지(대하 21:12-15)로써[65] 여호람이 여호사밧과 아사의 길을 따르지 않고 이스라엘 왕들의 길을 따랐다고 질책한다(21:12, 13a).

왕에 대한 비교 평가에서 역대기 저자는 아합과의 관계가 아니라 바알 제의를 말하고 있다.[66] 여호사밧은 바알이 아니라 야훼를 좇았다

---

64 Rudolph, *Chronikbücher*, 266.
65 열왕기에 따르면 엘리야는 여호사밧이 사망하기 전에 승천하기 때문에 엘리야가 어떻게 여호람에게 편지를 전달할 수 있었는가 하는 문제가 발생한다. 이 때문에 주석가들은 대체로 이 편지를 역대기 저자의 것으로 간주한다. Curtis - Madsen, *Chronicles*, 415.
66 Japhet, *2 Chronik*, 267.

는 점에서 이스라엘과 같이 행하지 않았다(대하 17:3-4; 18:6; 22:9a). 이에 따르면 아합과의 혼인 관계는 여호사밧의 평가를 손상시키지 않는다.

예언자 엘리야는 이스라엘 왕들의 순응적인 태도에서 잘못의 원인을 찾는다. 내가 "오직 이스라엘 왕들의 길로 행하여 유다와 예루살렘 주민들이 음행하게 하기를 아합의 집이 음행하듯 하며 …"(대하 21:13). 역대기 저자는 아합의 딸 또는 누이인[67] 아달랴와 여호사밧의 아들 여호람의 결혼을 통한 두 왕국의 관계에서 악의 뿌리를 찾고 있다(21:6b; 참조 22:2). 그렇다면 역대기 저자는 유다는 온 이스라엘의 대표 기능을 인지해야 하며, 그러므로 남왕국이 북왕국에 끼쳐야 할 영향에 대하여 말하고자 하는 것이다. 그러므로 북이스라엘의 예언자 엘리야가 아합 왕조의 왕이 아닌 다윗 왕조의 왕에게 말하고 있다는 것은 결코 놀라운 일이 아니다(21:12-15).[68] 이 관점은 앞 단락과의 연관성 속에서 여호사밧에 대하여는 "이스라엘의 왕"(21:2b)을, 유다에 대하여는 "이스라엘"(21:4)이라는 칭호를 사용함으로 강조된다. 북왕국의 영향의 결과로 여호람이 저지른 형제 살인과 제의적 배신에 따른 징벌은 삶의 모든 영역과 가족, 소유와 건강에까지 미칠 것이라고 선포된다(21:14-15). 이렇게 여호람의 아들들은 막내아들 아하시야를 제외하고 블레셋과 아라비아 사람에 의해 죽임을 당한다(21:17b; 22:1).

(2) 역대기 저자에 따르면 여호람의 아들 아하시야는 그 누구보다 더 북이스라엘 왕국의 영향 아래 있었다. 이것은 아하시야 이야기에서

---

67 마소라 본문의 왕하 8:26과 대하 22:2은 '오므리의 딸'로, 페쉬타와 불가타는 '오므리의 누이'로 읽는다.

68 Ben Zvi, "The Secession of the Northern Kingdom in Chronicles," 61-88, 특히, 86과 각주 67번.

아달랴의 치명적인 영향이 여러 차례 강조되는 것으로 입증된다. "그
는 아합의 집의 길을 따랐다."(대하 22:3-4). 아달랴는 미성년의 아들 아
하시야가 즉위하자 통치권을 넘겨받는다. 아달랴의 영향 아래 아달랴
의 조언에 따라 아하시야는 아합의 아들 요람과 함께 아람의 왕 하사
엘에 대항하기 위해 길르앗 라못으로 전쟁하러 간다(22:5). 아하시야
는 '하나님의 역사'[69] 때문에 아람의 습격에서 목숨을 구하지만 상처
입은 요람을 문병했을 때 예후의 쿠데타에 희생된다(22:7, 9a). 예후에
의해 아하시야가 죽고 난 후 유다 왕국에는 왕의 자격을 가진 그 누구
도 생존하지 않게 된다(9b절).

(3) 역대기 저자는 아달랴가 자기 아들들이 죽자 "왕국의 온 씨"를
멸하였고(22:10) 이로써 다윗 왕조는 심각한 위기에 처하게 되었다고
보도한다. 이것은 다윗 왕가에게 있어 위기의 절정을 의미했다. 또한
역대기는 아달랴가 성전과 제의를 무너지게 하였으며 백성을 우상 숭
배로 이끌었다고 전한다. 왜냐하면 악인 아달랴와 그의 아들들이 하나
님의 집을 무너지게 했으며, 성전의 모든 제물을 바알을 위해 사용했
기 때문이다(24:7).

(4) 위에 언급한 유다 왕들의 평가에는 북이스라엘의 부정적인 영
향이 그 배경에 있음을 볼 수 있다. 요람은 "아합의 집이 행하듯이 이
스라엘 왕들의 길을 따랐"고(대하 21:6//왕하 8:19; 대하 21:13), 아하시야
는 아합 왕조의 노선을 따르며 아합의 집과 같이 야훼의 맘에 들게 하
지 않았다(대하 22:3-4//왕하 8:27). 역대기 저자에 따르면 유다의 왕들

---

69 Rudolph의 제안에 따라 역대하 22장 7절의 תבוסת (〈테부사트〉, 멸망을 의미하는 '유린하다')
   대신 נסבת (〈네시밧트〉, '하나님의 역사,' 10:15 참조)로 읽는다. BHS 참고.

은 온 이스라엘을 대표하는 통치자로서 북이스라엘을 선도해야 함에도 불구하고 이스라엘 왕들의 길을 좇았던 것이다. 여기서 역대기 저자가 재앙적인 결과에 대한 이유를 두 왕가의 혼인 관계 그 자체에서 보는 것이 아니라 북왕국의 부정적인 영향에서 찾고 있음을 분명히 알 수 있다. 역대기 저자는 저본의 요담에 대한 사료 정보(왕하 8:23)를 의도적으로 생략하고 있는데 이로써 역대기는 북이스라엘에 매우 종속되었던 두 왕, 즉 여호람과 아하시야의 시대를 다윗 왕조 통치의 진공 상태로 제시하려 했음을 알 수 있다. 이 점은 역대기 저자가 두 왕국의 무조건적인 통일을 지향하는 것이 아니라는 사실을 가르쳐 준다. 역대기 저자는 철저히 남북 이스라엘의 화합에 관심을 두고 있지만 그렇다고 해서 어떤 특정한 방식이 아닌 무조건적인 남북 왕국의 화합 자체를 추구하는 것은 아니다. 무조건적인 화합과 통일은 거부하면서 올바른 형태의 통일을 지향하는 것이 역대기 저자의 관점이다. 역대기 저자에 의하면, 화합과 통일은 합법적인 통치권을 가진 왕국의 지휘 아래 이루어져야 하며, 그때야 비로소 분열 왕국 백성의 안정과 평화가 보장된다는 것이다. 한마디로 북왕국의 지휘권 아래 이루어지는 통일은 잘못된 형태라는 말이다. 그러므로 유다의 왕들은 온 이스라엘을 대표하는 통치자로서 온 백성을 위한 그들의 책임을 항상 지각해야 한다. 이러한 관점은 역대하 25장의 아마샤 이야기에서, 특히 많은 주석가들이 역대기 저자가 북왕국에 대하여 부정적인 입장을 지녔다는 주장의 근거로 삼는 17-24절을 통해 더욱 강화된다.

다. "여호와께서 에브라임과 함께 하지 아니하신다!" (대하 25장)

1) 들어가는 말

여호사밧은 아사 왕 시대까지 계속되었던 북이스라엘과의 갈등 관계를 아합과 인척 관계를 맺음으로써 이스라엘의 재통일을 위한 길로 바꾸어 놓았다. 그러나 연합한 이스라엘과 유다의 대표권을 지닌 여호사밧 왕과 여호람과 아하시야는 북이스라엘에 긍정적인 영향을 끼치기보다는 오히려 그들로부터 악한 영향을 받았다. 그리하여 여호람과 아하시야 시대에 유다는 북왕국 왕들의 영향 아래 종교적 타락으로 치닫게 된다. 종국에는 유다에 새로운 전환이 가능한 것인지, 그 타락에서 벗어날 수 있기나 한 것인지 회의적인 상태까지 이르게 되었다. 결혼을 통한 연합은 엘리야의 편지가 시사해 주듯이(대하 21:12) 실질적으로 두 왕국의 정치적 지리적 통일을 가져왔지만 그러나 신앙 없는 북왕국 왕들과의 연합은 다윗 왕정의 존속을 위협하고 해결책을 찾을 수 없는 사태까지 벌어지게 하였다. 북왕국이 남왕국에 끼친 부정적인 영향으로 남왕국에서는 악행과 우상 숭배가 자행되고, 제의가 변질되는 결과가 초래되었다. 유다 왕들을 북왕국의 왕들과 비교 평가함으로써(17:4; 21:6; 22:4) 역대기 저자는 무엇보다도 유다 왕들이 이스라엘 왕들의 태도에 동화·순응한 것이 부정적인 결과의 씨앗이었다고 말한다.

여호사밧과 여호람, 아하시야 왕에 관한 기사에서 북왕국과 연합한 유다 왕들이 북왕국의 '악한' 왕들의 태도에 순응하여 왕국의 멸망을 초래하였다고 함으로써 북왕국에 관한 부정적인 판단이 간접적으로 나타난 반면, 25장에서는 직접적으로 야훼께서 에브라임 즉, 북왕국과 함께 하시지 않는다고 선포되고 있다(25:7b). 이 말을 하나님의 사람이 직접 말하게 함으로써 역대기 저자는 북이스라엘에 대한 자신의 입장이 '반이스라엘'(Anti-Israel)이라는 것을 극명하게 보여주고자 하는 것 같다. 아합 왕조와의 연합이 유다 왕국에 끊임없이 부정적인 결과를 초래한 사실을 감안하면, 이 신랄한 선언 뒤에는 모든 북이스라엘 백성 또는 북왕국에 대한 역대기 저자의 단호한 거부감이 숨어 있는 듯 보인다. 이러한 인상이 정당한 것인지, 만일 그렇지 않다면 이 단언은 구체적으로 무엇을 의미하는지, 본문을 자세히 살펴봄으로써 확인해 보기로 하자.

2) 평행본문 비교

(1) 역대기에서 열왕기하 14장 3b, 4절은 생략되어 있다. 즉 조상 다윗과 아버지 요아스의 비교 평가와 산당들을 제거하지 아니하여 백성들이 산당에서 분향하였다는 보도가 빠져 있다. 이것은 여호사밧의 산당 제거(대하 17:6)와 요아스 시대의 종교 개혁(23:16-21)을 반영한 결과로 보인다.

(2) 다윗과 요아스와의 비교 평가(왕하 14:3b)는 "온전한 마음으로 행하지 않았다".(대하 25:2b)로 변형되어 나타난다.

(3) 역대기의 에돔 전쟁 보도(대하 25:5-16)는 열왕기하 14장 7절 한 구절에 해당된다. 이 가운데 특히 이스라엘 용병과 아마샤의 에돔 신 분향에 관한 기사는 역대기의 특수 자료에 속한다.

위에서 살펴본 대로 역대하 25장 5-16절은 열왕기하의 한 구절이

역대하 25장		열왕기하 14장	
1	도입구	2	도입구
2	평가	3-4	평가
3-4	요아스의 암살자 처단	5-6	요아스 암살자 처단
5-10	용병 모집		
11-12	에돔 전쟁 승리	7	에돔 전쟁 승리
13	에브라임 사람의 약탈		
14-16	아마샤의 에돔 신 숭배		
17	요아스에 대한 아마샤의 도전	8	요아스에 대한 아마샤의 도전
18-19	요아스의 답변	9-10	요아스의 대답
20	신학적 주석		
21	아마샤와 요아스의 전쟁	11	아마샤와 요아스의 전쟁
22-23a	유다의 패전	12-13a	유다의 패전
23b	예루살렘 성벽 파괴	13b	예루살렘 성벽 파괴
24	성전과 왕궁 곳간 약탈	14	성전과 궁전 곳간 약탈
		15-16	요아스의 남은 사적
25-26	아마샤의 생존과 사료 정보	17-18	아마샤의 생존과 사료 정보
27-28	라기스에서 암살	19-20	아마샤의 암살

확장된 것이다. 열왕기는 "아마샤가 소금 골짜기에서 에돔 사람 만 명을 죽이고 또 전쟁을 하여 셀라를 취하고 이름을 욕드엘이라 하였더니 오늘까지 그러하니라"(왕하 14:7)라고 보도한다. 열왕기는 '셀라'의 정복과 이 성읍의 개명을 보도하는 반면, 역대기는 에돔과의 전쟁에서 승리한 아마샤가 "바위"(히, 〈셀라〉) 꼭대기에서 전쟁 포로를 잔인하게 다루는 모습을 보여주고 있다(대하 25:11-12). 여기에는 에돔에 대한 후대 유대인들의 증오가 담겨 있을지도 모른다(옵 1장 참조). 이 보도에다가 역대기 저자는 전쟁의 승리 과정과 그 이후의 사건을 추가한다. 즉 아마샤가 전쟁을 위하여 용병을 모집한 일(대하 25:5-10)과 용병들의 반응(13절), 그리고 아마샤가 전쟁에서 승리한 후 에돔 신들을 가져와 경배하고 이에 대한 선지자의 경고를 무시한 일(14-16절)이다.

3) 아마샤 시대의 유다와 이스라엘

가) 이스라엘 용병과 에돔 전쟁

(1) 아마샤 이야기에 나오는 "여호와께서 에브라임 자손 즉 북이 스라엘과 함께 하지 아니하신다."(25:7b)는 예언자의 선언에는 역대기 저자의 북이스라엘에 대한 반감이 표현되어 있다고 많은 주석가들은 보고 있으며, 따라서 역대기 저자의 북이스라엘에 대한 입장은 '반이 스라엘적'이라고 결론지었다.[70] 그러나 몇몇 주석가들은 이 부정적인 선언이 북왕국에 대한 일반적인 거부가 아니라는 입장에 동의한다.[71] 특히 사라 야펫은 이 진술은 역대하 15장 2절[72]이 말하는 의미로의 야 훼에 대한 신뢰를 강조하는 것이며, 또 에돔 전쟁에 국한된 것임을 분 명히 하였다.[73] 그러나 야펫은 이러한 설명 다음에 북이스라엘의 에돔 전쟁의 참여가 왜 승리를 가져다 주지 않는지 그 이유에 대하여 북이 스라엘의 "원죄"가 북이스라엘군과 함께 하는 유다로부터 승리의 기 회를 전면 박탈시킨다고 설명한다.[74] 야펫이 말하는 북이스라엘의 원 죄는 왕국 분열이다. 이스라엘의 이 죄 때문에 야훼는 이스라엘을 이 전쟁에서 배제시키는 것이라고 야펫은 지적한 것이다.[75] 그에 대한 증

---

70 von Rad, *Geschichtsbild*, 29 이하; Rudolph, *Chronikbücher*, IX; Coggins, *Chronicles*, 245; Dillard, *2 Chronicles*, 199; Johnstone, *2 Chronicles*, 154; Knoppers, "Yhwh is Not with Israel," 621.

71 예를 들면 Williamson, *Chronicles*, 329; Japhet, *Ideology*, 321.

72 "너희가 만일 그를 찾으면 그가 너희와 만나게 되시려니와 너희가 만일 그를 버리면 그도 너 희를 버리시리라."

73 Japhet, *Ideology*, 322 참고.

74 Japhet, *Ideology*, 321;

75 Japhet, *2 Chronik*, 317.

거로 야펫은 역대하 28장 10절을 들고 있다. 비록 야펫은 25장 7절의 언급에서 역대기 저자의 반이스라엘적인 입장을 부인하고 있기는 하지만, 그러나 북이스라엘의 원죄를 주장함으로써 결국 북이스라엘에 대한 역대기 저자의 반(反)이스라엘 사상이 처음부터 존재하고 있음을 시인하고 있다. 야펫에게서 볼 수 있듯이 역대기 연구에서 북왕국과 그 백성은 자주 왕조 창건이라는 반역(13:4-12)의 관점 아래 평가된다. 다시 말해 북이스라엘에게는 "원죄"가 있다는 것이다.[76] 그러나 필자가 보기에 본문에서 드러나는 야훼에 대한 신뢰 강조는 이러한 해석을 뒷받침하지 않는다. 본문을 자세히 들여다보자.

아마샤 왕은 처음부터 에돔 원정을 계획하고 전쟁을 준비했던 것 같다.[77] 모집한 용사가 삼십만이었는데 그 규모가 예상보다 작았던 듯하다(25:5).[78] 그리하여 아마샤는 은 백 달란트로 이스라엘에서 큰 용사 십만 명을 고용한다(6절). 역대기 저자는 아마샤가 북이스라엘의 용병을 모집하는 일에서 이미 아마샤의 마음이 야훼 보시기에 온전하지 못하였다고 평가한다(25:2b). 군사력이 부족하자 용병을 모집하기로 결정함으로써 아마샤는 처음부터 믿음의 부족을 드러낸다.[79] 이러한 아마샤의 모습은 자신의 군대가 단지 대적의 반 정도에 불과했지만 야훼를 신뢰했던 초기의 아사 왕(14:10 이하)과 대조된다.[80] 따라서

---

76 Williamson, *Chronicles*, 329; Thompson, *Chronicles*, 321; Johnstone, *2 Chronicles*, 154도 이러한 방향으로 해석한다.

77 Rudolph, *Chronikbücher*, 281; Japhet, *2 Chronik*, 315.

78 다윗의 군대 110만+47만(대상 21:1,4; 27:23-24), 솔로몬의 군대 15만 3,600(대하 2:17), 아사의 군대 58만(14:7), 여호사밧의 군대 116만(17:14-19), 웃시야의 큰 용사 2,600, 군대 30만 7,500(26:11-13).

79 P. R. Ackroyd, *I & II Chronicles*, 163

80 아사의 군대는 58만인 반면, 세라의 군대는 군사 100만과 병거 300대였다(14:9).

하나님의 사람이 아마샤에게 한 경고는 야훼에 대한 왕의 신뢰 결핍을 지적한 것이다. 역대기 저자에게 모든 동맹은 야훼에 대한 신뢰 부족의 표현이다. 예를 들면 아사 왕은 북왕국의 침략에 직면하자 벤하닷에게 성전과 궁전의 창고를 털어 바치면서 북왕국에 군사적으로 개입할 것을 부탁하였다(16:2-3). 이러한 아사 왕의 행위는 선견자 하나니로부터 믿음 부족으로 판정받고(16:7-8), 아람과의 동맹에 대한 징벌로 지속적인 전쟁이 아사 왕에게 선포되었다(16:9).[81] 그러나 이러한 아사 왕과는 달리 하나님의 사람의 경고를 들은 아마샤는 하나님의 말씀에 순종한다. 그는 야훼를 신뢰하고 이미 많은 돈을 지불하여 고용했던 용병을 돌려보냈던 것이다. 하나님 말씀에 대한 순종은 에돔 전쟁에서의 승리로 보답받는다(25:11; 왕하 14:7). 야훼를 의지하고 용병들을 돌려보낸 아마샤는 담력을 내어 백성을 거느리고 전쟁에 나서고, 유다 자손은 세일 자손 만 명을 죽이고 또 만 명을 사로잡아 바위에 밀쳐 내려뜨려 죽인다(25:11-12). 이로 볼 때 "여호와께서 에브라임과 함께 하시지 아니하신다"는 7절의 진술은 북이스라엘과의 동맹 자체를 비판하는 것이 아님이 분명하다.[82] 이 진술은 오로지 하나님만이 돕는 힘이시며 그러므로 오직 하나님만을 의지하라는 말을 하기 위한 배경에 불과한 것이지 결코 북왕국에 대한 거부 자체를 말하는 것이 아니다. 하나님은 능히 돕기도 하시고 능히 패하게도 하시기 때문이다(25:8). 역대기 저자에 따르면 재앙을 초래하는 것은 북이스라엘과의 동맹이 아니라 다름아닌 하나님 신뢰의 결핍이다. 따라서 야훼가 이스

---

81 또 다른 예로 18:3 이하; 22:5의 연합 전쟁 참고.
82 Williamson, *Chronicles*, 329; Knoppers, "Yhwh is Not with Israel," 621에 반대한다.

온 이스라엘 역사서 — 화해와 화합을 위한 역대기 구상

라엘과 함께 하지 않으신다는 말은 이스라엘 용병의 참전이 전쟁에서의 패배를 가져온다는 의미가 아니다. 오히려 그 배후에는 하나님이 이스라엘 용병을 후원하시기 때문에 이들의 도움으로 승리할 수 있다고 생각하는 유다 왕 아마샤의 잘못된 생각이 서려 있다. 예언자의 단언적 선언은 바로 이 점을 비판하는 것이다.

(2) 아마샤는 승리는 군사에 있는 것이 아니라 하나님께 달렸다는 하나님의 사람의 말을 듣고 고용한 용사들을 고향으로 돌려보낸다 (25:10a). 그런데 기대와는 달리 전쟁에 참여하지 못하게 된 이스라엘 용병들은 분에 차 고향으로 돌아가는 길에(25:10b) 유다 성읍을 약탈하고 사람 삼천 명을 죽이며 그들의 물건을 노략질한다(13절). 이스라엘 용병들이 이러한 약탈 행각을 벌인 이유는 무엇일까? 많은 주석가들이 가정하듯, 그들이 전쟁에서 기대하였던 전리품을 받지 못했기 때문일 수 있다.[83] 그러나 이 주장은 충분한 설명이 되지 못한다. 왜냐하면, 첫째, 왕과 하나님의 사람과의 대화가 암시해 주듯이, 용병들은 이미 충분한 대가를 받았기 때문이다. 이스라엘 용병과 함께 전쟁에 임하지 말라는 하나님의 사람의 경고를 들은 아마샤 왕의 첫 반응은 이미 지불한 돈에 대한 아까운 마음이었다. "내가 이스라엘 군대에게 지불한 백 달란트는 어떻게 되는 것입니까?"(9a절 사역) 그러자 하나님의 사람은 위로의 말로 응답한다. "여호와께서 능히 이보다 많은 것을 왕에게 주실 수 있습니다."(9b절 사역) 둘째, 용병들의 지나칠 정도의 약탈 행각을 단순히 전리품을 기대했다가 실망한 데서 나온 것으로 보

---

83 Williamson, *Chronicles*, 329; Becker, *2 Chronik*, 82; Thompson, *Chronicles*, 322; Japhet, *2 Chronik*, 318; Johnstone, *2 Chronicles*, 157.

기 어려운 까닭은 그들이 일종의 보복을 자행했다는 인상을 주기 때문이다.

> 아마샤가 이에 에브라임에서 자기에게 온 군대를 나누어 그들의 고향으로 돌아가게 하였더니 그 무리가 유다 사람에게 심히 노하여 분연히 고향으로 돌아갔더라(10절) … 아마샤가 자기와 함께 전장에 나가지 못하게 하고 돌려보낸 군사들이 사마리아에서부터 벧호론까지 유다 성읍을 약탈하고 사람 삼천 명을 죽이고 물건을 많이 노략하였더라(13절)

13절에서 "사마리아에서 벧호론까지"라는 표현은 본문상의 문제를 안고 있다. 왜냐하면 역대기는 곳곳에서 사마리아 남쪽은 당시에 유다 왕국에 속한다고 말하고 있기 때문이다(대하 13:19; 15:8; 16:1, 6 참조).[84] 따라서 루돌프처럼 이 구절은 "사마리아에서부터 나와 유다의 성읍으로 들어가 벧호론까지"라고 이해할 때 가장 매끄럽다. 그러나 이러한 읽기도 허용되지 않는데 그 이유를 루돌프는 다음과 같이 세 가지를 제시한다. (a) 단어의 위치가 지지해 주지 않으며, (b) 히브리어 מן … ועד ⟨민 … 베아드⟩가 "어디에서 어디까지"를 의미하고, (c) 이들이 집으로 돌아가는 길이기 때문에 "사마리아에서부터"가 불필요하다는 것이다. 따라서 루돌프는 피해 지역이 불분명하게 쓰였을 것이라고 결론짓고 "사마리아"를 유다 지명에 대한 필사 오류로 간주하면서 이를 '미그론'(사 10:28; 삼상 14:2)으로 읽어 전체를 조화시킨다.[85] 이와는

84　Rudolph, *Chronikbücher*, 279.

85　Rudolph, *Chronikbücher*, 279; 참고 Thompson, *Chronicles*, 322.

온 이스라엘 역사서 — 화해와 화합을 위한 역대기 구상

달리 야펫은 지리적 정치적 상황에 관한 가설을 근거로 사마리아에서 벤호론에 이르는 에브라임 지역 안에 유다에 속한 성읍들이 있었다고 가정한다(대하 17:2; 19:4 참조).[86] 이렇듯 본문상의 문제에도 불구하고 본문이 분명히 말하는 바는 다음 두 가지 사실이다. 첫째, 용병들은 다름아닌 유다의 성읍을 약탈하였으며, 둘째, 이것은 일종의 보복 행위였다. 역대기에서 아마샤의 에돔 전쟁 승리가 하나님 말씀을 순종한 보상으로 그려져 있다는 점에서(25:11-12) 이스라엘 용병들의 약탈과 강도 행각은 해석의 문제를 일으킨다. 왜냐하면 역대기의 아마샤 이야기 전체에서는 일관적으로 응보 원리가 중요하게 작용하고 있기 때문이다. 역대기에 따르면 아마샤 왕은 부왕의 암살자들을 율법에 따라 처단하였으며(25:3-4), 북이스라엘과의 전쟁에서 패배한 것은 에돔 신들에 대한 숭배의 결과였고(16, 20절), 또 암살 음모에 휘말리고 도피하다가 죽음을 맞게 된 것은 야훼를 저버렸기 때문이었다(27절). 아마샤 이야기 전체에서 일관되게 흐르는 이러한 응보 원리가 유독 이스라엘 용병의 약탈 행각에서만 깨진다. 이러한 점을 근거로 야펫은 역대기의 아마샤 이야기가 왕정 시대 두 왕국의 지역적인 적대감과 불안정을 반영하고 있다고 가정한다.[87] 야펫은 유다 왕 아마샤가 북이스라엘 왕 요아스에게 사로잡힌 후(23절) 그의 아들 웃시야가 이스라엘 왕 요아스의 주도 아래 섭정 왕으로 지명되었다(25절)는 일반적인 가정에 기초하여[88] 아마샤가 통치하는 전체 기간 동안에 유다 왕국은 이스라엘 왕국에 종속되었다고 결론 내린다.[89] 이러한 설명은 당시 북이스라엘

---

86   Japhet, *2 Chronik*, 318.
87   Japhet, *2 Chronik*, 313 참고.
88   Japhet, *2 Chronik*, 322 참고.

과 남유다의 관계를 매우 설득력 있게 제시하지만 그럼에도 이스라엘 용병 이야기를 통한 역대기 저자의 신학은 밝히지 못하고 있다. 이스라엘 용병들의 보복 행위에 관한 단락을 잘 이해하기 위해서는 다음의 이야기를 주의 깊게 관찰해야 할 것이다.

나) 요아스의 우화

에돔 전쟁에서 승리를 통하여 용기를 얻은(대하 25:11-12, 19a) 아마샤는 이스라엘 왕에게 도전장을 내민다(17절). 이 일이 "상의"(יעץ의 니팔형)에 의해 결정되었다는 말이 암시하듯(17a절) 아마샤의 도전은 유다가 북이스라엘 용병을 통해 감수해야 했던 큰 손실과 연관되어 있을 것이다.[90] 아마샤는 이스라엘을 징벌하고 이를 통하여 손실을 보충하고자 했을 것이다. 여기서 역대기 저자는 동사 어근 יעץ 〈야아츠〉로써 14-16절의 사건과 17절 이후의 사건을 서로 연결시킨다. 아마샤는 패배한 에돔인들의 신들에게 경배하고 예언자를 학대함으로써 어리석음을 드러내었다(14-16a절). 그리하여 하나님은 아마샤를 멸하시기로 "작정"(יעץ의 칼형)하셨다(16b절). 역대기 저자에 따르면 아마샤가 "상의"하여(יעץ의 니팔형) 내린 이스라엘과의 전쟁 계획은 어리석은 것이며(17a절), 그러므로 곧 징벌이 뒤따를 것임을(16a절) 암시한다.

유다 왕 아마샤의 도전에 이스라엘 왕 요아스는 하나의 우화로 응수한다. "레바논 가시나무가 레바논 백향목에게 전갈을 보내어 이르

---

89 Japhet, *2 Chronik*, 323-25 참고.
90 I. Meyer, *Gedeutete Vergangenheit. Die Bücher der Könige - Die Bücher der Chronik* (SKK. AT 7; Stuttgart 1994), 131 참고.

기를 네 딸을 내 아들에게 주어 아내로 삼게 하라 하였더니 레바논 들짐승이 지나가다가 그 가시나무를 짓밟았느니라"(25:18). 레바논의 가시나무가 레바논의 백향목에게 사신을 보내 그 딸을 며느리로 달라고 말하자 레바논의 들짐승이 가시나무를 짓밟고 해쳤다는 짧은 이야기이다. 이 우화는 분명히 교만과 그 결과에 대해 말하고 있다. 이 우화로써 역대기 저자는 교만이 아마샤로 하여금 우상을 섬기게 하고(14b절) 북이스라엘에 도전하게 하였다는 것을 분명히 지시한다. 그러나 여기서 우리는 요아스가 이 우화로 현재의 상태에 대해 말하는 것이라고 결론 내릴 수만은 없다. 왜냐하면 야펫이 말하듯 아마샤는 평화로운 관계를 제안한 것이 아니라 전쟁 도전장을 던지고 있기 때문이다. 또 요아스가 아마샤에게 답변하고 있으며, 아마샤의 멸망은 제삼자에 의해서가 아니라 요아스 자신이 초래하기 때문이다.[91] 그러므로 이 우화는 아마샤와 요아스의 관계를 빗대어 말하는 것이 아니라 앞서 언급된 용병의 모집과 그 결과에 대해서 말하는 것으로 보는 것이 더 알맞을 것이다. 이 관점 아래 우화를 아마샤와 요아스의 관계에 적용한다면 비유적으로 다음과 같은 의미가 나온다. 아마샤는 이스라엘 왕 요아스에게 에돔 전쟁에 함께 참여할 것을 요구하였다. "레바논 가시나무"가 "레바논 백향목"에게 딸을 요구했다는 우화로 미루어 보아 아마샤의 요구는 아마샤가―적어도 요아스가 보기에는―자신의 분수를 알지 못하고 한 지나친 것이었다. 그 요구의 구체적인 내용은 알 수 없지만 요아스에게는 얼토당토않은 것이었을 것이다. 그래서 요아스는 이를 무시하고 거절했던 것으로 보인다. 그리하여 에돔 전쟁을 계

---

91 Japhet, *2 Chronik*, 320.

획한 아마샤는 부족한 군사를 용병으로 보충해야 했고 이를 개인적인 협약을 통해 모집했어야 했을 것이다. 루돌프는 이 용병들을 "수입이 없는 북왕국 주민으로서 식량을 얻기 위해 외국으로 떠돌아다니는 사람들"이라고 밝힌다.[92] 이와 유사하게 야펫도 그 당시에 북왕국의 중앙 권력에 종속되지는 않았지만 부대에 준하는 연합군이 지역적 차원에서 존재했다고 가정한다.[93] 아마샤는 이들을 용병으로 고용하였다가 바로 되돌려보낸 것이다. 바틀렛은 아마샤가 용병과의 협약을 취소한 것은 당시 이스라엘과 에돔이 호혜 조약 관계를 유지하고 있었기 때문에 이스라엘의 용병들이 에돔을 공격하지 않을 수 있다고 생각했기 때문이라고 가정한다.[94] 결론적으로 말하면 요아스 왕은 용병의 유다 약탈을 이 과정에 대한 징벌로 해석하고 있다. 여기서 북왕국의 요아스 왕은 특히 세 번이나 반복되는 "레바논의 가시나무", "레바논의 백향목", "레바논의 짐승"이라는 특징으로 북왕국과 남유다가 공유하는 공동의 정체성을 강조하고 있다.

다) 아마샤의 패전과 사로잡힘

이스라엘 왕 요아스는 아마샤의 도전을 재차 교만으로 규정짓는다. 아마샤는 이스라엘 용병 없이도 전쟁에서 승리하였기 때문이다. "네가 에돔 사람들을 쳤다고 네 마음이 교만하여 자긍하는도다"(25:19a). 아마샤의 교만을 지적한 후 요아스 왕은 다음과 같이 말한다. "네 궁에

---

92 Rudolph, *Chronikbücher*, 281

93 Japhet, *2 Chronik*, 315,

94 J. R. Bartlett, "The Land of Seir and the Brotherhood of Edom," *JTS* (1969), 14-15.

온 이스라엘 역사서 ─ 화해와 화합을 위한 역대기 구상

나 있으라 어찌하여 화를 자초하여 너와 유다가 함께 망하고자 하느냐"(19b절). 요아스는 이 말로 형제 전쟁을 피하고자 한다.[95] 이 점에서 요아스의 말은 분열 직후 북왕국을 치려는 르호보암과 유다 백성에게 "네 형제와 싸우지 말라"고 하신 하나님의 말씀(11:4)과 아비야가 여로 보암에게 한 "여호와께 대적하지 말라"는 호소(13:12)와 같은 선상에 있다 하겠다. 그러나 여로보암처럼(13:13) 아마샤도 요아스의 호소를 일축해 버린다(25:21). 그러므로 요아스는 아마샤에 대항한 전쟁을 시작한다. 역대기 저자는 이렇게 아마샤가 요아스의 경고를 듣지 아니한 것은 "하나님께로 말미암은 것"이라고 말한다(25:20). 즉 에돔 전쟁에서 승리한 후 아마샤가 에돔의 신들을 가지고 와 자기의 신으로 삼았을 때[96] 이를 경고한 선지자의 말을 듣지 않고 거절하였기 때문에 하나님은 아마샤를 멸하기로 작정하셨던 것이다(14-16절). 결과적으로 아마샤는 북왕국과의 전쟁에서 대패한다. 아마샤는 사로잡히고 예루살렘 성벽의 파괴를 목도한다. 또한 아마샤 왕의 성전과 궁전은 약탈당한다(22-24절). 하나님의 왕국을 상징하는(12:9 참조) 성전과 궁전의 보물이 북이스라엘로 이동된 것이다.[97] 이것은 야훼의 통치권이 북왕국으로 이양되었음을 상징한다. 그러나 이것은 교훈적인 징벌이었다(12:8 참조). 아마샤는 요아스가 죽은 후에도 십오 년간 더 생존한다(25:25).

신명기 역사서에 나타나 있듯이 여기에는 두 왕국의 대결 상태가 분명하게 반영되어 있다.[98] 그러나 역대기 저자는 아마샤의 교만이 이

---

95   Japhet, *Ideology*, 314도 같은 견해를 갖고 있다.
96   요아스의 이러한 행동 배후에는 패배한 나라의 신들이 그들의 백성을 버리고 대적 백성을 돕기 위해 그들에게 갔다는 사상이 있을 것이다. 그래서 승자는 다음 전쟁에서의 신들의 도움을 확보하고자 하는 노력으로 그 신들을 취한다. 참고 Thompson, *Chronicles*, 322-23 참고.
97   Johnstone, *2 Chronicles*, 161 참고.

전쟁의 원인이었으며 하나님이 아마샤를 징벌하기 위하여 아마샤로 하여금 요아스의 경고를 무시하게 하셨다고 분명히 말하고 있다(25:20). 이러한 사실적인 설명에다 남북 전쟁에 대한 신학적인 근거가 추가된다. 즉 아마샤는 패배한 에돔인들의 신들을 예루살렘으로 가져왔으며 그들을 섬기고 그들에게 제사를 드렸던 것이다(25:14, 20). 이러한 아마샤의 태도 변화는 "아마샤가 돌아서서 여호와를 버렸다"(25:27)는 추가적인 언급을 통해 종결구에서 거듭 분명하게 확인된다. 역대기 저자가 북왕국에 의한 유다의 패배를 에돔 전쟁과 연결시키고 또한 아마샤의 교만을 하나님의 일로 해석하는 것에서 우리는 역대기 저자가 이 대결 상태를 근본적인 성격의 것이 아니라 완전히 특수한 상태에서 발생한 것으로 간주한다는 것을 알 수 있다. 여기서 역대기 저자는 북이스라엘을 유다에 대한 하나님의 도구로 기술하기를 주저하지 않는다. 하필이면 "야훼가 함께 하지 않는다"(25:7)는 말의 대상이었던 북왕국이 야훼의 징벌 도구로 사용되고 있다는 사실은 놀라운 일이 아닐 수 없다![99] 그러나 하나님의 도구로서의 북왕국은 유다에 대한 하나님의 징벌을 수행하는 기능만을 맡은 것이 아니라 형제라는 공동의 정체성을 일깨워 주는 교육적인 목적에 이바지하기도 한다.

남왕국 유다가 북왕국과의 전쟁에서 패하였고 그 왕 아마샤가 음모 정치로 인해 암살되었다고 할지라도 유다의 왕 아마샤는 유다와 이스라엘의 통치자로 간주된다(25절). 이것은 역대기 저자가 다시 사료(史料)로 신명기 역사서의 "유다 왕들의 책" 대신에 "유다와 이스라

---

98 Coggins, *Chronicles*, 247; Japhet, *2 Chronik*, 313 참고. 그러나 남북 왕국의 전쟁에 관한 기록
이 생략된 사실은 이를 반대한다(왕상 14:30; 15:16).

99 Meyer, *Gedeutete Vergangenheit*, 131 참고.

온 이스라엘 역사서 — 화해와 화합을 위한 역대기 구상

엘 왕들의 책"(25:26; 참조 16:11)을 사용하고 있다는 점에서 읽어낼 수 있다.[100]

4) 요약 및 결론

분열 왕국 시대에 대한 역대기의 전체적인 보도를 요약해 보면 다음과 같다.

역대기에 따르면 아사는 통치 초기에 야훼를 신뢰함으로써 긴 평화 시대를 구가하였다. 그러나 이 평화 시대는 아사가 에브라임 산지에 있는 몇몇 성읍을 정복함으로써 중단된다(대하 15:8a; 17:2b). 역대기 저자에 따르면 아사 왕은 정복과 강화를 통해 백성의 자유로운 왕래를 중단시켰다는 비난을 당연히 받는다. 아사 왕과 "유다와 베냐민"에게 행한 오뎃 예언자의 예언(15:8)에 따라 아사 왕은 전체 이스라엘이 함께 하는 포괄적인 제의 개혁을 추진한다. 이로써 다시 평화 시대가 도래하였고 북이스라엘 백성이 지속적으로 유다로 이주하게 되는 계기가 되었다. 북왕국 주민의 끊임없는 이주 결과, 바아사 왕은 북왕국의 국경을 군사적으로 강화하기에 이른다. 그러자 아사는 제36년에 다시 성전과 궁전의 곳간을 희생시키며 벤하닷의 군사적 개입을 끌어들여 북왕국을 치게 한다(16:2-3). 아사 왕은 북왕국이 국경 강화를 위해 사용하던 건축 자재를 가지고 게바와 미스바를 건축한다(16:6). 아사 왕의 이러한 행동은 선견자 하나니에게 신앙의 결핍으로 평가되고 (16:7-8), 아람과의 동맹에 대한 징계로 아사에게는 지속적인 전쟁이

---

100 대하 25:26b; 27:7b; 28:26b; 32:32b; 35:27b; 36:8b.

선포된다(16:9).

북왕국과의 긴밀한 관계는 여호사밧 아래 아합과 혼인 관계를 맺음으로써 시작된다(대하 18:1b). 특히 아사 왕 제36년에 두 왕국이 대립 관계로 접어든 사실을 고려한다면(16:1-6) 여호사밧 왕은 혼인 관계를 통해 북왕국과의 친선 관계를 도모하고 이스라엘의 재통일을 꾀하였을 것이다. 그러나 그 이후 여호람과 아달랴 아래 북왕국 왕들의 가중되는 영향으로 제의적 타락은 극도에 달하여 결국은 시대적 전환이 가능한 것인지, 그 전환이 누구로부터 나올 수 있는지 의문이 일 정도가 되었다. 결혼을 통한 연합은, 엘리야의 편지가 암시하듯이, 실제로 두 왕국의 정치적 지리적 통일을 가능하게 해주었지만, 그러나 신앙 없는 왕들과의 연합은 오히려 다윗 왕조의 존립을 위협하고 마침내 대책 없는 상태로까지 내몰게 되었다. 북왕국이 남왕국에 끼친 악영향은 남왕국에 악행의 사슬과 그로 인한 치명적인 결과와 미신과 제의적 타락을 초래하였다. 역대기 저자는 부정적 결과에 대한 원인을 혼인 관계 자체에서 찾는 것이 아니라, 유다 왕들이 이스라엘 왕들의 태도에 순응한 데 있다고 본다.

다른 어느 곳에서보다도 강하게 아마샤 이야기에서는 남북 왕국의 공동 소속이 강조된다. 아마샤 이야기에 천착함으로써 "야훼가 이스라엘, 즉 모든 에브라임과 함께 하시지 않는다"는 말씀은 흔히 해석하듯 이스라엘에 대한 절대적 부정적 견해를 표명하는 것이 아니라, 신뢰 부족이라는 현실에 주어진 일반적인 경고라는 것이 분명해졌다(25:7b). 아마샤 이야기에서 역대기 저자는 북이스라엘 왕이 공동체성을 강조하는 우화로써 유다 왕국과의 형제 전쟁을 피하려고 하는 시도에서 남북 왕국의 공동체성을 훨씬 더 선명하게 선언한다. 북왕국의

온 이스라엘 역사서 ― 화해와 화합을 위한 역대기 구상

왕을 거슬러 유다의 왕은 '온 이스라엘'에 대한 책임에도 불구하고 백성의 하나됨을 위해 애쓰는 것이 아니라 형제 전쟁을 통한 갈등을 야기하였다. 동족 전쟁을 일으킨 아마샤는 그에 대한 징벌로 직접 사로잡히게 되고 예루살렘 성벽의 붕괴와 성전과 궁전의 약탈을 경험하게 된다(25:22-24). 여기서 북왕국 이스라엘은 유다에 대한 하나님의 심판 도구로 사용된다. 북왕국의 이러한 역할은 북왕국 이스라엘에 대한 유다의 적대감을 일으켰을 것이다.

분열 왕국 시대에 관한 전체적인 기술에서 역대기 저자는 정치적으로 비합법적인 체제로서의 북왕국에 관심을 두는 것이 아니라(왕하 17:7-18, 21-23), 두 왕국의 백성이 서로 형제라는 사실을 보여주려고 노력한다. 사료에 대한 정보가 암시하듯이 유다의 왕들은 분열 시대에 "유다와 이스라엘의 왕"(대하 16:11; 25:26b; 27:7b) 또는 "이스라엘의 왕"(20:34)으로 간주된다. 그러므로 역대기 저자는 유다의 왕들을 '유다와 이스라엘의 왕'으로(아사, 아마시야) 또는 '통일된 이스라엘의 왕'으로(여호사밧) 간주하는 것이다. 이를 통해 우리는 역대기 저자가 통일 형태와 무관한 무조건적인 통일을 지향하는 것이 아니라 북왕국에 대한 유다 왕들의 책임을 강조하고자 한다는 것을 분명히 알 수 있다. 이렇게 왕국이 분열해 있는 동안 형제 민족에 대한 유다 왕들의 태도는 그들의 평가에 근본적인 의미를 결정한다. 북왕국의 역사를 극히 적게 수용하면서 중요한 역사를 생략하는 것은 남북 왕국을 '하나의' 이스라엘로 기술할 수 있게 해준다. 그러므로 우리는 역대기를 북왕국을 배제한 유다 중심의 역사서가 아니라 '온 이스라엘'에 대한 책임을 지닌 남왕국의 관점에서 기술한 '온 이스라엘의 역사서'로 이해해야 한다.

5 | 북왕국의 멸망과
"이스라엘 왕" 아하스 (대하 28장)

왕국 분열 사건(대하 10-13장)과 분열 왕국 시대(대하 14-25장)의 북왕국 백성에 대한 역대기 저자의 이해에서 출발하여 이제 아하스 이야기에 나타나는 몇 가지 특징을 설명해 보자. 앞에서 본 대로[1] 역대기 저자에게 아하스 시대는 유다에게나 이스라엘에게 한 시대의 끝을 의미했다. 이 점에서 아하스 이야기는 여러 가지 특이한 사항을 담고 있다.

첫째, 북왕국 이스라엘의 멸망은 아하스 시대에 일어났다(대하 28:8-15).[2] 이에 대한 책임은 아하스에게 있다(28:23). 아하스는 "이스라엘의 왕"으로 불린다(28:19; 참조 27절).

둘째, 신명기 역사서의 기록에 따르면 북왕국 이스라엘의 멸망 후에 그 백성은 아시리아 제국의 정책에 따라 다른 지역으로 이주하고(왕하 17:6), 대신 그 땅에는 새로운 민족들이 정착함으로써(17:24) 이스

---

1   위 Ⅲ.2. 참고.
2   역대기에서 북왕국 멸망에 관한 수많은 암시에도 불구하고 어디에서도 분명한 언급은 없고 단지 북왕국 주민의 포로 사건만이 언급될 뿐이다(대상 5:6,22,26; 대하 30).

라엘 백성은 본래 살던 곳에 더 이상 존재하지 않는다(15:29). 이러한 관점과는 대조적으로 역대기에서 북이스라엘은 멸망 후에도 왕이 없는 공동체로 여전히 그 땅에 남아 거주한다(대하 28:14).

셋째, 이러한 맥락에서 북이스라엘 지역의 주민들은 유다의 "형제"로 지칭된다. 이 말을 듣자 북쪽의 주민들은 전쟁 포로로 사로잡아온 유다인에게 선례 없는 형제 사랑을 베푼다(대하 28:12-25).

넷째, 아하스 시대에 남왕국은 수많은 잘못으로 인해 종교적으로는 물론 정치적으로도 나락에 떨어진다.

역대기 저자는 어떻게 유다 왕 아하스를 북왕국 멸망의 책임자로 간주하게 되었는지, 또 북왕국의 모습을 신명기 역사서가 기술하는 것과는 달리 어떻게 그렇게 과감히 변형시킬 수 있었는지, 이를 이해하기 위해 우리는 다시 한 번 아하스 이야기를 왕국 분열에 관한 기술과 연관시켜 분석해야 한다.

가. "이스라엘 왕" 아하스

신명기 역사가는 솔로몬의 타락(왕상 11:4 이하)과 모든 지파의 제의적 잘못(11:33)으로 인해 야훼가 직접 여로보암을 열 지파의 왕으로 정하고, 그에게 그와 함께 하며 그를 위해 견고한 집을 세우고 그에게 이스라엘을 주리라(11:37-39)는 조건적인 약속을 하셨다고 왕국 분열을 설명한다. 다시 말해 북왕국의 창건은 제한 없이 정치적으로 적법한 것으로 나타난다(12:24).[3] 그에 반해 역대기에서는 여로보암에게 주어진 실로 사람 아히야의 긍정적인 약속이 언급은 되지만(대하 10:15)

신명기 역사서에서와는 달리(왕상 11:26-29) 그 내용이 명시되지 않음으로써 여로보암 왕국에 대한 평가절하가 드러난다. 역대기에서 왕국 분열은 야훼에 의한 것이었으나, 여로보암의 즉위는 언급되지 않는다(왕상 12:20). 역대기 저자에 따르면 "모든 (북)이스라엘"(대하 10:1, 3, 16), 더 정확히 말해 열 지파 지역의 주민들(참조 10:17)은 여로보암의 지휘 아래 정치적인 이유로 반역하였다(대하 10 = 왕상 11:27). 여로보암과 그의 '패거리들'이 솔로몬의 아들 르호보암에게 거역하였으나, 르호보암은 유약하여 이에 대항할 힘이 없었다(대하 13:6-7). 그러니까 여로보암의 반역은 르호보암의 미숙함을 이용한 봉신 계약의 파기였던 것이다(13:6). 이러한 해석으로 역대기 저자는 여로보암과 그 패거리들을 처음부터 왕국 분열의 책임자로 낙인찍는다.

그에 반해 르호보암의 정통성은 북왕국이 합법적인 제사장과 레위인을 추방함으로써, 또 추방당한 그들을 예루살렘 성전으로 받아들임으로써 강화되며, 북왕국의 모든 지파 출신이 예루살렘으로 이주한 결과(대하 11:13-17; 15:9-10) 남왕국은 열두 지파의 총체가 된다. 그래서 르호보암 시대에 이미 유다는 정치적으로 또 제의적으로 다윗-솔로몬 왕국의 적법한 후계자가 된다(11:13-17). 유다 왕국과 유다의 왕은 분열 왕국 시대에 '온 이스라엘'을 대표하는 왕국이자 왕인 것이다. 반면 르호보암의 후계자인 아비야 왕과의 전쟁에서 여로보암과 그의 세대는 유다에 다시 말해 야훼께 대항함으로써 북이스라엘의 여러 성읍을 상실함은 물론 패전과 여로보암의 사망이라는 징벌을 받게 된다(13:19-20). 역대기 저자의 개인 응보 신학을 근거로 북왕국의 멸망은

---

3   Knoppers, *Two Nations under God*, 135-223.

온 이스라엘 역사서 — 화해와 화합을 위한 역대기 구상

더 이상 신명기 역사서에와 같이 여로보암의 행동에 대한 징벌로 간주되지 않는다(왕하 17:21-23과 반대다). '온 이스라엘'에 대한 유다 왕국의 대표적 기능이라는 관점 때문에, 북왕국 멸망에 대한 책임은 종교적 정치적 잘못을 저지른 아하스에게 전가된다(28:23). 다메섹의 신들이 아하스와 "온 이스라엘"을 망하게 하였던 것이다. 이는 여호사밧 왕이 초기에 비록 "이스라엘처럼 행하지 않고"(17:4b) "야훼를 좇았다" (17:3b)라고 평가받음에도 불구하고 친족 관계인 남북 두 왕조로 이루어진 '온 이스라엘'의 대표 지도자로서(대하 18장) 오히려 악인 아합의 유혹을 받고(19:2) 또 북이스라엘에 전혀 긍정적인 영향을 끼치지 못한 것을 근거로 날카로운 비판을 받은 것과 동일하다.[4] 역대기 저자에게 아하스는 그 자신의 악행으로써 자신과 '온 이스라엘', 그러니까 유다는 물론 '북이스라엘'도 나락으로 빠뜨린 장본인이다. 이 점에서 아하스는 제의적 잘못으로 이스라엘을 멸망으로 인도하였고 그 때문에 전적으로 부정적으로 평가되는 신명기 역사서의 이스라엘의 왕들(왕하 17:7-18, 21-23)과 동일시된다. 역대기 저자에 따르면 아하스는 야훼에 대한 "거역"(מעל)으로(대하 28:19, 22) 북이스라엘 멸망의 원인이 된다.[5] 그러므로 아하스에게 "이스라엘의 왕"이라는 칭호(대하 28:19, 23, 27)는 실질적으로 타당한 것이다.

---

4 위 Ⅲ.4. 참고.
5 사울이 멸망한 원인도 바로 이 죄(מעל)에 있었다고 역대기 저자는 말한다(대상 10:13).

나. 이스라엘의 형제 유다, 유다의 형제 이스라엘

1) 역대기 저자에 따르면 북이스라엘은 왕국의 멸망에도 불구하고 왕이 없는 공동체로 지속하고 있다(대하 28:14). 또한 역대기에는 북이스라엘이 유다와 형제 관계에 있다고 언급된다(28:11). '형제' 주제는 신명기 역사서에서도(왕하 12:24), 역대기에서도(대하 11:4) 이미 왕국 분열 초기에 분열한 왕국을 회복하기 위해 이스라엘과 전쟁하려고 한 르호보암과 유다와 베냐민의 온 이스라엘에게 확인시켜 준 말이다. 놀랍게도 북왕국의 멸망 후에는 이 주제가 오로지 역대기에서만 다시 등장한다. 역대기 저자가 북왕국 멸망 이후 다시 "형제애"를 주제로 삼으면서 이제는 처음과는 반대로 북왕국 백성에게 유다인들이 형제라는 점을 주지시키고 있다면, 이것은 분명 유다에 대한 하나님의 징벌 도구로서의 북왕국의 역할 때문일 것이다. 아마샤 시대에 유다에 대한 징벌이 북왕국을 통해 이루어짐으로써(대하 25:13, 22-24)[6] 유다와 이스라엘은 본격적으로 적대적인 관계에 들어서게 된다. 유다와 이스라엘의 관계는 아하스 시대에 북이스라엘이 하나님의 도구로 유다에 하나님의 심판을 지나치게 행함으로써 더 악화된다. 하나님의 도구로 부름받은 바로 이때에 북이스라엘이 남유다보다 긍정적으로 기술되고 있다는 점이 독특하다. 이러한 상황에서 역대기 저자가 "형제애"의 주제를 왜 이번에는 북왕국 편에서 재사유하는지 그 이유가 선명해진다. 이제 북왕국 주민들도, 비록 유다 백성들이 하나님을 거역했다 할

---

6 한 번은 아마시야가 돌려보낸 용병들이 유다에 약탈과 강도짓을 일삼았고(대하 25:13), 또 한 번은 요아스 왕이 아마샤를 사로잡고 예루살렘 성벽을 부수며 성전과 왕궁을 약탈하였다 (25:22-24).

지라도 그들을 형제로 받아들이라는 요청을 받는 것이다(11:1-4 참조). 이렇게 역대기 저자는 화해를 목표로 두 왕국의 관계가 정상화되는 길을 모색하고 있다. 관계 정상화의 길은 북왕국 주민이 유다 주민에 대하여 선례 없는 형제애를 보여줌으로써 열린다는 것이다.

2) 이러한 방식으로 역대기 저자는 멸망이라는 대재앙을 조망해 볼 뿐만 아니라 북왕국의 멸망에 새롭고 긍정적인 의미를 부여한다. 역대기 저자의 기술에 따르면 "브엘세바에서 단까지"(대하 30:5)라는 히스기야 시대의 왕국의 크기를 나타내는 표현이 보여주듯이, 북왕국의 멸망은 백성의 정치적인 통일을 위한 가능성을 제공한다. 하나님을 섬기는 북이스라엘 주민들의 예루살렘 이주에서 여러 차례 나타났던 통일의 노력(대하 11:13 이하; 15:8-9; 16:1)은 북왕국 멸망 후 백성의 제의적인 통일로 이어질 수 있었다. 아사 왕 제15년 3월에 남유다인과 북이스라엘인이 예루살렘에 한데 모여 야훼께 예배를 드렸듯이(15:10-11) 이제 온 이스라엘은 예루살렘에서 다시 하나가 될 가능성을 얻게 된 것이다. 유다가 북왕국 멸망의 결과로 갑작스런 인구의 증가와 또 근본적인 사회적인 발전을 겪었다는 핀켈슈타인의 가정[7]으로 미루어 볼 때, 이러한 해석은 결코 허구로 치부할 수 없다. 북왕국 멸망에 대한 새로운 해석으로 역대기 저자는 온 이스라엘의 새 출발을 알린다. 이 점에서 아하스를 "이스라엘의 왕"이라 부르는 것은, 이미 유다 왕 여호사밧을 친척 관계인 두 왕조의 대표 통치자로 "이스라엘의 왕"이라 칭한 것과 마찬가지로(21:2; 참조 20:34) 매우 적절한 것이다. 그러므로 "이스라엘의 왕"이라는 칭호는 아하스와 재앙을 모면한 남왕국에

---

[7]   Finkelstein and Silberman, *Keine Posaunen*, 264.

게 이제 왕이 없게 된 (북쪽의) 형제 민족을 돌보고 전체 이스라엘을 통일하는 데 노력을 기울이라는 강력한 요청이 된다.

3) 그러나 역대기 저자에 따르면 아하스 시대의 유다는 그럴 만한 능력이 없었다. 아하스가 통치하는 시기에 남왕국은 정치적으로 나락에 떨어졌으며, 아하스 시대의 유다 종교는 심각하게 부정해졌기 때문이다(대하 28:24-25). 백성의 일부가 아람의 침략으로 죽고(28:5a), 많은 수의 백성과 고위층은 이스라엘인에 의해 죽임을 당하거나(6-7절) 사로잡혀 갔다(8절; 참조 9절). 에돔인과 블레셋인은 이 틈을 정복의 기회로 이용하였다(17-18절). 특히 블레셋은 유다의 많은 성읍들을 점령하였다(18절). 이렇게 역대기 저자는 아하스 시대의 유다가 정치적으로 형제 백성을 돌볼 힘이 전혀 없었음을 보여준다. 또한 남왕국은 아하스 시대에 종교적으로도 밑바닥으로 떨어졌다. 유다의 전체 백성은 야훼를 버렸으며(6b절), 아하스 왕은 야훼에 의해 야기된 침략을 겪고도 회개를 하지 않고 그 반대로 야훼에 대한 배신을 계속하기만 했다.[8] 히스기야 시대 유월절을 때맞춰 지키지 못한 두 가지 이유가 시사하듯이(30:3), 아하스 시대의 유다 왕국의 제의는 완전히 마비되었던 것이다(28:24-25). 아하스는 제의 기구들을 파괴했고, 성전 문을 폐쇄했으며, 예루살렘과 유다의 성읍 구석구석에 이방신을 위한 산당을 건설했다. 이러한 이유로 북왕국의 제의적 타락 때문에 야훼께 제사하기 위해 자주 예루살렘으로 이주해 왔던(11:16; 15:9; 16:1) 북이스라엘 백성은 북왕국이 멸망했음에도 불구하고 더 이상 예루살렘 성전으로 갈

---

8 아하스가 이스라엘 왕들의 길을 걸었다(28:2)는 평가는 역대기에서 이스라엘의 오므리 왕조와 사돈을 맺었던 유다 왕들에 대해서만 사용된다(여호사밧, 부정적으로 대하 17:4; 요람, 대하 21:6 = 왕하 8:19; 대하 21:13; 아하시야, 대하 22:3-4 = 왕하 8:27). 그리하여 아하스는 아합 왕조의 부정적인 영향을 통해 유다 왕국을 재앙 상태로 내몰았던 유다 왕들과 비교된다.

온 이스라엘 역사서 – 화해와 화합을 위한 역대기 구상

필요가 없었다. 역대기 저자의 기술에 따르면 남왕국은 아하스 시대에 이전의 북왕국(13:9-11)과 똑같이[9] 예루살렘 성전을 저버렸기 때문이다.[10] 히스기야의 설교에서도 잘 나타나듯이(29:5-11; 30:6-9), 이렇게 온 이스라엘은 북왕국만이 아니라 남왕국도 아하스 시대에 나락에 떨어진 상태였다. 아하스의 시대는 유다에게도 이스라엘에게도 정치적 종교적 정체성의 상실을 의미했다. "이스라엘의 왕" 아하스가 형제 백성을 돌볼 능력이 없었기에 이제 모든 희망과 기대는 히스기야 왕에게로 쏠릴 수밖에 없게 된다.

---

9   Williamson, *Israel*, 114-15.
10   Williamson, *Israel*, 116-17; Ben Zvi, "A Gateway to," 241.

6 | '온 이스라엘' 회복 (대하 29-35장)

1) 히스기야가 왕으로 즉위하자마자 아하스가 폐쇄한 성전 문을 다시 열고, 아하스의 제의적 잘못들을 다시 복구시킴으로써[1] 유다에는 새 시대가 열린다(대하 28:24aβ; 29:3).[2] 새 출발에 대한 히스기야 왕의 의지는 일찍 제사장과 레위인에게 행한 설교에서 나타난다(29:5-11). 야훼와 계약을 체결하려는 의도 아래 왕의 명령에 따라 먼저 아하스 시대에 부정해진 성전 기물들을 성전 관리들은 봉헌하도록 야훼의 제단 앞에 준비한다(28:24aα; 29:19). 히스기야 왕이 이러한 방식으로 하나님의 분노를 적시에 줄이고자 노력하고 있다면(29:10), 이는 계약 체결에 처음부터 북이스라엘도 포함되어 있다는 것을 의미한다. 히스기야에 따르면 유다도 이스라엘도 똑같이 하나님의 분노 아래 있기

---

1   많은 주석가들은 이 점에서 아하스 이야기가 히스기야 개혁을 준비하기 위해 저작되었다고 한다. P. R. Ackroyd, "The biblical Interpretation of the Reigns of Ahaz and Hezekiah," in *In the Shelter of Elyon*, eds. W. B. Barrick et al., 253; De Vries, *Chronicles*, 365; Smelik, "King Ahaz," 182; Ben Zvi, "A Gateway to," 229.

2   Ben Zvi, "A Gateway to," 219, 각주 6; 윌리엄슨은 그의 주석에서 히스기야의 이야기로 포로 시대까지 이르는 대단락을 시작한다.

     온 이스라엘 역사서 — 화해와 화합을 위한 역대기 구상

때문이다(29:10b; 30:8; 참조 28:11b, 13bβ). "온 이스라엘"이라는 용어로
(29:24) 역대기 저자는 북이스라엘도 성전에서 이루어지는 속죄제에
포함되어 있음을 분명히 밝힌다.[3] 아사 시대처럼(15:12) 이 계약 체결
도 북왕국 멸망 후 새로이 구성된 백성을 확정하는 것이다. 이로써 "온
이스라엘"은 유월절 축제를 벌일 조건을 갖춘다.

2) 북왕국 백성에 대한 히스기야 왕의 개인적인 관심은 특히 유월
절 초대에서 나타난다.[4] 이것은 북왕국 백성을 수용할 가능성을 마련
하기 위해 유월절을 둘째 달로 연기한 사실을 통해 확인된다.[5] 유다 백
성과 마찬가지로 히스기야는 이스라엘 백성에게 야훼께로 돌아올 것
을 요구한다(30:8; 참조 29:5, 31).[6] 역대기 저자에 따르면 앗수르로 인한
재앙을 모면한 북왕국의 남은 자들이 하나님의 분노를 피하고(30:8)
또 사로잡혀 간 자들이 귀향할 수 있는(30:9) 유일한 길은 야훼가 영원
히 거룩하게 한(30:8b) 예루살렘 성전으로 오는 것이다. 역대기 저자에
따르면 예루살렘 성전에서의 예배는 야훼께 대한 신실함의 표현이다.[7]
여기서 히스기야가 북이스라엘 주민의 포로와 그들의 귀향을 염두에
두고 있다는 점에서 그의 설교는 북이스라엘인에게 유다의 포로들과
그들의 귀향을 요구한 예언자 오뎃의 설교에 비견된다(28:8-15). 이제
이스라엘 포로들은, 유다 포로들이 북이스라엘의 형제애를 통해 경험

---

3   Coggins, *Chronicles*, 267; Thompson, *Chronicles*, 348.

4   Williamson, *Chronicles*, 358.

5   Myers, *II Chronicles*, 178.

6   D. F. Murray, "Dynasty, People, and the Future. The Message of Chronicles," *JSOT* 58 (1993), 71-92.

7   R. Mason, *Preaching the Tradition. Homily and Hermeneutics after the Exile; Based on the 'Addresses' in Chronicles, the 'Speeches' in the Books of Ezra and Nehemiah and the Post-Exilic Prophetic Books* (Cambridge et al. 1990), 104.

했듯이 형제 유다의 도움으로 귀향해야 할 것이다.

왕의 명령에 따라 사신들은 에브라임과 므낫세, 스불론 땅까지 성읍 곳곳마다 찾아다닌다(대하 30:10a). 비록 소수의 북쪽 사람이 초대에 응했지만(11절), 그러나 아사 시대처럼 예루살렘에는 큰 회중이 모였다. 북왕국의 주민에 대한 관심은 특히 '회중'에 대한 정의에서 나타난다. 30장 25절에 따르면 회중은 1) 제사장과 레위인, 2) 유다의 회중, 3) 이스라엘에서 온 자들의 회중, 4) 이스라엘 땅에서 유다로 넘어와 정착한 이방인[8]으로 구성된다. 여기서 2) "이스라엘의 회중"은 북왕국 지역의 주민으로서 북왕국 멸망 후 유월절을 위해 예루살렘으로 온 자들을 칭한다(참조 28:14). 이를 통해 우리는 역대기 저자가 유다에 정착한 북왕국 출신과 유다 밖에서 살지만 순례를 위해 예루살렘으로 온 북왕국 백성을 구별하고 있다고 추론할 수 있다. 히스기야 왕이 유월절에서 북왕국 멸망 후 유다로 넘어온 북왕국의 유민들뿐만 아니라[9] 북왕국 지역에 거주하는 사람들도 염두에 두었다는 사실이 여기서도 분명해진다.

유월절 축제에서 레위인들은 성결하지 못한 많은 부정한 자들도 야훼께 봉헌하도록 그들을 위해 유월절 양을 잡는다(대하 30:17). 무엇보다도 히스기야 왕은 율법 규정을 어긴 에브라임, 므낫세, 잇사갈, 스

---

8   아사 왕의 시대에 야훼가 그와 함께 하는 것을 보고(대하 15:9) 에브라임, 므낫세, 시므온 지파의 사람들이 아사에게로 넘어온다. 아사 왕 15년 3월에 있었던 공동 예배에서 유다인들 가운데 사는 에브라임, 므낫세, 시므온 출신의 이민자들은 '이방인'〈게르〉으로 불린다(15:9). 반면 유다 백성은 '유다와 베냐민'으로 불린다(15:2). 〈게르〉는 이방인은 물론 경우에 따라 타지에 사는 사람들을 칭하기도 한다.
9   고고학 연구는 북왕국에 대한 앗수르의 침략을 피한 피난민의 물결이 예루살렘 인구의 증가를 초래했다는 데 의견의 일치를 보이고 있다. M. Broshi, "The Expansion of Jerusalem in the Reign of Hezekiah and Manasseh," *IEJ* 24 (1974) 21-26; Knoppers, "History and Historiography," 178-203 특히 199 참고.

불론 출신의 북왕국 사람들의 생존을 위해 기도한다(30:18-20). 그리하여 북왕국 이스라엘은 형제 민족 유다의 도움으로 제의에서 유다와 대등한 상태에 있게 된다. 이로써 유다는 물론 이스라엘도 토라에 맞는 제의에 완전히 통합될 수 있었다. 예루살렘의 '온 이스라엘'은 큰 기쁨으로 칠 일 동안 무교절을 기념하고(30:21; 참조 15:15) 이어 다시 칠 일 동안 또 한 번의 축제를 벌인다(30:23). 역대기 저자는 예루살렘에 그토록 큰 기쁨이 솔로몬 이래로 없었다는 진술로 보도를 종결한다(30:26). 솔로몬을 인용함으로써 역대기 저자는 '온 이스라엘'이 분열 이전과 같이 그렇게 다윗 자손의 왕 아래 다시금 예루살렘 성전 예배에서 정치적 통일을 이루었다고 강조하는 것이다. 윌리엄슨이 말하듯이, 역대기 저자는 이로써 성경에서 유일하게 이스라엘이 포로기 이전에 이룩했던 재통일의 역사를 증거하고 있다.[10]

3) 나아가 역대기 저자는 계속하여 왕국 분열 이후 정치적으로 남왕국의 통치 밖에 있었던 북쪽의 주민이 종교적 정치적인 면에서 새로이 백성으로 회복되는 과정을 그린다. 이것은 유월절 공동 예배 후에 북왕국 출신의 이주민들이 더 이상 "이방인"으로 불리지 않는다는 데서 여실히 드러난다. 백성으로서의 북이스라엘의 지위는 특히 히스기야와 요시야의 일련의 개혁 조치에서 분명히 밝혀진다. 제사장과 레위인들에게 줄 몫을 바치라는 히스기야 왕의 명령(대하 31:4)을 근거로 유다 백성들과 마찬가지로 북이스라엘 주민도 제의 관리들의 생계에 동참한다(31:6).[11] 요시야 제18년에도 특히 므낫세와 에브라임으로 일컬어지는 북이스라엘은 유다인과 함께 성전 보수에 참여한다(34:9).

10　Williamson, *Israel*, 131.

이렇게 유다인은 물론 북이스라엘 사람도 하나님의 백성으로서 성전
에 대한 책임을 다한다. 이것은 남왕국으로 이주해 온 북왕국 주민들
이나 북왕국 땅에 남아 있는 사람들이나 통일된 사회에 완전히 통합
되어 있음을 나타내는 분명한 증거이다. 계속하여 역대기 저자는 므낫
세 시대에 산당 즉 예루살렘 외의 제의 장소에서도 제의 행위가 계속
되었지만, 거기서도 오로지 야훼만을 예배했다고 전한다(33:17).[12] 므
낫세 시대에도 야훼는 어디서나 예배의 대상이었다는 것이다.[13] 히스
기야 시대에 예루살렘 성전에서의 유월절 초대에 대하여 북에서 조롱
과 멸시로 반응하였던 것을 기억한다면, 그 사이 야훼는 유다는 물론
북쪽 지파 지역에서도 야훼를 경배하였음을 알 수 있다. 야훼 예배는
요시야 통치 아래서도 온 나라 차원에서 지속되어(34:33) 요시야 시대
의 유월절에는 히스기야 시대보다 더 많은 수의 백성이 예루살렘에
모이게 된다(35:17-18; 왕하 23:21). 이렇게 북왕국의 주민들은 야훼를
섬기는 자로 나타난다. 역대기 저자에 따르면 히스기야, 므낫세, 요시
야 시대에 온 이스라엘은 하나가 되어 야훼를 섬겼던 것이다.

이러한 관찰로부터 히스기야의 유월절에서 두 차원의 정체성이

---

11 4절에서 역대기 저자는 ליושבי ירושלם(〈르요쉐베 예루살라임〉, 예루살렘 주민들에게)을 추가
   하여 왕의 명령이 예루살렘 주민에게 해당한다는 것을 명시한다. 그러나 5절은 이스라엘 사람
   들이 곡식의 맏물과 포도주와 기름과 꿀, 그 밖에 들에서 나는 모든 소출을 많이 내놓고 또 모
   든 것의 십일조도 가져왔다고 보도한다. 먼저는 유다인에 대하여, 다음으로는 이스라엘인에 대
   하여 말하고 있기 때문에 여기서 내용적인 모순을 관찰한 Japhet, 2 Chronik, 408-409은 4절의
   ליושבי ירושלם을 주기(註記)로 간주하여 삭제함으로써 이 모순을 해결한다. 그러나 역대기 저자
   는 5절에서 북이스라엘 주민의 기꺼운 기부 의지를 강조한다. 그는 계속하여 6절에서 이스라
   엘인뿐만 아니라 유다인도 소와 양의 십일조와 그들의 하나님 야훼께 봉헌된 예물의 십일조를
   가져왔다고 보도한다.

12 이러한 짧은 기록은 적어도 므낫세의 치적을 깎아내리지 않는다. Japhet, 2 Chronik, 452은 우
   상을 위한 산당과 야훼 종교를 위한 산당으로 구별한다.

13 역대기에서 히스기야에서 므낫세를 거쳐 요시야에 이르는 시대는 다윗-솔로몬 시대에 버금가
   는 전성기로 그려져 있다. Plöger, "Reden und Gebete," 58.

회복되었음을 알 수 있다. 첫째, '온 이스라엘'은 형제 민족으로서 하나가 된다.[14] 둘째, '온 이스라엘'은 아브라함과 이삭과 이스라엘의 하나님(30:6b) 야훼를 찾음으로써[15] 야훼 왕국에 속한 자로서 특정의 그리고 불변의 존재로서의 자격을 얻는다.

---

14 대상 1-9장의 족보에서 '온 이스라엘'은 남쪽 지파인 유다(대상 2:3-4:23)와 레위(5:27-6:66)와 베냐민(8:1-40)뿐만 아니라 북쪽 지파인 시므온(4:24-43), 르우벤(5:1-10), 갓(5:11-17), 잇사갈(7:1-5), 납달리(7:13), 므낫세(5:18-26; 7:14-19), 에브라임(7:20-29), 아셀(7:30-40)로 구성되어 있다. 단과 스불론은 빠져 있다.

15 Ben Zvi, "Ideological Constructions," 6쪽은 비록 북이스라엘이 히스기야와 요시야의 이야기에서 성공적으로 이스라엘화되었지만 유다/이스라엘의 주된 이야기로부터는 멀어지는 경향이 있음을 지적한다. 그러니까 북이스라엘이 비록 이스라엘이긴 하지만 주요 초점은 예루살렘/시온/성전에 있어 이스라엘 역사의 주변에 머문다는 것이다. 그러나 필자가 보기에 이것은 유다와 예루살렘의 대표 역할에서 기인된 것이다.

7 | 요약 및 결론

    지금까지 우리는 왜 역대기에서는 요시야 개혁이 아니라 히스기야 개혁이 더 강조되는가 하는 질문을 역대기 저자의 '이스라엘' 개념에 비추어 고찰해 보았다. 먼저 야펫과 윌리엄슨이 폰 라트를 극복하고 폭넓은 이스라엘 개념을 끌어낸 점을 밝혔다. 그러나 그들 주장의 바탕에는 북이스라엘의 '원죄'가 자리하고 있기에, 결국 북왕국에 대한 역대기 저자의 입장에 대한 그들의 설명은 모순적일 수밖에 없었다. 야펫과 윌리엄슨에 따르면 정치적 기관으로서 북이스라엘은 적법하지 않으나 그 백성은 형제라는 것이다. 이러한 전제 아래 아하스 이야기에 집중하여 역대기 저자의 이스라엘 개념을 살펴보았다.

    아하스 이야기의 특징이 보여주듯이 역대기 저자는 멸망에 직면한 북왕국을 신명기 역사가와는 다른 측면에서 바라본다. 즉 '이스라엘' 개념이다. 역대기 저자의 '이스라엘' 개념은 특히 북왕국의 멸망에 대한 책임이 어디에 있는가를 설명하는 것으로 구체화된다(대하 28장). 이는 북왕국의 멸망이 먼저는 '온 이스라엘'의 정체성 상실을 의미했기 때문이다. 또 신명기 역사가가 북왕국의 멸망 후 북이스라엘이 더 이상 존재하지 않았다는 견해를 제시했기 때문에 역대기 저자는 북왕국의 멸망을 다시 사유하지 않으면 안 되었다. 역대기의 직접적이고 개인적인 응보설에 따르면 북왕국 멸망의 책임자는 북왕국 주민이나 여로보암이 아니라(왕하 17:7-18, 21-23), 다름아닌 아하스이다(대하 28:23). 왕국 분열의 원흉인 여로보암과 그의 세대(대하 10; 13:4-12)는 아비야와의 전쟁에서 패전과 땅의 상실과 여로보암의 죽음으로써 이미 심판을 받았기 때문에(13:19-20), 북왕국 전체와 그 백성은 역대기의 개인 응보 원리에 따라 더 이상 "원죄"에 매이지 않는다. 여기서 역대기 저자가 북왕국에 대하여 긍정적인 입장을 대변하는 신학적 기초가 나타난다. 역대기 저자는 정치적으로 비합법적인 제도로서의 북왕국이 아니라, 두 왕국의 관계 개선에 관심을 쏟는다. 역대기 저자는 특히 아하스에 대한 눈에 띄는 칭호 "이스라엘의 왕"(28:19)으로써 북이스라엘에 대한 유다의 특별한 책임을 강조한다. 역대기 저자에 따르면 왕국의 멸망에도 불구하고 북왕국의 주민은 생존하고 그들 본래의 땅에 거주한다. 나아가 그들은 유다 백성과 마찬가지로 야훼를 섬긴다. 그러므로 역대기 저자는 '온 이스라엘'을 다시 회복하기 위해 왕정 시대 후기의 역사 기술에서 온 무게를 히스기야에게 두어야 했다. 역대기 저자는 히스기야의 유월절에서 온 이스라엘, 즉 유다는 물론 이스라엘은 형제 민족으로서의, 또 야훼를 섬기는 자로서의 정체성을 회복했으며, 그리하여 히스기야의 유월절은 '온 이스라엘'에게 정치적으로도 제의적으로도 새 시대임을 알린다고 분명히 밝힌다. 여기서 요시야에서 히스기야로 무게를 이동한 원인이 '이스라엘' 개념을 통해 밝혀진다. 이렇게 역대기 저자는 북이스라엘 왕국의 붕괴를 신학적으로 고찰할 뿐만 아니라, 매우 근본적으로는 예루살렘에서 야훼를 예배함이

'온 이스라엘'의 정체성을 위한 유일하고 참된 길임을 제시하고 있다. 역대기 저자는 신명기 역사서와 달리 요시야 왕이 아닌 히스기야 왕이 제의 개혁을 추진함으로써 왕국의 위기 극복을 넘어서 '온 이스라엘'의 역사가 계속될 수 있는 동인을 제공했다고 밝힌다.[1] 역대기 저자에 의하면, '온 이스라엘'은 정치적이고 제의적인 통합을 넘어, 수많은 율법 지시구가 말하듯[2] 율법의 틀 안에서 새 시대의 모습을 갖추게 된다.[3]

---

1   Albertz, *Exilszeit*, 230.

2   "야훼의 토라"(대하 29:25; 31:3, 4; 35:6; 참고 31:3, 21; 35:26), "모세의 토라"(30:16), "규정 대로"(30:16; 35:13), "야훼의 말씀들 또는 말씀"(29:15; 30:12; 35:6), "기록된 대로"(30:5, 18), "모세의 책에 기록된 대로"(31:3; 35:12).

3   이 부분은 본서에서 자세히 다루지 않는다. 간단히 말해 히스기야와 요시야 개혁의 세부 조치는 히스기야와 요시야 왕의 개혁이 토라 또는 야훼의 말씀에 기초하여 추진되었음을 보여주며 이로써 예루살렘 성전은 하나님이 선택한 제의 장소로 드러나며, 히스기야-요시야 시대는 다윗-솔로몬 시대에 버금가는 제2의 왕국 창설 시기로 평가된다. 율법에 따른 예루살렘 성전 제의는 북왕국 백성을 예루살렘 성전으로 초청하는 근거가 되며 예루살렘 성전을 중심으로 통일이 이루어져야 한다는 신학적 기초가 된다. 이 점에서 역대기의 "율법에 맞는 예루살렘 성전 제의" 주제는 '온 이스라엘' 주제와 밀접하게 연결되어 있다. 뿐만 아니라 히스기야와 요시야 왕의 개혁 조치는 레위인의 처우 개선과 결부되어 있으며 역대기의 토라 전승 사용 문제를 보여준다. 이에 대하여 필자의 졸고, "레위인을 위한 역대기의 개혁 프로그램," 『구약논단』 21 (2006/8), 69-85; "역대기에 나타난 레위인의 기능 및 그 의미," 『장신논단』 45 (2013/4), 67-89; "역대기연구사," 『성서마당』 14 (2007/가을), 68-86 참고.

IV

역대기의 역사적 신학적 자리

역대기 연대 문제

사마리아 분열 역사

역대기 저작

1 | 역대기 연대 문제

오늘날 학계에서 역대기의 형성 시기는 매우 다양한 논거에 따라 기원전 6세기부터 2세기, 즉 마카베오 시대까지 추정된다. 바벨론 포로에서 귀환한 시기, 다시 말해 페르시아 시대라는 초기 연대 설정은[1] 비교적 쉽게 그 힘을 잃는다.[2] 그에 반해 "후기 페르시아 시대 또는 초기 헬라 시대, 즉 기원전 350년에서 250년 사이"의 연대는 비교적 폭넓은 동의를 얻고 있다.[3] 그러나 최근의 연구에서는 이보다 훨씬 후대의 형성 시기가 고려되고 있다. 연대에 관한 논의의 연구사를 여기서 간략히 소개할 것이다.

많은 학자들은 역대기의 저작이 페르시아 시대 말 또는 헬라 시대 초기에 이루어졌다고 본다.[4] 이 시대로 추정하는 증거로 가장 자주 언

---

1   M. A. Throntveit; A. C. Welch; D. N. Freedman; F. M. Cross; R. Braun; R. B. Dillard. 이에 대하여 배희숙, "역대기연구사" 참고.

2   Williamson, *Chronicles*, 15-16은 첫째, "다레이크"의 언급(대상 29:7)을 든다. 기원전 515년에서야 증명되기 때문이다. 둘째, 대하 16:9은 스가랴 4:10의 인용이며, 셋째, 대상 3:19-24에서 스룹바벨 아들 명단은 최소한 두 세대를 포괄한다.

3   대표적으로 G. Steins, *Chronik zur*, 491.

4   Curtis - Madsen; Th. Willi; P. Welten; H. G. M. Williamson; S. Japhet; I. Kalimi; R. Albertz.

급되는 본문은 역대상 3장 19-24절의 다윗 후손 목록이다. 가령 칼리미는 여기서 "역대기 저작의 상한선(terminus a quo)의 가장 중요한 간접 증거"를 발견한다.[5] 그는 본문을 재건한 후, 칠십인역과 페쉬타와 불가타가 스룹바벨 이후 열한 세대를 열거하는 것과는 달리 마소라 본문 전승에 따르면 "본래의 형태는 스룹바벨 이후 여섯 세대를 담고 있다."고 주장한다.[6] 이로써 칼리미에 따르면 역대상하의 형성 시기의 상한선은 기원전 약 400년경이 된다. 예레미야 27장 6-7절(세 세대)과 25장 11-12절(70년)의 바벨론 포로 사건에 관한 정보를 근거로 칼리미는 한 세대를 약 23-24년으로 계산하고 역대기는 기원전 5세기 말에서 4세기 초에 저작되었을 것이며, 어떤 경우든 기원전 4세기 초기 25년보다 더 늦지는 않을 것이라는 결론에 이른다. 이로써 칼리미에게 저작 시기는 기원전 400-375년이 나온다.

사라 야펫은 역대기의 관심이 제의 조직과 다른 본문과의 관계에 있다는 점을 주목한다. 그에 따르면 역대기는 "제의적 조직이 발전된 단계"를 보여주며 역대기가 에스라-느헤미야를 소급하여 이해하고 있어서(스 1:1-3상 = 대하 36:22-23; 느 11:3-19 = 대상 9:2-17) 역대기는 에스라-느헤미야보다 나중에 쓰였다고 말한다. 이 점에서 역대기의 형성 연대는 에스라-느헤미야의 형성 시기에 좌우된다. 야펫은 구체적인 역대기의 저작 시기로 "페르시야 시대 말기 또는 헬라 시대 초기, 즉 기원전 4세기 후반"을 제안한다.[7] 그러나 본문에 헬라의 영향이 나

---

5   I. Kalimi, "Die Abfassungszeit der Chronik. Forschungsstand und Perspektiven," *ZAW* 105 (1993) 229.

6   Kalimi, "Abfassungszeit," 229-31.

7   Japhet, *1 Chronik*, 54.

온 이스라엘 역사서 — 화해와 화합을 위한 역대기 구상

타나지 않기 때문에 야펫은 역대기의 헬라 시대 형성에 대해 문제를 제기하면서도 동시에 분명한 페르시아 어휘는 물론 훨씬 더 중립적인 표현들도 분명히 나타나지 않는다는 점을 지적하면서 이를 이 작품이 페르시야 시대에 유래하지 않은 것을 가리키는 표시로 설명한다.[8] 이로써 야펫은 기원전 4세기 말경으로 기울어진다.

벨텐은 다른 방식으로, 즉 건축, 군대법, 전쟁 보도라는 세 가지 유형(Topoi)에 대한 연구를 통해 역대기의 역사적 자리매김을 시도한다. 벨텐에 따르면 "건축"과 "군대법"의 유형은 "역대기 저자의 역사 기록의 통합적 요소"로서 "포로기 이후 시대의 역사적 정황"을 반영하고 있다고 확언한다.[9] 전쟁 보도에 대한 연구를 통해 벨텐은 정치 외적으로 위협적인 상황이 역대기서 형성의 계기가 되었다고 주장한다. "왕정 시대 유다의 역사적 틀에서의 이러한 서술은 군사적으로는 취약한, 정치적으로는 주로 비자주적인, 외부로부터의 위협을 받는 속주 예후드가 한편으로는 하나님이 주신 성공에 대한 전망을 통해 위로와 확신을 준다. 다른 한편으로는 훈계적인 어조를 간과할 수 없다. 설교와 기도는 특별한 방식으로 직접 공동체에게 경고하고 격려한다. 그래서 네 개의 전쟁 보도를 묶어 보면, 합법적인 제의 관리를 통해 겸손과 순종으로 예배를 드리고 하나님을 부르고 하나님을 구하며, 사방에서 안식을 얻고 안식을 선사받은 예루살렘 제의 공동체에 대한 놀라운 그림이 나온다."[10] 이를 통해 벨텐은 역대기를, 외적 위협이 지속적이던

---

8   Japhet, *1 Chronik*, 52. 이 점에서 역대기가 "페르샤 제국의 예후다 원격 지배와 통치를 호의적으로 바라본다."는 김회권, "역대기서의 민족화해 신학," 9-10쪽의 주장은 본문적 근거가 전혀 없다.

9   P. Welten, *Geschichte und Geschichtsdarstellung in den Chronikbüchern* (WMANT 42; Neukirchen-Vluyn 1973), 98.

10 Welten, *Geschichte*, 171-72.

기원전 3세기 전반기의 작품으로 규정한다.[11] 벨텐은 사마리아와의 대결적 상황을 배제하지는 않지만 그럼에도 불구하고 그것을 역대기 저작의 주요 계기로 간주하지는 않는다. 네 개의 전쟁 보도에 따르면 사방에서 위협을 당하는 유다가 전면에 있다는 것이다.[12] 여기서 벨텐은 프톨레마이오스와 셀레우코스 왕조 사이의 첫 번째 대결 상태를 염두에 둔다. 그러나 군사적 건축에 관한 보도가 역대기 내에서의 수많은 원정과 관계가 없고, 이런 외적 위협의 시대보다는 오히려 내적 재건 시대와 관계가 있다고 그는 확신한다. 이로써 벨텐에게 역대기는 포로기 이후 재건 시대에 더 적합한 책이 된다.[13]

알베르츠는 역대기 형성에 대한 계기로 사마리아의 분열을 들고 그 형성 시기를 기원전 3세기 초로 설정한다.[14] 알베르츠에 따르면 페르시아 시대 후기에 종교적 제의적으로 동등한 권리 주장이 냉정하게 거절되었을 때 사마리아인들이 오경을 근거로 자신들의 성전을 그리심산에 건축하게 되자 이에 응답하고자 역대기 저자는 기원전 3세기 초에 (사무엘-열왕기를) "보충하는 의미로" 역대기를 저작하였으며, 이는 예루살렘 성전과 다윗 왕조를 공식적으로 인정하는 성격을 부여하였다. 알베르츠가 역대기를 "히브리 성경이 정경으로 형성되는 진행 과정"으로 보다 더 정확하게 자리매김한 것은 역대기의 형성 연대 논쟁의 방향을 틀어놓았다.

쾰러만도 기원전 3세기 초의 연대를 검토하지만 그러나 역대기의

---

11 Welten, *Geschichte*, 203.

12 Welten, *Geschichte*, 172.

13 벨텐의 헬라 시대 주장에 대한 또 다른 반박은 Williamson, *Israel*, 85-86에 나타난다.

14 Albertz, *Religionsgeschichte Israels*, 607.

의도에 대해서는 다른 견해를 제시한다. 켈러만은 역대상하와 마카베오상하 사이에 "기본 통찰"과 "위협적인 사건의 반복"이라는 점에서 서로 일치하는 바가 있다고 주장한다.[15] 여기서 켈러만은 다음과 같이 추론한다. "역대기 저자가 제1성전의 역사를 돌아볼 때 자기 시대에 대해 우려스러워 보이던 바가 실제로 헬라주의적 혼란 시기에 유다와 예루살렘에서 현실이 된다. 안티오쿠스 4세 아래의 혼란 와중에 종교적 헬라주의와 접촉하기 시작하면서 제의적 토라의 타락 구조가 셀레우코스의 통치자들에 대한 공식적 조치이자 동시에 정치적 입장들과 연결된 조치가 됨으로써 걷잡을 수 없이 극에 달하게 되었다는 의혹이 명백해졌다."[16] 역대기 저자는 예루살렘 제의 역사에 있었던 계약 체결을 지속적으로 지시함으로써 헬라주의에 잇닿아 있는 자기 동시대인에게 예언적으로 경고하며, 온전한 제의 토라로 돌아오도록, 그의 백성이 본래의 정체성을 찾도록 호소한다는 것이다.[17]

마티스는 다음과 같은 테제로써 역대기의 헬라 시대 초기 저작을 지지한다. 그에게는 알렉산더를 통해 발생한 충격과 알렉산더와 그의 후계자들을 통해 일어난 근동의 변화가 역대기서 저작의 주요 원인으로 등장한다.[18] 마티스는 벨텐이 간과한 두 개의 요소로써 이 테제를 발전시킨다. 역대기 저자가 프톨레마이오스와 공유한 (땅) 경제에 대한 관심과 그의 역사 기록의 유형이 그것이다. 그에 따르면 역대기 저

---

15 U. Kellermann, "Anmerkungen zum Verständnis der Tora in den chronistischen Schriften," *BN* 42 (1988), 87.

16 Kellermann, "Anmerkungen," 88-89.

17 Kellermann, "Anmerkungen," 89.

18 H.-P. Mathys, *Vom Anfang und vom Ende. Fünf alttestamentliche Studien* (BEAT 47; Frankfurt am Main et al. 2000), 51.

자는 기원전 3세기의 강력한 세계 변화에 당면하여, 베로소스, 마네토, 압데라의 헤카타이오스와 같은 역사가들이 그리했듯이, 다른 "역사가들"과 함께 "그들[프톨레마이오스]을 확인하려는" 목적을 추구하였다.[19] 마티스에게 역대기는 헬라주의와 "철저하게" 씨름한 최초의 책이자 가장 오래된 구약성경에 속한다.[20]

후대 연대는 케글러가 대변한다. 그는 역대기의 예언자상을 주로 다루었으나 여기서 시대사적 자리매김도 제안하고 있다. 그에 따르면 역대기는 예언자를 "역대기 중심 신학의 담지자"로 그리면서 이스라엘 역사의 한 시대를 가리킨다. 이 시대는 이방 제의로 인한 유다의 정체성 위협이 여느 때보다 더 심했던 때이다. 케클러에 따르면 역대기는 "참 이스라엘"(개념)을 구상한다. 이것은 한편으로는 "이스라엘"과 "유다"를 날카롭게 분리하고, 다른 한편으로는 다윗 왕조, 합법적인 레위인 제사장, 성전음악의 중심에 있는 제의 실행, 야훼에 대한 절대적 신뢰를 고수하는 데서, 또 온갖 종류의 우상 숭배와 이방신 숭배를 엄격히 거부하고, 나아가 오직 야훼에 대한 신뢰를 통해 모든 힘의 정치를 포기하는 데서 드러난다. 바로 이러한 형태의 유다의 정체성이 가장 심각한 위기에 빠져든 시대사적인 상황을 지시한다는 것이다.[21] 이로써 케글러는 헬라 시대를 역대기 저작 시기로 간주한다.

마지막으로 슈타인스는 역대기의 전쟁 보도에 의지하여 역대기 시대를 위협 상황으로 규정한다는 면에서 벨텐에 동조하고, 역대기의 의도에 대한 설명에 있어서는 켈러만과 일치한다. 그러나 그는 역사적

---

19 Mathys, *Anfang*, 59.
20 Mathys, *Anfang*, 134.
21 Kegler, "Prophetengestalten," 496.

온 이스라엘 역사서 — 화해와 화합을 위한 역대기 구상

단초에서 시대사적 지시를 기원전 3세기가 아니라 오히려 안티오쿠스 3세 통치의 몰락 이후 기원전 190년부터 시작한 팔레스티나의 지속적인 악화 상황의 시기를 가리킨다고 본다.[22] 슈타인스는 역대기에는 "직접적으로 평가할 수 있는 역사적 증거가 없기 때문"에 "연대 문제에서 진전하기 위해서는 새로운 형태의 관점"을 고려해야 한다고 주장한다.[23] 이 맥락에서 그는 알베르츠의 테제에서 나온 "역대기의 '정경적' 성격에 대한 통찰"을 끌어온다. 슈타인스는 역대기는 알베르츠가 의미하듯이 "정경 둘째 부분의 정경화를 위한 길 예비자"가 아니라 "이미 진행된 정경화 과정의 상속자"로 파악하였다.[24] 그는 역대기가 예언서와 시편과 에스라-느헤미야와 연관짓는 방법은 예언서 부분의 정경 완성과 성문서 부분에 대한 높은 권위를 암시한다고 말한다. 이렇게 정경의 세 번째 부분의 생성은 역대상하의 시대사적 틀을 형성한다. 알베르츠가 밝혀낸 역대기의 종합적 통합적 능력을 근거로 슈타인스는 "역대기는 성문서 부분에 있는 '문서들'의 비일치된 수집을 종결하고 또 논증된 종합력을 통해 정경 앞 두 부분[율법서와 예언서]과 연결시키려는 유일한 목적을 가지고 저작되었을 것"이라고 추측한다.[25] 그의 연대 설정은 정경 세 번째 부분의 종결 시점과 연관된다. 슈타인스는 케글러 입장에 찬성하여 저작 시기로 초기 마카베오 시대를 제안한다.

슈타인스는 역대기 본문에 헬라 영향의 흔적이 없기 때문에―가

---

22 Steins, *Chronik zur*, 494.

23 G. Steins, "Zur Datierung der Chronik. Ein neuer methodischer Ansatz," *ZAW* 109 (1997), 87.

24 Steins, *Chronik*, 503; "Zur Datierung," 88.

25 Steins, "Zur Datierung," 91.

령 마케베오상과 비교할 때—역대기의 형성 시기를 마카베오 시대로 설정할 수 없다는 반박에 대하여, 역대기는 자기 고유의 전통을 지향하는 성격으로 인해 헬라 영향을 의도적으로 배제했을 가능성을 고려한다. 결과적으로 슈타인스는 후대 페르시아 또는 초기 헬라 시대를 저작 시기로 추정한다. 그럼에도 불구하고 역대기의 특징은 재건적 성향을 담은 의식적인 결정의 산물일 수 있다. 그러 니까 유대 고유의 정체성은 오직 헬라의 "현대적" 영향력을 지속적으 로 멀리하는 데서 담보된다고 보는 것이다.[26]

요약하면 역대기의 연대 설정 논의에서 상한선으로 기원전 400년이, 하한선으로 기원전 190년이 언급된다. 이렇게 시간적으로 광범위한 폭은 역대기가 자기 시대에 대한 어떤 사건도 기억도 언급하지 않은 것과 관계 있다. 그러므로 역대기의 저작 연대는 간접적인 내적 증거에 의한 지지를 받아야 한다.[27]

역대기의 저작 연대에 대한 비판적 연구에서 대변된 단초를 살펴보면 역대기의 저작 계기로 내적으로 외적으로, 정치적으로 제의적으로 처하게 된 유다의 정체성에 대한 시대사적 위협 상황이 두루 언급된다는 점이 주목된다(벨텐, 케글러, 쾰러만, 알베르츠, 슈타인스, 마티스). 시대적 배경에 대한 정확한 연대는 역대기의 의도에 따라 분분하다. 그럼에도 불구하고 이 점에서 역대기의 히스기야 이야기와 요시야 이야기는 추가적으로 역대기의 정확한 연대 설정을 위한 지지점을 제공해 줄 수 있다. 우리가 이미 본 것처럼 역대기의 역사 서술에서 두 개의

---

26 Steins, *Chronik*, 498.
27 Kalimi, "Abfassungszeit," 224.

온 이스라엘 역사서 — 화해와 화합을 위한 역대기 구상

상관된 주제가 강조되었다. 즉 하나는 이스라엘의 통일이며 다른 하나는 예루살렘 제의이다. 이 두 주제는 다윗-솔로몬 시대는 물론 히스기야-요시야 시대에 대한 보도에서 지속적으로 두드러지게 드러난다. 히스기야-요시야 시대가 다윗-솔로몬 시대와 비견되는 것과 히스기야-요시야 시대가 제2의 창설 시기로 평가된다는 사실은 역대기의 시대사적 배경을 잘 드러낸다. 즉 사마리아인과의 대결 상황이다. 이것은 이미 마르틴 노트와 빌헬름 루돌프에 의해 주장되었다. 다음 단락에서 이에 대해 좀 더 자세히 검토해 볼 것이다.

사마리아 분열 역사

사마리아 역사를 시사하는 자료는 극히 제한적이다. 사마라아인 연구에 대한 성경의 열쇠 본문은 열왕기하 17장 24-41절, 에스라 4장 1-5절, 느헤미야 2-6장, 13장을 들 수 있다. 그러나 이 본문 가운데 어디서도 사마리아 성전 건축에 대해 보도하지 않는다. 사마리아인과 유대인과의 논쟁에 대한 성경 밖의 자료는 거의 다 요세푸스 작품, 특히 유대고대사 제11권에 있다. 사마리아인들이 기원전 4세기 말에 그리심산에 그들의 성전을 건축했다는 일반적인 관점은 요세푸스에서 유래한다. 다음 단락에서는 사마리아인의 기원 역사에 관한 소수의 "고전적" 본문을 고찰해 볼 것이다.

가. 사마리아 기원

1) 성경 자료

(1) 사마리아의 기원에 관하여 말할 때마다 열왕기하 17장이 증거 본문으로 인용된다. 이에 따르면 아시리아 왕은 호세아 제9년에 사마리아를 정복하고 북이스라엘 사람들을 사로잡아 여러 지방에 이주시킨다. 신명기 사가의 기술에 따르면 북왕국 멸망 후 이스라엘 백성은 모두 아시리아로 사로잡혀 갔으며 오늘날까지 그곳에 거주한다고 한다(왕하 17:7-23). 동시에 아시리아 왕은 그 반대로 이방인들을 사마리아로 이주시켰다고 한다(24절). 이주민들이 야훼를 경외하지 않자 사자를 통한 재앙이 임했고, 이를 계기로 그들은 소환된 야훼 제사장으로부터 야훼를 섬기는 법을 배운다(28절). 그들은 이전의 이스라엘 사람들인 "사마리아인"(השמרנים 〈핫쇼메로님〉 29절)이 지은 산당에 자기들의 신상을 두고 자기들의 방식대로 제사를 지내는 동시에 야훼를 섬기게 된다(29-31, 32-33절). 신명기 사가의 기술에 따르면 그들은 "오늘날까지" 그들 고유의 민족신과 함께 야훼를 섬기고 있다(34a절). 이처럼 열왕기에서 사마리아의 새 주민들은 이방인들이며 그들의 종교는 혼합주의로 규정된다.[1] 여기서 우리는 17장 34b-40절에서 "그 땅에 남은 이스라엘 사람들"[2]에 대하여 말하고 있다는 점에 주목해야 한다. 그들은 7-23절에서 보도하는 재앙에도 불구하고 초기의 관습대로 살

---

[1]   Albertz, *Religionsgeschichte*, 578; I. Hjelm, "Brothers Fighting Brothers. Jewisch and Samaritan Ethnocentrism in Tradition and History," in *Jerusalem in Ancient History and Tradition*, ed. Th. Thompson, 214.

아간다(40절). 열왕기 저자는 새로 이주한 이방인이나 땅에 남은 이스라엘 사람들도 야훼와 그들의 우상을 동시에 섬겼다고 확언하고 있다(41절). 이로써 열왕기서에서 북왕국 지역의 주민들은 모조리, 새로 이주한 이방인들이든 아니면 아시리아의 재앙을 피해 남은 이스라엘 원주민들이나 똑같이 혼합주의자로 규정된다. 그럼에도 불구하고 비난적 공격은 이방 민족이 아니라 북왕국의 혼합 민족에게 향한다.[3] 신명기 역사서에서 북왕국의 야훼 종교가 처음부터 혼합주의로 평가되었다는 점을 고려하면, 멸망 이후에도 북왕국의 타락은 이 관점에서 지속되었던 것이다.[4] 그러니까 여기서 반사마리아적 문제의 관점은 전혀 검토 선상에 들어오지 않는다.[5] 달리 말해 열왕기하 17장의 본문은 특별히 반사마리아적 관점을 말하는 것이 아니라는 것이다.

열왕기하 17장 24절 이하에서 규정되는 성격을 "사마리아인"에게 적용하기 시작한 것은 요세푸스로 거슬러 올라간다. 그는 살만에셀이 쿠타 지방 백성들을 사마리아와 이스라엘 땅으로 이주시킨 것은 유대아의 열 지파들이 출애굽하여 땅을 정복한 후 947년 만의 일이었다고 기록하고 있다(유대고대사 IX.14.1). 원래의 이스라엘 사람들을 '사마리아인'이라고 칭하는 열왕기와는 달리(왕하 17:29) 요세푸스는 새로 이

---

2   역사적으로 보면 모든 북왕국 이스라엘이 사로잡힌 것은 아니다. 사르곤의 비명에 따르면 기원전 722년이나 720년에 27,290(Prunkinschrift)명 또는 27,280(Kalach-Prisma)명이 사로잡혔다. 디브너의 추정에 따르면 이것은 북왕국 주민의 8-10%이다. 대하 30장과 35:17-18을 제외하면 세겜, 실로, 사마리아의 순례자들은(렘 41:4-5) 북왕국 지역에 이스라엘이 존재했다는 것을 보여준다.

3   J. T. Walsh, "2 Kings 17. The Deuteronomist and the Samaritans," in *Past, Present, Future. The dtr History and the Prophets*, eds. J.C. de Moor, et al., 315-23 참고.

4   F. Dexinger, "Der Ursprung der Samaritaner im Spiegel der frühen Quellen," in *Die Samaritaner*, eds. F. Dexinger, et al. 85 참고.

5   Albertz, *Religionsgeschichte*, 578; B. J. Diebner, "Die antisamaritanische Polemik im TNK als konfessionelles Problem," in *(Anti-) Rassistische Irritationen*, ed. W. Silvia, 80; Walsh, "2 Kings 17," 323.

주한 백성들인 쿠타인들을 '사마리아인'으로 간주한다(유대고대사 IX.14.3). 그리고 이 쿠타인들은 요세푸스의 작품에서 포로기 이후 초기 성전 건축 상황에서 다시 언급된다(XI.2.1+4.3).

알베르츠는 열왕기하 17장 24-41절의 본문을 사마리아의 기원에 대한 것으로 보는 것이 적합한지에 대한 문제를 제기하고 그 근거로 사마리아 사람들이 그들의 유일신앙을 강조하기 위하여 토라(율법서)를 수용하였고 후에는 그들이 "율법을 지킨 자"로 간주되고 있어서 그들에 대해 추호도 열왕기하 17장이 말하는 혼합주의에 빠졌다고 말할 수 없다는 점을 내세웠다.[6] 알베르츠에게 있어 "열왕기하 17장 24-41절의 종교사적 기원은 전적으로 무의미하다."[7] 여기서 알베르츠는 요세푸스의 사마리아 논쟁은 사마리아가 이스라엘 백성에서 완전히 배제된 것을 이미 전제한 것이며 그래서 사마리아 역사 발전의 초기가 아니라 최종 단계에 관한 것이라는 결론을 끌어낸다. 그러므로 전통적으로 열왕기하 17장을 사마리아인의 배제와 연결시키는 것은 성전 재건(기원전 520-515년)에서 사마리아인을 배제할 신학적 정당성으로 보아야 한다.[8] 알베르츠의 확신은 에스라 4장 1절 이하의 관찰을 통해 뒷받침된다.

(2) 에스라 4장 1절에서 우리는 "유다와 베냐민의 대적"이라 불리는 한 집단을 만나게 된다. 그들은 귀환한 유다 지도층에게 아시리아 왕에 의해 이주된 이래로 야훼를 섬긴다는 것을 근거로 성전 건축에 참여를 요구한다(4:2). 이 요구에 대한 거절의 이유가 분명하게 주어져

---

6   Albertz, *Religionsgeschichte*, 578.
7   Albertz, *Religionsgeschichte*, 578.
8   Albertz, *Religionsgeschichte*, 579; idem, *Exilszeit*, 226.

있지 않지만 종교적 혼합주의는 전혀 아니다. 왜냐하면 열왕기하 17장 24-41절의 종교적 혼합주의가 여기서 아무런 역할도 하지 않기 때문이다. 더구나 자신들의 정체를 야훼 예배자로 밝혔을 때 귀환한 포로민들은 전혀 반박하지 않고[9] 오히려 고레스 칙령을 근거로 성전 건축에 대한 독점권을 강조하기 때문이다(스 4:3; 참조 1:3).[10] 여기에는 분명히 참 이스라엘에 대한 질문이 배후에 있다. 4장 1절에 따르면 "이스라엘 가문의 우두머리"에게 이 "이스라엘"은 오직 포로에서 귀환한 자들, 더 정확히 말하면 "유다와 베냐민" 출신으로만 구성된다.

4장 1절의 "유다와 베냐민의 대적" 외에 4절에서 또 다른 칭호 "그 땅의 백성"이 언급된다. 크세르크세스(아하수에로)와 아닥사스다 왕 통치 시대에 있었던 그들의 적대적인 행위가 보고된다.—이렇게 시대 착오적인 사건에서—고레스 칙령이 뒤늦게 실현된 이유를 찾고 있는 것을 볼 때(4:24), 저자는 성전 건축 지연의 원인을 다리우스 2년(520년)까지 지속된 "그 땅 백성"들의 적대적인 행동에서 찾으려고 의도하고 있음이 분명하다. 4장 7, 9절에서 성전 건축의 중단이 누구에게서 발단되는지 구체적으로 열거된다. "비슬람, 미드르닷, 다브엘과 그 동료들"(4:7), 또 "방백 르훔, 서기관 심새, 그의 동료 디나, 아바삿, 다블래, 아바새, 아렉, 바벨론, 수산 데해, 엘람 사람들 외에 존귀한 오스납발[앗수르바니팔]이 사마리아 성과 강 건너편 다른 땅에 옮겨 둔 자들"(4:9-10)이다. 사마리아와 사마리아와 관계를 지닌 지도자들이 반(反)유다 세력의 중심에 있다. 그러니까 "그 땅의 백성"은 이방 민족의

9   M. Cogan, "For We, Like You, Worship Your God: Three Biblical Portrayals of Samaritan Origins," *VT* 38 (1988), 288.
10   W. Rudolph, *Esra u. Nehemia* (HAT 20; Tübingen 1949), 33 참고.

지도층을 의미한다.[11] 포로기 이후 초기에 페르시아 왕으로부터 특권을 가진 새로운, 유대인 집단과 사마리아 지도층 간의 정치적 갈등을 말한다. "그 땅의 백성"이 아시리아 이주 정책과 연결되었다는 점에서 성전 재건에 대한 독점권을 신학적으로 정당화하려는 노력을 인지할 수 있다.

(3) 두 지도층 간의 갈등 내지 적대감은 느헤미야가 아닥사스다 1세 제20년(기원전 445년)에[12] 페르시아 왕의 재가를 받아 예루살렘에 도착했을 때 악화된다. 산발랏과 도비야와 게셈은 느헤미야가 왔다는 말을 듣고 몹시 불편해한다(느 2:10). 이들의 적대적 관계는 느헤미야가 산발랏과 도비야를 낮추어 지칭하는 데서 벌써 감지할 수 있다.

산발랏과 도비야와 "아라비아인" 게셈은 느헤미야와 예루살렘 사람들이 성읍 재건의 결정을 조롱하며 왕에 대한 반역으로 간주한다(느 2:19b). 이에 느헤미야는 왕의 조서가 아닌 "하늘의 하나님이 형통하게 하시리라"는 확신으로 응답하면서(2:20a), 그들로부터 예루살렘에 대한 모든 권리를 박탈한다.[13] "너희에게는 예루살렘에서 기업도, 권리도, 기억되는 바도 없느니라!"(2:20b). 이 답변은 에스라 4장 3절에서

---

11 H. Donner, *Geschichte des Volkes Israel und seiner Nachbarn in Grundzügen* (GAT 4/2; Göttingen 21995), 447; F. Dexinger, "Ursprung," 98; J. Frey, "Temple and Rival Temple - The Cases of Elephantine, Mt. Gerizim, and Leontopolis," in *Gemeinde ohne Tempel, zur Substituierung und Transformation des Jerusalemer Tempels und seines Kults im Alten Testament, antiken Judentum und frühen Christentum*, eds. E. Ego, et al., 185; O. Margalith, "The Political Background of Zerubabels Mission and the Samaritan Schism," *VT* 41 (1991), 314. Lisbeth S. Fried, "The '*am ha'ares* in Ezra 4:4 and Persian Administration," in *Judah and the Judeans in the Persian Period*, eds. O. Lipschits and M. Oeming, 123-45는 아람어로 된 스 4:9-10에서 네 개의 관직명을 찾아내고 이들이 이방인의 지도층임을 보다 구체적으로 보여주었다. 배희숙, "에스라-느헤미야에 나타난 유다 재건 정책," 『장신논단』 30 (2007), 45-77 참고.

12 역사적으로 '아닥사스다'라 이름하는 왕은 세 명이 있다. 아닥사스다 롱기마누스(기원전 465-423년), 아닥사스다 므네몬(405-359년), 아닥사스다 오쿠스(359-338년)가 그들이다. 느헤미야 12장 10-11, 22절의 제사장 목록에 따르면 엘리아십은 408년의 엘레판틴 파피루스가 증거하는 여호하난/요하난보다 이른 시기에 제사장직에 있었기 때문에 느헤미야 시대의 아닥사스다는 1세가 된다. Sacchi, *The History of the Second Temple Period*, 135-136.

스룹바벨과 그의 사람들이 말한 것과 맥을 같이 한다.[14]

예루살렘 성벽 재건이 진전되자 예루살렘에 대한 외부의 저항이 거세진다(느 4:1-2). 산발랏과 도비야는 성벽 작업에 전념하는 유대인들에 대한 군사적 조치를 결정하고 이를 위해 유다의 이웃 민족들과 연합하고자 노력한다(4:7 이하). 이들에게 게셈을 최고 지도자로 한 아라비아인과, 암몬, 아스돗 사람들이 연합한다. 그리하여 에스라 4장 3절의 북남쪽에 있는 대적들에다 이제는 동서쪽의 대적들이 추가된다.[15] 만나자는 반복적인 약속은 성사되지 않는다(느 6:2-4).

산발랏과 도비야와 게셈이 예루살렘 성벽 건축을 중지시키기 위해 연합한 동기가 무엇이었는지는 언급되지 않는다. 그러나 그 이유는 어렵지 않게 짐작할 수 있다. 산발랏은 강 저편에 속하는 속주 사마리아의 총독이었다(느 3:34 참고). "암몬 사람의 종"이라는 칭호로 미루어 볼 때 도비야는 산발랏의 하급 관리로 "유다 사안에 전문성 있는 책임자"였을 것이다.[16] 느헤미야는 페르시아 왕조의 유일한 중심 세력으로서 유다의 무너진 성벽과 불에 탄 성문을 재건할 힘을 가진 "총독"(פחה)이었기 때문에[17](1:3; 2:3,8,13,17; 6:1; 7:3; 12:30), 그들이 느헤미야의 출현

---

13 K.-D. Schunck, *Nehemia* (BK 23/2; Neukirchen-Vluyn, 1998), 74; T. Reinmuth, *Der Bericht Nehemias. Zur literarischen Eigenart, traditionsgeschichtlichen Prägung und innerbiblischen Rezeption des Ich-Berichts Nehemias* (OBO 183; Freiburg 2002), 75; H. G. M. Williamson, *Ezra and Nehemiah* (WBC 16; Waco TX, 1985), 193.

14 느헤미야는 그의 형제 하나니에게 성을 맡겨(7:2) 예루살렘 파수를 더욱 강화한다. "그 성읍은 광대하고 그 주민은 적으며 가옥은 미처 건축하지 못하였기" 때문이다(7:4). 또한 느헤미야는 백성의 십분의 일을 예루살렘 성읍에 거주하게 한다(11:1). 폐허 가운데 있는 성읍을 재건하는 것이 느헤미야의 임무였다. 스룹바벨과 예수아가 성전 재건자였다면 느헤미야는 성읍의 재건과 경계를 맡은 자였다.

15 Rudolph, *Esra u. Nehemia*, 123; Welten, *Geschichte*, 169; Margalith, "Political Background," 313; Schunck, *Nehemia*, 133.

16 Schunck, *Nehemia*, 49-50.

17 Ch. Karrer, *Ringen um die Verfassung Judas. Eine Studie zu den theologisch-politischen Vorstellungen im Esra-Nehemia-Buch* (BZAW 308; Berlin et al. 2001), 116.

을 달가워하지 않은 것은 자명하다(2:10). 유다의 독립을 위한 느헤미야의 노력과 사마리아 지도층이 겪게 될 법적 차별은 산발랏과 도비야에게는 "예루살렘에 대한 자신들의 세력과 영향력이 침해되는 것"을 의미했다.[18] 산발랏은 사마리아 속주의 총독으로서 예루살렘의 사건에 외부의 영향력을 행사하려고 한 반면, 도비야는 유다 지역에 대한 권한을 지닌 행정관으로서 예루살렘과 유다에서 활동하고 여기서 또한 권세 가문(6:17-18)이나 제사장들과(13:4) 친분 관계를 유지하려고 했을 것이다.[19] 암몬인과 에돔인과 블레셋인 지역을 통치했던 게셈이 공동 대응을 위해 연합한 것은 그가 기원전 587년 멸망한 유다 왕국의 남쪽 지역을 통치하게 되었고 그의 관할 지역에 일부 유다인이 있었다는 사실을 통해 설명된다.[20] 그들의 연합은 성벽 재건으로 예루살렘에서 새로운 자의식이 고취되고 이러한 의식이 자신들의 통치권 안에 있는 유대인에게 침투될 것을 막고자 했을 것이다.[21] 이러한 공동의 관심으로 그들은 속주 유다의 독립을 가능한 한 방해하려고 노력한 것이었다. 여기서 두 집단 간의 경쟁 관계가 뚜렷하게 내비치고 있다.

　이러한 배경에서 보면 느헤미야의 예루살렘 2차 체류 시기에(기원전 430-425년경) "성벽 재건 이야기에서 충분히 잘 알려진" 사마리아 총독 산발랏의 딸과 결혼한, 대제사장 요야다의 아들을 유대 공동체에서 추방한 일은 쉽게 이해된다(느 13:28). 29절에서 느헤미야의 조치가 제

18　Schunck, *Nehemia*, 45.

19　Schunck, *Nehemia*, 179-80.

20　Schunck, *Nehemia*, 72.

21　Schunck, *Nehemia*, 72.

사장직의 "오염"(טהר의 피엘형)과 레위인과 제사장의 계약 파기라는 점을 근거로 이루어지는 것을 고려할 때, 여기서 느헤미야는 제사장의 특수성과 특별한 의무를 통한 공동체의 정결 엄수(레 21:7, 9)와[22] 또 유다인에게 통혼하지 말라는 경고를 강력하게 적용하고 있음을 알 수 있다(느 13:23-27).[23] 그럼에도 불구하고 대제사장 가문 내의 통혼이라는 구체적인 사례에 직면하여 느헤미야가 성전 관리(官吏) 문제까지 직접 개입한 것은 유다와 사마리아가 분열하는 계기가 되었을 수 있다. 이와 관련하여 특히 느헤미야의 조치에 관한 세갈의 연구는 주목받을 만하다. 사마리아 분열 과정을 들여다보게 해주기 때문이다. 세갈은 느헤미야 13장 28절에서 동사 "추방하다"(ברח의 히필형)의 용법을 지적한다. 이 용어가 지닌 "폭력" 개념(대상 8:13을 참조)에서 출발하여 세갈은 산발랏과 그의 사위는 자신들과 연합한 예루살렘 사람들의 지지를 받아 느헤미야에 강력하게 대처했으며 느헤미야 또한 물리적으로 대처한 것이 분명하다고 추론한다.[24] 느헤미야가 산발랏의 사위와 그 지지자들과 연합한 많은 사람들을 언급하는 13장 29절이 그 증거라는 것이다. 세갈이 추론하듯이 이방 여인과의 통혼에 연루되어 제사장과 레위인의 직분을 부정하게 한 제사장과 레위인들이 산발랏의 사위 외에도 많이 존재했을 것이다.[25] 느헤미야는 통혼으로 부정해진 성전 관리들의 성소 직무를 박탈함으로써 제사장과 레위인의 직분을 정화한다.[26] 제의적으로 사용된 13장 30a절의 용어에 대한 라인무트의

---

22 Rudolph, *Esra u. Nehemia*, 209.
23 Reinmuth, *Bericht*, 305.
24 Segal, "Der Heirat des Sohnes des Hohenpristers," 200.
25 Segal, "Der Heirat des Sohnes des Hohenpristers," 201.
26 Segal, "Der Heirat des Sohnes des Hohenpristers," 201-202.

관찰은 이러한 해석을 뒷받침한다. 라인무트는 13장 3절의 בדל 〈바달〉이나 통혼의 맥락에서 나타나는 동사 יצא 〈야차〉(스 10:3, 19)와는 달리 여기서 동사 טהר 〈타하르〉가 사용된다는 점을 지적한다.[27] 13장 29절에서 "제사장의 직분을 더럽히고" 또 "제사장의 직분과 레위 사람에 대한 언약"이 언급되기 때문에 라인무트는 30절의 "내가 그들을 깨끗하게 하고"(טהרתים)에서 동사 형태와 그 목적격 어미가 구체적으로 "성전 제의 관리"를 칭하는 것이라고 결론짓는다. 30절의 의미는 "내[느헤미야]가 그들을—즉 제사장과 레위인을—모든 이방인들로부터 정결하게 하였다."가 된다.[28] 느헤미야는 성전 관리 면직 이후 후속 조치로 제사장과 레위인 규정을 재정비했을 것이다.[29] 라인무트의 해석에 따르면 30절은 느헤미야가 이방인과 관련된 제사장과 레위인을 파면하고 그 직무에 대한 규정을 새로이 확립한 사실을 말한다.[30] 느헤미야가 제정한 새로운 제사장 직분 규정은 적지않은 제사장과 레위인이 통혼에 연루되었음을 추측하게 한다. 이 맥락에서 사키가 포로기 이후 시대 제사장단의 역사적 상황을 재구성한 결과가 눈길을 끈다.

> 그 땅의 부를 통제할 수 없다는 사실과 부족한 군사력 때문에 그들[제사장들]은 여러 주변 민족과의 친분과 결속을 꾀하지 않을 수 없었다. 돈과 군사력 없이는 권력을 잡거나 행사할 수 없었기 때문이다. … 이러한 상황에서 통혼의 관행이 생겨났다. 즉 예루살렘 제사장단을 사마

---

27 Reinmuth, *Der Bericht Nehemias*, 304 참조.

28 Reinmuth, *Der Bericht Nehemias*, 304.

29 Segal, "Der Heirat des Sohnes des Hohenpristers," 201-202; Reinmuth, *Der Bericht Nehemias*, 304.

30 Reinmuth, *Der Bericht Nehemias*, 304.

리아와 암몬의 권세 가문과 묶어 주는 정치적 경제적 동맹이 생겨난 것이다. 이것은 성전의 통제권을 허락하는 경제적 행위였다. 왜냐하면 고대에 성전은 은행으로도 기능했기 때문이다.[31]

이렇게 개방된 예루살렘의 제사장 집단과 사마리아의 지도층은 연을 맺었다. 예루살렘 제의에 대한 공식적인 영향력을 갖기 위해 대제사장 가문의 집안에 딸을 출가시킴으로써 말이다.[32] 사키에 따르면 정략적인 통혼은 특히 사독 가문에 널리 퍼졌다(느 6:17-19 참조).[33] 통혼에 연루된 제사장들이 산발랏과 그의 사위와 함께 느헤미야를 대적하고, 후에는 산발랏의 사위와 결탁하여 예루살렘에서 산발랏에게로 전향하였을 가능성은 매우 높다.[34] 그러므로 느헤미야의 이러한 조치는 충분히 유다와 사마리아의 제의적 분열의 시발점이 될 수 있었다. 요세푸스의 고대사에도 포로기 이후 시대의 통혼 문제에 관한, 이와 유사한 이야기가 있다.[35]

2) 요세푸스

요세푸스는 『유대고대사』 제11권에서 산발랏의 사위가 추방된 사건을 보도하고 있다. 요세푸스는 이 사건에서 사마리아 분열의 시발점을 찾는다. 요세푸스의 보도를 알베르츠의 요약으로 대신한다.[36]

---

31 Sacchi, *The History of the Second Temple Period*, 117-18.
32 Albertz, *Religionsgeschichte*, 586-87.
33 Sacchi, *The History of the Second Temple Period*, 121 참고.
34 Segal, "Die Heirat des Sohnes des Hohenpriesters," 201-202 참고.
35 F. Josephus, *Ant.* XI, 320-347.

온 이스라엘 역사서 — 화해와 화합을 위한 역대기 구상

요세푸스에 따르면 다리우스 3세 시대(기원전 338-331)에 사마리아의 총독인 산발랏이 그의 딸 나카소를 대제사장 얏두아의 형제인 므낫세와 결혼시켰다. '유다의 장로들'로부터 이혼하거나 제사장직을 포기하라는 요청을 받고 양단간 결단의 기로에 서게 된 므낫세는 장인에게 이 딜레마를 털어놓는다. 그러자 장인 산발랏은 페르시아의 다리우스 왕의 허락을 받아 그리심산에 성전을 건축하여 그곳의 대제사장직을 사위인 므낫세에게 맡기겠노라고 약속한다. 이를 계기로 므낫세가 산발랏에게로 전향하고, 이때 통혼에 연루된 많은 제사장과 이스라엘 사람들이 그와 함께 하였다. 그러나 예상과는 달리 다리우스는 마케도니아와의 잇수스 전쟁에서 패배하고, 그리하여 산발랏의 계획은 수포로 돌아간다. 산발랏은 알렉산더가 시리아로 진군하여 두로를 포위했을 때 그를 방문하여 충성을 맹세하고, 그에게 팔천 군사를 주면서 사위를 위해 성전 건축을 허락해 달라고 요청한다. 동시에 그는 자신이 통치하는 지역의 백성들이 성전을 원하고 있으며 또 유대인의 권력 분산을 정치적 장점으로 삼고 있다고 말한다. 그러자 알렉산더는 성전 건축에 동의하였고 산발랏에게 성전 건축을 가능한 한 빨리 마치도록 온 힘을 사용하도록 허락하고 므낫세를 대제사장으로 임명하였다.

요세푸스가 보도하는 산발랏 사위의 축출 사건은 느헤미야가 산발랏의 딸과 결혼한 대제사장 요야다의 아들을 축출한 사건(느 13:28)과 매우 흡사한 면이 있다. 느헤미야는 예루살렘을 다시 방문했을 때

---

36 Albertz, *Religionsgeschichte*, 581-82.

제사장직을 더럽게 하고 제사장과 레위인의 계약을 어겼다는 근거로 (13:29) 산발랏의 사위인 대제사장 요야다의 아들을 추방하였다. 이 두 사건은 100년이라는 시차가 있기 때문에 학계에서는 오랫동안 요세 푸스의 산발랏을 느헤미야 시대의 산발랏과는 다른 산발랏 3세, 즉 다리우스 3세(기원전 336-330)와 알렉산더의 동시대인으로 간주하였다.[37] 그러나 오늘날에는 요세푸스와 느헤미야의 두 이야기는 같은 사건이라는 견해가 널리 인정받고 있다.[38] 특히 학(E. Haag)은 요세푸스의 보도는 문학적으로 본래 독립적으로 존재한 두 개의 전통이 결합된 결과라고 말한다. 그 하나는 사마리아의 페르시아 총독 산발랏과 그리심 성전 건축에 관한 사마리아 전통이며, 다른 하나는 알렉산더의 예루살렘 방문에 관한 유다 전통이다.[39] 학에 따르면 사마리아 전통은 그리심 성전의 합법성 때문에 다리우스 2세(Nothos, 기원전 423-405) 시대에 일어난 사건, 즉 느헤미야에 전승된 호론 사람 산발랏의 딸과 대제사장 가문의 연혼(느 13:28)이 (알렉산더가 예루살렘을 방문한) 다리우스 3세 (Kodomannon, 기원전 336-331) 시대로 옮겨진 것이다.[40] 마겐에 따르면 알렉산더의 권위와 관련된 것은 "알렉산더에 의해 사마리아가 파괴된데 이어 마케도니아 도시로 변형되고 또 전 사마리아의 행정 구조가 전복되자 이스라엘 후손인 사마리아 사람들이 그리심산에 민족의 새

---

37 F. M. Cross, "A Reconstruction of the Judean Restoration," *JBL* 94 (1975), 5-6; Dexinger, "Ursprung," 109; N. Schur, *History of the Samaritans* (BEAT 18; Frankfurt am Main 1992), 35 이하; Albertz, *Reiligionsgeschichte*, 582 이하.

38 Sacchi, *History*, 152.

39 E. Haag, *Das hellenistische Zeitalter* (BE 9; Stuttgart 2003), 38; 참고 Segal, "Die Heirat des Sohnes des Hohenpriesters," 207.

40 Haag, *Das hellenistische Zeitalter*, 38; Segal, "Die Heirat des Sohnes des Hohenpriesters," 208-209.

중심지를 건설하려고 하였기 때문이었다."[41] 이렇게 사마리아 전통이 시대적으로 이동된 것이 맞다면, 사마리아의 분열은 이미 느헤미야 시대에 일어난 것이 된다.[42]

문헌 자료에 대한 위의 고찰로부터 사마리아의 분열은 이미 기원전 5세기 중반인 433년에서 424년 사이에, 그러니까 느헤미야의 예루살렘 체류 제2기에 일어났으며 사마리아인은 열왕기하 17장이나 에스라 4장이 기술하는 것처럼 이방 민족도 아니고 비포로민도 아니었다고 결론지을 수 있다. 사마리아인들은 사마리아 지역에 사는 야훼 신앙자들이었으며 여기에는 사마리아인을 넘어서 유대의 평민들도 있었고(유대고대사 XI.8.4) 그들에게는 정통 사독 제사장도 있었다(느 13:28-29 참조).

나. 역사적 사마리아 공동체 재구성

위의 문헌 연구에서 도출된 결론은 고고학 연구 결과가 뒷받침한다. 마겐은 1983년에서 2006년까지 지속적으로 그리심을[43] 발굴하면서 토기와 동전을 조사하여 그리심 성전 건축 초기 단계는 기원전 4세기 말이 아니라 5세기 중반에, 즉 산발랏과 느헤미야 시대에 속한다고

---

41 Y. Magen, "הר גריזים מקדש (Mt. Garizim A Temple City)," *Qadmoniot* 33, 2 (2000), 117 (Hebrew).

42 Sacchi, *The History of the Second Temple Period*, 153.

43 그리심산은 세겜 지역에 있으며 중기 청동기 시대부터 팔레스틴의 중요한 도시였다. 여기서 남북의 교통로가 교차하는데, 남쪽에서부터 헤브론과 예루살렘을 거쳐 북쪽의 갈릴리, 이스르엘 평원으로 갈 수 있다.

결론 내렸다.[44] 마겐은 심지어 그리심 성전의 건축은 산발랏의 사위의 축출 이전에, 즉 이미 기원전 5세기 초에 이루어졌다고까지 추측한다. 초기 연대 설정이 완전히 해결된 것은 아니지만, 발견된 수많은 동전들이 4세기 전반, 그러니까 알렉산더의 정복과 사마리아의 붕괴 이전의 것인 반면, 68개의 동전이 페르시아 시대의 것이라면,[45] 그리심 성전은 5세기 말에 이미 존재하였다고 확실히 단정할 수 있다. 산발랏이나 도비야는 그 이름으로 보건대 분명히 야훼를 믿는 자들이었다.[46] 기원전 410년에 붕괴된 엘레판틴의 야훼 성전의 재건축 승인에 대하여 유다의 행정관인 바고히와 사마리아의 행정관인 산발랏의 아들 델라야에게 청원했다는 사실로 미루어 볼 때 그리심 성전의 건축 또한 페르시아 정부로부터 재가를 받았을 개연성이 매우 높다.[47] 그리심 성전의 초기 연대와 관련하여 프라이의 생각을 다루어 보자. 그리심 성전은 예루살렘 성전을 모델로 하여 건축되지 않았다는 나베와 마겐의 발굴 결과에 따라 프라이는 그리심산에 건축한 성전에 합법성을 부여하기 위한 시도가 추후에 이루어졌다고 추론한다.[48] 그러니까 그리심 성전은 초기에 예루살렘 성전과 경쟁 관계에 있지 않았던 것이다. 필

---

44 Magen, "הר גריזים מקדש," 114-17; "The Dating of the First Phase of the Samaritan Temple," 176; 참고. J. Frey, Temple, 184; L. L. Grabbe, "Betwixt and Between: The Samaritans in the Hasmonean Period," in Second Temple Studies III, eds. P. R. Davies, et al., 211; B. Hensel, "Das JHWH-Heiligtum am Garizim: ein archäologischer Befund und seine literar- und theologiegeschichtliche Einordnung," VT 68 (2017), 1-21.

45 Magen, "הר גריזים מקדש," 114.

46 H. H. Rowley, "The Samaritan Schism in Legend and History," in Israel's Prophetic Heritage, eds. B. W. Anderson and W. Harrelson, 217; Schunck, Nehemia, 46 참고. 엘레판틴 파피루스에 따르면 산발랏의 아들인 델라야와 셸레먀의 이름은 야훼 이름을 담고 있으며 산발랏의 딸은 대제사장 가문 사람과 결혼하였다(느 13:28). 도비야의 이름도 야훼 이름을 지닌다. 특히 제사장 엘리아십이 도비야에게 큰 방을 주었다는 것도 이를 지지한다(13:4-5).

47 Frey, Temple, 177 참고.

48 Frey, Temple, 185.

온 이스라엘 역사서 — 화해와 화합을 위한 역대기 구상

자는 산발랏의 사위가 느헤미야에 의해 예루살렘 성전에서 축출되고, 이어 제사장들이 축출되면서 예루살렘과 사마리아가 제의적으로 분열되었을 것으로 추측한다. 느헤미야가 추방한 제사장단은, 요세푸스가 암시하듯, 그리심 성전으로 갔을 것이다(느 13:28). 특히 사독 제사장단의 권력은 근본적으로 주변 지역의 대가문과의 결혼에 기초하고 있었기에[49] 사독 가문은 그리심산에 있는 성전으로 갔을 것이다. 이런 방식으로 예루살렘 성전에서 더 이상 종사할 수 없게 된 사독 제사장단은 예루살렘 밖에서 다시 영향력을 얻게 된 것이다.[50] 다른 한편 그리심 성전은 예루살렘에서 추방된 제사장들의 이주를 통해 점점 더 합법성을 얻게 되고 그 결과 점점 평민들까지 끌어오는 자력(磁力)을 갖게 되었을 것이다. 이러한 가정은 요세푸스의 보도를 통해 지지된다. 요세푸스에 따르면 산발랏은 알렉산더에게 "그[므낫세]에게는 성전을 건축하고자 하는 유대 사람들이 많이 있다."라고 말한다(유대고대사 XI.8.4). 요세푸스는 계속해서 보도하기를, 알렉산더가 죽은 후에 "그리심산에 성전은 계속 존재"하였으며, 또 "금지된 음식을 먹고, 안식일을 범하며, 여타 다른 그릇된 행위가 있어 예루살렘 사람들로부터 비난받은 사람들은 세겜인들에게로 도망가서 주장하기를 거기서[예루살렘에서] 부당하게 쫓겨났다고 하였다. 이 시기쯤에 대제사장 얏두스도 죽고, 그를 이어 아들 오니아스가 직무를 승계하였다."(유대고대사 XI.8.7). 이것은 그리심 성전이 그 사이에 예루살렘 성전에 버금가는 중요한 의미를 갖게 되었다는 것을 암시한다.

---

49 Sacchi, *The History of the Second Temple Period*, 144.
50 Dexinger, "Ursprung," 127.

고고학 발굴에 따르면 그리심산의 제의는 야훼 제의였으며, 그리심 성전도 예루살렘 성전과 같이 야훼의 성소였다.[51] 그리심 성전 공동체가 오경을 수용한 것은 여기에 부합한다. 사마리아인들은 오경을 인용하여 자신들의 합법성에 대한 적법한 이유를 주장할 수 있었다.[52] 토라(오경)에서 그리심산은 가나안 입성 초기의 이스라엘과 연관을 맺고 있었기 때문이다. 즉 예루살렘이라는 이름은 신명기에 언급되지 않지만 에발산(신 27:4)과 그리심산(신 27:11-12)에서의 모세의 제의 행위가 분명히 언급되며, 또 벧엘(창 28:10-20)과 세겜(창 12:6; 33:18-20; 35:4)에서는 이미 조상들이 성소를 세웠던 것이다.[53] 사마리아 연대기에 따르면 사마리아 성전의 제사장은 아론의 후손이다.[54] 뿐만 아니라 안식일 준수, 음식 규정, 정결법, 할례 등 유다인과 사마리아인 사이의 종교적 관행도 유사하다. 주요 차이는 하나님이 선택한 성전이 어디에 있느냐 하는 것이다.[55] 한편으로는 그리심산에 경쟁이 되는 성전을 건축함으로써 다른 한편으로는 토라로써 예루살렘은 사마리아인에게 합법적인 종교적 제의적 장소로서의 힘을 잃게 된 것이다.[56] 이로써 유다인과 사마리아인 사이에는, 기원전 3세기 이집트에 있던 유다 공동체가 잘 보여주듯이(유대고대사 XII.7-19), 어느 곳이 합법적인 제의 장소인지에 관한 논쟁이 벌어지게 된다. 이러한 맥락에서 우리는 역대기 저자가 "역사서의 저작을 통해" 유대인의 지도권 회복을 목적으로 하고[57] 뿐

---

51 Grabbe, "Betwixt and Between," 212.
52 Albertz, *Religionsgeschichte*, 608.
53 Albertz, *Religionsgeschichte*, 588.
54 L. L. Grabbe, "Josephus and the Reconstruction of the Judean Restoration," *JBL* 106 (1987), 238.
55 Grabbe, "Betwixt and Between," 206.
56 Dexinger, *Samaritaner*, 752.

만 아니라 합법적인 제의 장소에 대한 논쟁에 개입하고자 하였다는 가정을 할 수 있다. 이러한 가정이 맞다면 저작 시기에 대한 정확한 연대 설정이 가능할 것이다. 어쨌든 분열은 역대기가 형성되기 머지않은 시점에 시작되었을 것이다. 그렇다면 역대기의 형성 연대의 상한선은 기원전 400년 이후가 될 것이다. 에스라-느헤미야의 엄격한 정책이 분열의 시발점이었다면, 역대기 저자는 에스라-느헤미야 시대로부터 그리 멀리 떨어져 있지는 않을 것이다. 그러므로 역대기의 형성 연대는 기원전 4세기가 나온다. 사마리아인들이 330년 다리우스 3세의 죽음으로 성전에 대한 페르시아의 합법성을 넘어 헬라 통치자의 공식적인 인정을 얻고자 했다면,[58] 이것은 완전한 분열을 의미한다. 비록 최종적인 분열은 요한네스 히르카누스 1세(기원전 135/4-104년)가 128년 내지 104년에[59] 세겜과 그리심을 정복하였던 200년 후에 일어났더라도 말이다. 역대기가 지닌 호소의 성격을 고려할 때, 분열은 역대기 저자의 시기에 최종적이었던 것은 아닐 것이며 참 성전에 대한 논쟁은 여전히 활발하였을 것이다. 그러므로 저작 연대 하한선은 기원전 330년이 될 것이다.[60] 역대기 저작 시대로 페르시아 시대 후기 또는 4세기 중반을 생각해 볼 수도 있다.[61]

---

57 Albertz, *Religionsgeschichte*, 608.

58 Noth, *Studien*, 165; Haag, *Zeitalter*, 38-39.

59 파괴 연대는 여전히 논란이 있다. Grabbe, *Samaritans*, 212는 현재 자료 상태에 비추어 볼 때 사마리아의 최종 파괴는 요한 히르카누스 시대보다는 알렉산더 야네우스 통치 시대에 일어났을 것으로 판단한다.

60 헬라 시대 연대 설정에 대한 반박은 Kalimi, "The Date of the Book of Chronicles," in *God's Word for Our World*, ed. J. H. Ellens, 34 참고.

61 대상 23-27장의 제사장 제도를 근거로 같은 연대 설정은 Williamson, *Chronicles*, 16; Kalimi, "Date," 366.

3 | 역대기 저작

가. 연구 상황

이미 오래 전에 마르틴 노트는 사마리아인이 정치적으로, 특히 제의적으로 예루살렘에서부터 이탈해 나간 사건이 역대기 저작을 야기했다고 주장했다. 노트에 따르면 "당시[기원전 3세기]에 사마리아가 예루살렘 제의에서 이탈한 것은 얼마 되지 않은 과거의 일로 아직도 예루살렘 공동체의 기억에 생생하게 남아 있었으며 그들에게는 예루살렘 제의를 중심으로 모인 자기들의 공동체가 옛 이스라엘 백성의 직계 후손으로 간주되었다."[1] 노트에 따르면 역대기 저자도 이들에 속하며, 이들은 백성의 일부가 예루살렘 공동체에서 이탈하여 이스라엘 역사를 통해 거룩하게 된 옛 전승에 대한 동등한 권리를 요구했다는 점에서 큰 문제로 인식하였다.[2] 그러므로 노트는 "사마리아의 분리가

---

[1] Noth, *Überlieferungsgeschichtliche Studien*, 165.
[2] Noth, *Überlieferungsgeschichtliche Studien*, 165.

역대기 저작의 역사적 전제"였다고 결론짓는다.[3] 이와 유사한 방향으로 루돌프는 유다와 예루살렘에서만 참 이스라엘을 찾을 수 있다는 역대기의 주제는 아주 명백하게 사마리아인의 권리 주장에 반대하는 정점이라는 견해를 피력한다.[4] 이러한 이해에 따라 루돌프는 파이퍼의 말을 빌려 역대기를 "유대교의 첫 번째 변증서"라고 칭하였다.[5]

역대기를 사마리아 분열의 관점으로 이해하려는 시도에서는 언제나 사마리아에 대한 비판이 눈에 띄게 부각된다. 그러니까 노트나 루돌프는 역대기서의 주된 목적은 예루살렘 종교 제의와 유다를 유일한 하나님의 공동체로 합법화하여 사마리아인의 권리 요구를 방어하는 데 있다고 보고 있다. 이러한 결론은 노트에게서나 루돌프에게서나 역대기 저자의 이스라엘 개념 이해와 밀접하게 연관되어 있다. 노트에게 사마리아 공동체는 "솔로몬이 죽은 후 '배반한' 비정통 왕국을 가진 지파들의 후손일 뿐이며", 그에 반해 바벨론 포로에서 돌아온 예루살렘 공동체는 포로기 이전 유다인을 계승한 자들이다.[6] 노트는 "역대기 저자가 귀환 명령을 중심으로 확장된 고레스 칙령(스 1:2-4)이 유다 왕국 종말의 역사에 직접 연결된다는 관찰을 통해, 또 역대기 저자가 포로기 이후 공동체에 대하여 '유다와 베냐민'(스 1:5 외; 참고 대하 11:13 = 왕상 12:21, 23)이라는 칭호 사용하기를 선호한다는 사실을 통해 이러한 해석에 이른다.[7] 여기서 노트는 역대기와 에스라-느헤미야서를 하나

---

3   Noth, *Überlieferungsgeschichtliche Studien*, 166.

4   Rudolph, *Chronikbücher*, IX.

5   P. H. Pfeiffer, *Introduction to the Old Testament* (New York - London, 1941), 806; W. Rudolph, *Chronikbücher*, IX.

6   Noth, *Überlieferungsgeschichtliche Studien*, 176.

7   Noth, *Überlieferungsgeschichtliche Studien*, 176.

의 통일된 작품으로 간주한다.[8] 노트와는 달리 루돌프는 사마리아인에 대한 역대기 저자의 관점을 관찰할 때 북왕국과 그의 주민들에 대한 역대기 저자의 관점에서 출발한다. 그러니까 이미 역대기의 계보 부분(대상 5:1-2)에서 "사마리아에 대한 증오감"을 읽어낼 수 있다고 한다.[9] 그럼에도 불구하고 역대기 저자가 열두 지파에 대해 말한다면, 그것은 다윗 왕조를 가진 유다 왕국과 예루살렘 성전에 하나님의 선택이 제한된 것은 인간의 죄 때문이라는 것을 보여주려 하기 때문이라는 것이다.[10] 루돌프의 해석에 따르면 "여로보암과 그의 추종자들의 잘못 때문에 북왕국은 신정 통치에서 배제되었으며(대하 10장), 그래서 북왕국은 하나님이 유다를 징계하는 채찍이거나(대하 25:17 이하) 또는 유다를 타락으로 이끄는 수단으로만(대하 18:1-2; 19:2; 20:37; 22:7) 기능할 뿐이다. 왜냐하면 참 하나님은 예루살렘에만 계시기 때문이다(대하 13:2; 참고 대상 22:1). 루돌프는 역대기에서 북왕국은 하나님이 원하시는 왕조와 유일한 거룩한 성전에서 분리됨으로써 우상 숭배에 빠진 왕조로 기술 되었다고 이해한다.[11] 이렇게 노트와 루돌프는 역대기 저자의 이스라엘 개념에 대한 이해를 통해 역대기를 반(反)사마리아적인 책으로 규정하는 확실한 토대를 찾았다. 그러나 야펫과 윌리엄슨이 밝혀낸 대로[12] 역대기에 온 이스라엘 개념이 관철되고 있다는 사실을 고려한다면, 노트와 루돌프로 대변되는 역대기를 반사마리아서로 보

---

8 역대기와 에스라-느헤미야서가 서로 다른 두 저자(들)의 서로 다른 두 작품이라는 테제는 특히 S. Japhet, "The Supposed Common Authorship of Chronicles and Ezra-Nehemiah Investigaged Anew"를 통해 증명되었다.

9 Rudolph, *Chronikbücher*, IX.

10 Rudolph, *Chronikbücher*, IX.

11 Rudolph, *Chronikbücher*, IX.

12 Japhet, *Ideology*, 228 이하; 325 이하; Williamson, *Israel*, 24; 87 이하; 132; 위 III.1 참고.

는 견해는 반드시 수정되어야 한다.

사마리아 분열 과정을 개관해 보면 이 분열은 포로기 이후 시대 "이스라엘" 개념 정의와 좀 연관 있다는 것이 분명해진다. 포로기 이후 시대에 신학적 정치적 대결의 중심에 있었던 "이스라엘" 정체성에 대한 논쟁은 역대기 저자 배후에 있다.

나. '큰' 이스라엘, '작은' 이스라엘 논쟁

폴만은 에스라서의 이스라엘 이해는 "이스라엘이 이제는 유다와 베냐민이다."라는 문장을 통해 규정된다는 폰 라트의 견해에 반대하며, 또한 이것은 에스라-느헤미야의 개념이라는 윌리엄슨의 이해에도 반대한다.[13] 폴만은 에스라서에서 참 이스라엘 소속 문제는 그때까지의 모든 여타의 관계를 끊고, "핵심 이스라엘" 의미의 참 이스라엘로서 유일한 합법적인 야훼 성소인 예루살렘 성전에 모인 골라-공동체를 지향하느냐의 여부에 달려 있으며 이러한 기준이 보증된다면 출신은 더이상 중요하지 않다."는 입장을 대변한다.[14] 다시 말하자면, 에스라서에서 〈골라〉(הגולה 포로공동체)는 "유다와 베냐민"과 동일한 것같이 보이지만(스 1:5 이하; 4:1 이하; 10:7 이하), 유다와 베냐민 두 지파에 한정하는 것이 아니라 역대기에서와 같이(대하 11:12) 지역을 표현하는 것이다.[15]

---

13   K.-F. Pohlmann, "Zur Frage von Korrespondenzen und Divergenzen zwischen den Chronikbüchern und dem Esra/Nehemia-Buch," in *International Organization for the Study of the Old Testament*, ed. J. A. Emerton, 321-22.

14   Pohlmann, "Zur Frage," 322.

15   Pohlmann, "Zur Frage," 324 이하.

에스라서에서 '이스라엘'은 이미 확정되고 제한적이며 배타적인 단위가 아니며, 또 배타적으로 귀환한 골라와 동일시되는 것이 아니라(스 2장), '이스라엘'은 만들어 가는 과정이라는 폴만의 지적은 매우 타당하다.[16] 그러나 유대 공동체의 '작은' 이스라엘을 선택하는 경향이 에스라-느헤미야서에서 이웃 민족들에 대한 에스라와 느헤미야의 경계 긋기 정책에서 분명히 드러난다. 이러한 정책은 두 가지 차원에서 수행된다. 먼저 스룹바벨과 유다의 백성은 성전 건축에 대한 독점권을 관철하고 이 의미에서 예루살렘 성전에 대한 이웃 민족들의 어떤 형태의 영향력 행사도 거부한다(스 4:3; 느 2:20). 이와 유사하게 나중에 느헤미야도 공동체의 사안에 사마리아인의 동참을 거부한다(느 2:20; 3장 이하). 에스라-느헤미야서에서 "포로에서 돌아온 이스라엘 사람들"(스 6:16)이 성전을 봉헌할 때 '온 이스라엘'을 위해 열두 지파의 수에 맞추어 "열두 마리의 염소"를 속죄 제물로 드릴 때(스 6:16, 17; 참고 8:35) '온 이스라엘'의 칭호는[17] 분명 포로 귀환자 이상을 가리킨다. 하지만 출신을 증명할 수 없는 자들은 여기서 배제된다(스 2:59). 나아가 '작은 이스라엘'의 선택은 에스라-느헤미야의 통혼 정책에서 극단적으로 나타난다(스 9, 10장; 느 6:18; 9:2; 10:28 이하; 13:29). 이방인들은 더러운 것과 부정으로 규정된다(스 9:11). 통혼은 "계명 위반"을 의미하며(스 9:11,14; 느 13; 참고 신 7:3), "이스라엘 실존의 문제 제기"를 의미한다.[18] "이스라엘"은 출신에 따라 정의된다.[19] 사마리아 총독 산발랏의 사위가 통혼

---

16   Pohlmann, "Zur Frage," 322.

17   에스라-느헤미야에서 "이스라엘" 칭호의 사용은 일관적이지 않은 것 같다. 이에 대하여 Karrer, *Ringen*, 76-77을 보라

18   Karrer, *Ringen*, 278; 참고, S. M. Olyan, "Purity Ideology in Ezra-Nehemiah as a Tool to Re-constitute the Community," *JSJ* 35 (2004), 1 이하.

문제로 느헤미야에 의해 추방되었다면, 사마리아의 주민들은 유대 공동체의 지도 집단에게 이방인으로 간주된다는 것을 의미한다. 그러므로 사마리아의 주민은 이스라엘에 속하지 않는다. 이러한 관점은 에스라 4장의 기저에 깔려 있다. 이러한 점에서 에스라-느헤미야의 이스라엘 개념은 열왕기하 17장 24절 이하의 후속으로 이해할 수 있다. 에스라가 바벨론에서 가져왔다는 율법(스 7:14, 25; 참고 6, 10, 12, 21절)은 분명히 에스라와 느헤미야가 수행한 개혁 조치의 기초가 되었을 것이다. 이로부터 우리는 예레미야(렘 18:1-6; 29:10-11; 42:10 외)나 에스겔(겔 37:15-19 외), 제2이사야(사 44:21-22 외)와 같은 예언자들이 그들의 이스라엘 개념에 북쪽을 포함하였던 그 기대가 단지 이상에 머물고 말았다는 추론을 할 수 있다.[20] 포로기 이후 공동체는 오히려 스룹바벨과 에스라와 느헤미야의 단호한 배타적 입장 때문에 다시금 분열과 경쟁 상태를 심화시켰다. 그럼에도 불구하고 유다 백성들 가운데 느헤미야의 개혁을 거부하며 대척점에 있었던 일부 사람들이 있었던 것을 고려하면(느 3:5; 6:10-14, 17-19), 포로기 이후 시대에 유대 공동체의 편협적인 경향을 위기로 간파하고 다른 길을 찾던 집단들이 있었다고 추측할 수 있으며, 이러한 추측은 분명히 빗나간 것은 아닐 것이다.

이 자리에서 오경과 육경 형성에 관한 최근의 논쟁에 주목할 필요가 있다. 이 논쟁에는 여호수아 24장이 중심에 있다.[21] 블룸은 여호수

---

19 Davies, "Defending," 48.

20 예언서 본문의 통일 관점에 대하여 Zimmerli, *Israel*, 75-90; Pohlmann, *Hesekiel* 20-48, 501-502; Albertz, *Exilszeit*, 254, 272, 281, 306-307 참고. 예언서 외에 포로기 이후 시대의 본문 중에서 그들의 관점에 북을 긍정적으로 포함시키는 것으로 보이는 것으로 E. Blum, "Der kompositionelle Knoten am Übergang von Jos zu Ri.," in *Deuteronomy and Deuteronomic Literature*, eds. M. Vervenne, et al., 199은 시편 77, 80, 81편을 언급한다.

아 24장의 최종 편집적인 위치에 특별히 주목하였다. 그의 관찰에 따르면 여호수아 24장은 "재앙에 대한 이스라엘과 유다의 신학적인 극복"(24:19-20)이다.[22] 여호수아 24장에는 재앙에 대한 언급은 없지만 결단으로의 요청이 다시 전면에 있다는 것이다. 블룸은 포로기 이후의 구체적 상황에서 "유대 청중은 물론 사마리아의 백성에게도 오직 야훼만 섬기며 이로써 이스라엘 법에 동참"할 것을 요구한다는 것이다.[23] 그러므로 여호수아 24장은 포로기 이후 예후드에서 한창 계속되던 참 이스라엘 논쟁에서 온 이스라엘 입장 편에 가담하고 이와 관련하여 예후드의 독자 혹은 청중에게 프로그램에 따른 적극적인 의도를 목표하고 있다고 한다.[24] 게다가 여호수아 24장은 포로기 이후 시대에 "땅 정복 개념"(24:15, 18; 참고 21:43-45)으로써 남은 민족들에 대한 사실적 문제점에 반대한다. 그러니까 여호수아 24장은 그 땅에는 이스라엘 사람만이 있는 것이다. 이로써 육경으로 갱신하려는 노력은 포로기 이후의 유다(예후드)를 포괄적으로 새롭게 규정하려는 시도에 속한다. 뢰머와 브레틀러는 이러한 시도의 흔적을 신명기 34장에서 발견한다. 그들의 관찰에 따르면 오경은 먼저 모세의 죽음에 대한 보도 신명기 34장 1-6절로 종결된다.[25] 나중에 34장 7-9절이 추가됨으로써 "육경 형성을 권장"하려는 전제가 마련된다.[26] 여기서 여호수아 24장은 육경

---

21 육경 형성 프로그램에 대한 암시로서 일반적으로 야곱 이야기(창 35:1 이하)와의 연결이 언급된다. Blum, "Knoten," 201-204.

22 Blum, "Knoten," 197.

23 Blum, "Knoten," 198.

24 Blum, "Knoten," 200.

25 Th. C. Römer and M. Z. Brettler, "Deuteronomy 34 and the Case for a Persian Hexateuch," *JBL* (2000), 404.

26 Römer and Brettler, "Deuteronomy 34," 409.

의 마지막 본문이자 요약문으로 기능하고[27] 여호수아의 설교로써 이스라엘의 정체성에 대한 논쟁에서 포괄적인 입장을 대변하게 된다.[28] 그러나 이러한 시도는 에피소드로 그치고 마는데 까닭은 오경 편집이 신명기 34장 4절과 34장 10-12절을 추가함으로써 신명기를 그 다음에 오는 책과 분리하였기 때문이다.[29] 이것은 오경 편집이 육경 편집을 이긴 것이며, 이로써 '작은' 이스라엘이 '큰' 이스라엘 선택을 이긴 것이다! 블룸은 이 승리를 에스라의 활동으로 돌린다.[30]

오경과 육경 논쟁을 통해 우리는 오경의 정경화가 유다와 사마리아의 분열을 한걸음 더 내딛게 하였다는 확신을 갖게 된다. 왜냐하면 오경의 정경화는 유대 공동체 안에서 '작은' 이스라엘 선택이 '큰' 이스라엘 선택에 대한 승리를 의미하기 때문이다. 게다가 오경의 정경화는 훨씬 더 큰 분열을 초래하였을 것이다. 오경에 예루살렘은 언급되지 않고, 에발산(신 27:4)과 그리심산(11-12절)이 언급되기 때문에, 사마리아인들은 오경을 기초로 그리심 성전의 더 높은 정당성을 증거할 수 있었기 때문이다.

이렇게 경계 긋기 싸움이 점점 더 가속화되는 시대에 역대기 저자는 '온 이스라엘'이 유다인과 사마리인으로 갈라지는 위험을 분명히 간파했을 것이다. 그리하여 역대기 저자는 자신의 역사서로써 '큰' 이스라엘 선택을 육경 편집자들보다 훨씬 더 프로그램적으로 추진하게 된 것이다.

---

27 Römer and Brettler, "Deuteronomy 34," 409-410.
28 Römer and Brettler, "Deuteronomy 34," 413.
29 Römer and Brettler, "Deuteronomy 34," 406.
30 Blum, "Knoten," 206.

다. 온 이스라엘 역사서

지금까지 행한 이스라엘의 종교사적 재구성을 통해 마지막으로 역대기의 의도를 히스기야와 요시야 개혁의 관점에서 규명해 보기로 하자.

사라 야펫과 윌리엄슨이 두루 인정하듯이, 역대기 저자는 북이스라엘과 그의 주민들에게 호의적인 관심을 보인다. 히스기야와 요시야 개혁에 대한 서술에서 역대기 저자는 회고를 통해 북왕국 멸망을 설명하려고 노력한다(대하 28장). 이로써 역대기 저자는 온 이스라엘의 하나됨을 추구하고 이스라엘의 재통일에 대한 신학적인 초석을 놓음으로써 이것을 강조한다. 동시에 역대기 저자는 히스기야 시대에 온 이스라엘이 규정에 따라 새로 형성되었음을 확인한다. 이미 히스기야 왕 통치 아래 바른 길에 들어섰으며, 이 길은 미래를 위한 방향을 알려 준다. 이 길은 이스라엘 역사에 지속될 길이다. 히스기야에 이어 요시야 왕도 개혁을 추진한다. 이로써 히스기야와 요시야 시대에 새로 통일된 왕국과 제의의 이상이 열리고 다윗-솔로몬 시대에 버금가는 이스라엘 역사의 창설 시대를 이룩한다.

이러한 제2의 이스라엘 창설 시기는 다음과 같은 시대 상황에서 바라볼 때 가장 잘 이해된다. 그러니까 포로 사건 이후 포로민들의 귀환과 성전 재건축을 통해 다시 한 번 새로운 출발이 가능해졌지만 예후드와 사마리아 공동체의 정치적 제의적 분열로 인해 곧바로 위기로 빠져들었던 때 말이다. 역대기 저자는 자신의 포괄적인 이스라엘 개념으로써 포로기 이후 유대 공동체의 '작은' 이스라엘 선택에 대하여 반대 입장을 표명한다. 이것을 예후드와 사마리아 분열의 근본 원인으로

보았기 때문이다. 분명히 역대기 저자에게 사마리아인은 과거 북왕국의 후손들이다. 북왕국의 멸망에도 불구하고 북왕국 주민이 존재하고 여전히 본래의 지역에 살고 있다면 사마리아인은 역대기의 해석에 따르면 이방 민족 출신이 아니라(스 4:2, 10과는 반대로), 다름아닌 이스라엘 사람들이다. 북왕국 주민들이 야훼를 섬기는 자들이라면, 사마리아인들도 추호의 의심 없이 야훼를 섬기는 자들이다(스 4:2 참고).[31] 느부갓네살이 유다와 베냐민의 전체 백성을 포로로 잡아갔다면(대하 36:20), 그리고 포로민이 귀환하여 돌아올 때까지 그 땅이 텅 비어 있었다면(36:21; 참고 레 26:33-39), 역대기 저자는 온 이스라엘이, 즉 유다인은 물론 북왕국 주민들까지 포로 사건을 겪었다고 단언하는 것이다(스 2:1, 70 참고). 새 이스라엘은 유다와 베냐민으로 구성됨은 물론 에브라임과 므낫세로도 구성된다(대상 9:1 이하). 그러므로 사마리아의 주민은 이스라엘에 속한다. 이러한 개념에 맞게 역대기 저자는 통혼에 해당하는 자들에 대해서도 관용적이다.[32] 통혼은 큰 이스라엘 선택에 아무런 걸림돌이 아니다. 이러한 해석으로 역대기는 에스라-느헤미야의 작은 이스라엘 관점에 맞섬은 물론 나아가 유다와 사마리아의 통일에 대한 희망을 지향한다. 이 점에서 역대기는 에스라-느헤미야의 좁은 이스라엘 관점을 수정하는 책이라 할 수 있다.[33] 이렇게 역대기는 사마리아를 회복하려는 강한 의도를 가진 역사서가 된다.

역대기의 견해를 이와 같이 규정하는 것은 역대기가 유다의 지도적 위치를 강조한다는 사실과 부합하지 않는 것처럼 보인다. 왜냐하면

---

31 Rowley, "Schism," 219.
32 대상 2:3, 17, 34-35; 3:1; 4:17; 7:14; 8:8; 대하 2:13; 8:11; 12:13; 24:26; 참고, 느 13:26 = 왕상 11:1 이하. 이 점에서 윌리엄슨은 에스라-느헤미야와 역대기의 저자가 다르다고 주장한다.

역대기 저자에게 재통일을 위한 유일한 바른 길은, 히스기야와 요시야 시대가 보여주는 것처럼, 다윗 왕조의 통치 아래 "예루살렘 성전"에서 이루어지는 야훼 예배이기 때문이다. 유다의 지도권은 역대기를 "유다를 변호"하거나 "반사마리아"적으로 간주하게 한다. 그러나 역대기 저자가 유다와 예루살렘의 우위적 지위로 특히 분열 왕국에 대한 역사 기술에서 '온 이스라엘'에 대한 유다의 대표적 기능을 강조하는 것을 고려할 때, 역대기 저자는 다름아닌 사마리아인이 선택한 성소에 대한 권리 주장에 반대하는 것이다. 그럼에도 불구하고 유다에 대한 변호나 사마리아에 대한 문제 제기가 아니라, 예루살렘 성전으로 돌아오라는 요청이 전면에 있다. "이스라엘아! 아브라함과 이삭과 이스라엘의 하나님 야훼께 돌아오라!"(대하 30:6b). 그러므로 유다와 예루살렘의 정치적 종교적 우위에 대한 기술은 전체 이스라엘에 대한 희망의 빛 아래서 "오직 야훼만 섬기며 이런 방식으로 이스라엘에 연합하라"는 호소로 이해해야 한다.

요약하면 역대기 저자는 '큰' 이스라엘 관점으로 한편으로는 유다(예후드) 동시대인들에게 향하고, 다른 한편으로는 사마리아인에게 향한다. 이러한 이중적인 방향은 역대기가 재통일을 이룩하게 될 '온 이스라엘'의 역사서임을 말한다.

---

33 P. R. Bedford, "Diaspora: Homeland Relations in Ezra-Nehemiah," *VT* 52,2 (2002), 148; S. Japhet, "Exile Exile and Restoration in the Book of Chronicles," in *The Crisis of Israelite Religion. Transformation of Religious Tradition in Exilic and Post-Exilic Times*, eds. B. Becking, et al., 43; S. Japhet, "People and Land in the Restoration Period," in *Das Land Israel in biblischer Zeit*, ed. G. Strecker, 118; Albertz, *Religionsgschichte*, 621. 이 점에서 역대기와 에스라-느헤미야는 서로 다른 저자의 의해 다른 시대에 저작된 별개의 책으로 간주되어야 한다. 민경진, "역대기저자가 에스라-느헤미야서도 썼는가?," 『부산장신論叢』 2 (2002), 1-33; "에스라-느헤미야서의 집필연대 소고," 『부산장신論叢』 3 (2003), 1-22 참고.

V

요약 및 적용

요약

적용

1 | 요약

히스기야와 요시야 개혁에 대한 지난 세기 후반 50여 년 간의 주석은 역대기 저자의 주요 관심의 두 가지 측면을 전해준다. 한 그룹은 특히 역대기 저자가 예루살렘 제의에 대한 관심을 강조하며,[1] 다른 집단은 전체 이스라엘을 지향하는 점을 강조한다(I.2).[2] 이를 통해 히스기야와 요시야 개혁의 중요한 두 측면이 언급되었지만 이들의 내적 연관성은 전혀 설명되지 않았다. 이에 기초하여 본 서는 히스기야 왕과 요시야 왕에 대한 역대기의 보도를 분석 고찰한다.

제 II 장에서 역대기의 히스기야 이야기와 요시야 이야기에 대한 분석에서 눈에 띄는 것은 역대기 저자가 요시야 개혁보다 히스기야 개혁에 더 주목하고 있다는 것이었다. 요시야 왕의 개혁은 역대기에서 신명기가 그리는 므낫세의 상을 수정함으로써(대하 33:15-16; 왕하 21:2-7과 참조) 미미한 것이 된다. 신명기 역사서와의 교차 비교는 역대

---

1 E. L. Curtis-A. A. Madsen; W. Rudolph, J. M. Myers, R. B. Dillard; S. J. De Vries; W. Riley; L. C. Jonker.

2 J. M. Myers; R. L. Braun; H. G. M. Willamson; E. Ben Zvi; S. Japhet; J. A. Thompson.

기에서 보도되는 히스기야의 제의 개혁이 신명기 역사서의 간단한 보도를 훨씬 넘어서며 역대기에서 히스기야 왕은 신명기 역사서에서 요시야 왕이 차지하는 자리에 있음을 보여주었다. 요시야 개혁에 대한 역대기의 축소된 기술은 왜 역대기 저자가 히스기야 개혁을 그렇게 방대하게 기술하였으며 왜 역대기 저자는 요시야 시대의 개혁보다 히스기야 시대의 개혁에 더 주목하고 있는가 하는 질문을 제기하게 하였다(II). 히스기야와 요시야 개혁의 보도에서 온 이스라엘이 여러 차례 강조되고 있기 때문에(대하 30; 31:1, 4이하; 34:4, 7a; 34:9; 34:33; 35:1, 18) 제III장에서는 역대기 저자의 이스라엘 개념에 대한 현재 연구 상황과 연결하여 이 질문을 목표로 고찰하였다(III.1).

이스라엘 개념 고찰의 출발점은 폰 라트의 견해였다. 그에 따르면 북이스라엘은 적법한 왕국은 아니지만 이스라엘 북왕국의 주민은 형제 민족이다. 이러한 이해에 반대하여 야펫과 윌리엄슨은 역대기 저자가 특히 유다와 베냐민 두 지파에 특별한 무게를 두지만 북왕국도 이스라엘의 일부로 이해한다는 점을 밝혀냈다. 이로써 야펫과 윌리엄슨은 폰 라트를 넘어서 역대기 저자가 북왕국 주민에 대한 호의와 그들을 형제 민족으로 칭한다는 점을 설명해낼 수 있었다. 그럼에도 불구하고 야펫이나 윌리엄슨은 북왕국이 멸망할 때까지 북왕국을 그 원죄로부터 해석함으로써 기관으로서의 북왕국과 그 백성들을 분명하게 구별하지 못하였다는 점에서 그들의 테제는 내적인 모순에 빠져 있음을 보여주었다. 그리하여 한편으로는 북왕국에 대하여, 다른 한편으로는 그 백성들에 대하여 서로 화합되지 않는 역대기 저자의 두 가지 견해를 어떻게 서로 조화시키느냐의 질문은 이들에게서 해결되지 않은 채 남게 되었다. 특히 북왕국 백성에 대한 역대기 저자의 긍정적인 입장은 신학적으로 분명하게 설명되지 않았다.

다음 단락(Ⅲ.2)에서 다룬 역대하 28장의 아하스 이야기에서 북왕국 이스라엘은 아주 명백하게 긍정적으로 평가된다.[3] 역대기 저자의 아하스 이야기는 일련의 특징을 담고 있다. 전체적으로 아하스 시대는 유다에게나 이스라엘에게 한 시대의 종말을 의미했다. 남왕국은 종교적으로는 물론 정치적으로도 유다 역사의 말기에 비교되는 나락에 떨어졌고(대하 28:5-6, 17-18, 20, 23 이하), 북왕국은 멸망을 겪게 된다(대하 28:8-15; 참조 왕하 17:5-6, 20; 18:10). 역대기 저자는 아하스 왕이 죄를 더하고 회개하지 않음으로써, 무엇보다도 아람의 신들을 섬김으로써 자신은 물론 "온 이스라엘", 즉 유다는 물론 북이스라엘을 타락에 이르게 하였다는 견해를 제시한다(대하 28:23). 이 점에서 역대기 저자는 북이스라엘의 멸망을 이스라엘 백성(왕하 17:9-18, 22)과 여로보암(왕하 17:21)의 제의적 타락으로 돌리는 신명기 역사가와 구별된다. 이외에도 역대하 28장의 연구에서 다른 특별한 차이가 눈에 띄었다. 북왕국은 멸망 이후에 그 백성의 사로잡힘(왕하 17:6)과 이방인의 새 정착(왕하 17:24)으로 인해 해체되었다는(왕하 15:29) 신명기 역사서와는 달리 역대기에서 북이스라엘 백성은 왕국의 멸망 이후에도 하나의 공동체로 계속 생존해 있다(대하 28:8-15). 게다가 놀라운 것은 북이스라엘 백성이 사로잡아 온 유다 백성들에 대하여 가없는 형제 사랑을 실천함으로써(대하 28:15) 긍정적으로 기술되어 있다는 점이다. 더욱 눈에 띌 뿐만 아니라 독특한 것은 역대기 저자가 바로 이 자리에서 아하스를 "이스라엘의 왕"이라고 지칭하며(28:19; 참고 27절), 아하스의 멈추지 않

---

3   Ben Zvi, "Gateway," 217-18; Coggins, *Chronicles*, 259.

는 범죄 때문에 유다에서는 개선의 여지가 전혀 보이지 않았다는 점이다(28:24-25). 역대하 28장에서 관찰된 아하스 이야기의 특징은, 특히 북왕국의 멸망에 관한 역사 기술의 차이는 왕국 분열에 대한 역대기 저자의 해석이 무엇인지 설명을 요하였다. 이것은 다음 단락(Ⅲ.3)에서 이루어진다.

　역대기 저자는 한편으로는 여로보암과 그의 사람들이 르호보암의 미성숙함을 이용하여 계약 관계를 파기하였기 때문에 처음부터 왕국 분열의 책임은 그들에게 있다는 점을 분명히 한다(대하 10장; 13:6). 다른 한편 역대기 저자는 왕국 분열 직후에 르호보암의 정통성이 북왕국에서의 적법한 제사장과 레위인의 추방과 유다 예루살렘에서 그들을 영입한 사실을 통해 강화되었으며 북왕국의 모든 지파 출신의 사람들이 예루살렘으로 이주(11:13-17; 참조 15:9-10)한 결과 남왕국은 온 지파의 집결지가 되었음을 단언한다. 이로써 역대기 저자의 견해에 따르면 르호보암 시대의 유다는 정치적으로 또 제의적으로 다윗-솔로몬 통일 왕국의 합법적인 계승자가 되며, 유다 왕국과 유다의 왕은 분열 왕국 시대에 온 이스라엘을 대표하는 지위를 차지하게 된다. 그에 반해 여로보암과 그의 무리는 아비야와의 전쟁에서 북왕국의 성읍들을 빼앗기고 여로보암의 죽음을 통해 심판을 받는다(13:19-20). 이로써 역대기 저자는 이미 이 자리에서 북왕국 주민에 대한 긍정적인 입장에 대한 신학적인 기초와 또 신명기 역사서와는 달리 기술하는 북왕국 멸망 원인(대하 28:23)에 대한 신학적 토대를 놓게 된다. 역대기 저자의 직접적인 개인 응보설을 근거로 북왕국 전체와 그 주민은 소위 북왕국의 "원죄"와 전혀 무관해진다. 그리하여 역대기에서 북왕국의 멸망은 신명기 역사서에서와 같이(왕하 17:7-18, 21-23) 그렇게 더 이상 여로보암의 죄나 북이스라엘 백성의 종교적 타락에 대한 징벌로 간주될 필요가 없게 된다. 북왕국에 대한 긍정적 입장의 신학적 기초를 역대기 저자는 왕국 분열에 대한 설명을 통해 강화한다. 북왕국과 그 첫 번째 왕인 여로보암의 왕조는 야훼의 뜻에서 유래하지만 그러나 이스라엘은 형제 민족으로 존재해야 한다(대하 10:15 = 왕하 12:15; 대하 11:4 = 왕하 14:22-24). 이로써 역대기 저자는 북왕국의 존재를 공동의 정체성의 관점 아래 규정하고, 두 개의 정치적 단위로 분열된 시대를 북왕국이 존재하는 한 형제라는 정체성의 시험 기간으로 바라본다. 이러한 이유로 역대기 저자는 분열 시대 역사를 서술함에 있어 두 왕국의 관계에 그 강조점을 둔다. 이것은 두 왕국의 관계와 북왕국에 대한 역대기 저자의 입장을 기술하는 본문들(대하 14-25장)에 대한 연구에서 분명해진다(Ⅲ.4).

아사 왕은 야훼에 대한 신뢰로써 장기간의 평화 시대를 구현하였다. 아사 왕과 "유다와 베냐민"(대하 15:2)에 대한 예언자 오뎃의 예언의 결과로 아사는 전체 이스라엘이 참여하는 의식으로서의 포괄적인 제의 개혁을 추진하고 이를 통해 또 한 번의 장기적인 평화 시대와 북왕국 이스라엘 주민의 이주를 가능하게 하였다. 그러나 그는 에브라임 산지의 국경 정복 또는 강화를 통해 남북 백성의 자유로운 국경 왕래를 차단함으로써 비난을 면치 못한다(15:8a; 17:2b). 게다가 그는 통치 말기에 성전과 왕궁의 곳간으로 비용을 지불함으로써 벤하닷을 끌어들여 북왕국에 군사적으로 개입하게 한다(16:2-3). 이러한 행동은 예언자 하나니로부터 믿음의 부족이라는 비판을 받고(16:7-8) 아람과의 연합에 대한 징벌로 지속적인 전쟁을 선고받는다(16:9). 여호사밧은 결혼 정책을 통해 북왕국과의 긴밀한 관계를 추구하며(18:1b) 이로써 이스라엘의 재통일을 목표로 한다. 그러나 남북 왕국의 정치적 지리적 통일에도 불구하고 결혼을 통한 연합 정책은 남왕국에서의 우상 숭배와 제의적 타락이라는 악행의 사슬과 재앙적인 결과로 귀결된다. 역대기 저자의 견해에 따르면 이 모든 부정적인 결과에 대한 이유는 결혼 정책 자체에 있었던 것이 아니라, 유다 왕이 이스라엘 왕의 태도에 동화하고 그 결과 북왕국이 남왕국에 부정적인 영향을 끼친 데 있었다. 이로써 역대기 저자는 무엇보다도 이스라엘의 재통일은 북왕국에 의해 이루어져서는 안 된다는 점을 강조한다. 아마샤 이야기에 대한 연구에서는 특히 "여호와께서 에브라임 즉 이스라엘과 함께 하시지 않는다"(25:7b)는 예언자의 선언은 일반적인 해석처럼[4] 역대기 저자의 반(anti)-북이스라엘 입장을 말하는 것이 아니라 그와는 정반대로 하나님 신뢰의 부족에 대한 경고라는 점이 밝혀졌다. 뿐만 아니라 이 이야기에서는 이스라엘의 왕이 공동의 정체성을 강조하는 하나의 우화로써 형제 전쟁을 피하려고 노력함으로써 남북 왕국의 공동 소속이 훨씬 더 분명하게 강조된다. 이러한 견해와는 달리 유다의 왕은 자신이 지닌 전체 이스라엘에 대한 책임에도 불구하고 백성의 통일을 위해 노력하는 것이 아니라 형제 백성 간의 갈등의 원인이 되었다. 형제 전쟁을 도발한 아마샤는 요아스에게 사로잡히고 예루살렘 성벽은 파괴되며 성전과 왕궁은 약탈된다. 이렇게 형제 전쟁을 도발한 아마샤는 심판을 받는다(대하 25:22-24).

이와 같이 아사에서 아마샤 왕까지 이스라엘의 분열 왕국 역사의

---

4 Japhet, *Ideology*, 321; Dies, *2 Chronik*, 317; Williamson, *Chronicles*, 329; Thompson, *Chronicles* 321; Johnstone, *2 Chronicles*, 154.

온 이스라엘 역사서 — 화해와 화합을 위한 역대기 구상

흐름을 보여주며 역대기 저자는 온 이스라엘에 대한 유다 왕국의 대표적 역할을 강조하였다. 그러므로 유다 왕은 유다만이 아니라 온 백성 이스라엘의 대표자로 통치하여야 하며 북이스라엘에 선한 영향력을 끼쳐야 하는 임무를 띠게 된다. 북이스라엘은 유다가 잘못된 길을 걸을 때 하나님의 심판 도구가 되어 유다를 바른 길로 인도하는 역할을 수행한다. 역대기 저자는 정치적으로 비정통 기관으로서의 북왕국에 관심을 두는 것이 아니라(왕하 17:7-18, 21-23) 형제 민족으로서의 북왕국에 관심한다. 역대기 저자는 북왕국 역사 기술을 포기함으로써 하나의(!) 이스라엘을 보여주려 한다. 그 결과 역대기는 온 이스라엘에 대한 책임을 진 남왕국의 관점에서 본 '온 이스라엘'의 역사가 된다. 분열 왕국의 역사에 대한 이러한 개관으로 우리는 아하스 시대와 히스기야 시대에 관한 특징적인 기술로 다시 돌아가 그 함의를 밝힌다(Ⅲ.5.6).

분열 시대에 대한 역대기의 기술에 대한 연구 결과는 북왕국 멸망의 책임을 아하스 왕에게 돌리는 이유를 밝히는 열쇠를 제공한다. 한편으로는 개인적 응보 원리를 근거로(대하 13:6, 9) 다른 한편으로는 온 이스라엘에 대한 유다의 대표적 역할 때문에(대하 11-25장) 북왕국 멸망의 책임은 종교적으로 정치적으로 바르게 통치하지 못한 유다 왕 아하스에게 전가된다(대하 28:23). 역대기 저자에게는 북왕국의 멸망을 설명함은 물론 새 출발을 위한 길을 준비하는 것이 중요하였다. 왜냐하면 그에게 북왕국 주민들은 왕국의 멸망 이후에도 자기들이 살던 곳에 남아 있고, 북왕국의 멸망은 백성의 정치적 단일화의 가능성을 열어 주었기 때문이다. 하나님을 경외하는 북왕국 이스라엘 백성들의 예루살렘 이주가 아사가 북쪽의 국경을 강화시킬 때까지(대하 16:5-6)

지속되었기 때문에(11:13 이하; 15:8-9; 16:1) 제의 면에서 북왕국의 멸망은 하나님의 백성에게 절호의 기회를 의미했다. 그러므로 역대기 저자는 왕국 분열 직후 언급된 주제 "형제애"를 재사유하여 북왕국 주민과 유다 백성은 형제 관계라는 점을 강조한다(11:4; 28:12-15). 이로써 역대기 저자는 분열 시대의 끝을 공동의 새 출발로 강조한다. 이제 온 이스라엘을 위한 새 시대가 도래한 것이다. 이러한 방식으로 역대기 저자는 대재앙을 바라볼 뿐만 아니라 북왕국의 멸망에 새롭고 긍정적인 의미를 부여한다. 북왕국 멸망에 대한 이러한 새로운 해석으로 역대기 저자는 전체 이스라엘에게 가능해진 새 출발을 알린다. 그러므로 역대기 저자가 아하스를 "이스라엘의 왕"(28:19)으로 칭하는 것은 결코 우연이 아니다. 이로써 유다의 왕과 연명하게 된 남왕국은 왕이 없는 형제 백성을 돌보는 것 이상으로 전체 이스라엘의 통일을 위해 노력해야 할 책무를 띠게 된다. 그러나 역대기 저자에 따르면 아하스 시대의 유다는 정치적으로 또 제의적으로 수렁에 빠진 상황이었기 때문에 그럴 만한 능력이 없었다. 아하스 시대 유다의 제의는 완전히 부정해졌기에(28:24-25), 북왕국의 제의적 타락으로 인해 과거에 자주 하나님께 제사드리기 위하여 예루살렘으로 내려왔던 북이스라엘 왕국의 야훼 신앙인들은(11:15; 15:9; 16:1) 왕국의 멸망에도 불구하고 더 이상 예루살렘 성전으로 내려오지 않는다. "이스라엘의 왕" 아하스는 회개하지 않고 또 죄를 더함으로써 형제 민족을 돌볼 능력이 없음을 보여주었다(28:22). 그러므로 모든 기대는 히스기야 왕에게로 향한다.

히스기야 왕은 북왕국의 정치적 재앙을 온 이스라엘이 다시 하나가 되는 계기로 받아들인다. 이를 위해 왕은 먼저 온 이스라엘의 속죄제(29:24)를 통해 온 이스라엘의 잔치 조건을 갖추고 그런 다음 유월절

온 이스라엘 역사서 – 화해와 화합을 위한 역대기 구상

을 둘째 달로 연기함으로써 옛 북왕국 주민들이 예루살렘 성전에서 유월절에 참여할 수 있는 가능성을 마련한다(30:6-9). 북왕국 지역에서 히스기야의 사신에 대한 조롱과 멸시가 있었고(30:10), 적은 수가 유월절 초대에 응하였지만, 그럼에도 불구하고 예루살렘에는 유다 백성은 물론 북이스라엘 사람으로 구성된 큰 회중이 모였다(30:13). 한편으로는 회중 가운데 있는 부정한 사람들을 위해 제물을 대신 잡아주는 레위인의 도움으로(30:17), 또 다른 한편으로는 유월절 규정을 어긴 북이스라엘 백성들의 생존을 위한 히스기야 왕의 중보 기도를 통해(30:18-20), 즉 형제 민족 유다의 도움을 받아 북이스라엘 사람들은 유다인과 동등한 자격으로 율법에 맞는 제의에 완전히 통합되며, 이렇게 온 이스라엘은 다윗 왕조의 왕 아래 예루살렘 성전 예배에서 드디어 하나가 된다. 히스기야의 유월절에서는 결과적으로 두 차원에서 정체성의 회복이 이루어진다. 첫째, 형제 민족인 온 이스라엘은 하나가 된다. 둘째, 온 이스라엘은 예루살렘 성전에서 "아브라함, 이삭, 이스라엘의 하나님" 야훼를 찾음으로써(30:6b) 야훼 왕국에 속한 특정한, 교체불가결한 정체성을 얻게 된다. 이를 통해 비로소 제II장에서 제기한 질문, 즉 왜 역대기 저자는 신명기 역사서와는 달리 요시야에서 히스기야로 강조점을 변동시켰는가 하는 질문이 해결되었다. 이러한 정치적 제의적 통일은 역대기 저자의 역사 기술에 따르면 율법에 따른 제의 개혁과 실행으로 완성된다.[5]

예루살렘 성전 제의와 온 이스라엘이라는 두 차원의 주제는 히스

---

5 이에 대해서는 본서에서 다루지 않았다. 히스기야와 요시야 개혁의 세부적 조치들은 율법에 따른 제의 회복과 개혁, 그리고 여기서 특히 레위인의 처우 개선과 결부되어 있다. 위 III.7. 각주 3 참고.

기야와 요시야 개혁의 두 기둥을 형성한다. 역대기 저자는 북왕국의 멸망을 의식적으로 수용하지만 종국적인 종말로 간주하는 것이 아니라 재통일의 가능성으로 받아들인다. 그러므로 역대기 저자는 자신의 '이스라엘' 개념으로써 북왕국 이스라엘의 멸망을 설명하고자 한다. 역대기 저자는 북왕국의 멸망을 온 이스라엘의 새 출발로 바라보았기 때문에 히스기야 시대를 제2의 창설 시기로 기술한다. 그는 이미 히스기야 시대에 바른 길에 들어섰으며 이후 이스라엘의 역사는 이 길을 밟아야 한다는 것을 보여준다. 히스기야와 요시야 시대는 다윗과 솔로몬 시대와 같이 새로운 구원 시대였다. 이렇게 히스기야와 요시야의 개혁은 하나가 된 온 이스라엘을 관점으로 하는 제의를 지향한다. 그러므로 예루살렘 성전 제의와 온 이스라엘의 관점은 서로 분리할 수 없으며 그 의미에 있어서도 분리될 수 없다. 이로써 히스기야와 요시야의 개혁은 단순한 제의 개혁을 넘어선다.

마지막 단원에서는 히스기야와 요시야 개혁을 역사적으로 또 신학적으로 자리매기는 시도를 하였다(Ⅳ). 히스기야와 요시야 시대를 제2의 창설 시기로 평가하는 것, 그리고 온 이스라엘의 통일과 율법에 맞는 제의라는 두 가지 주제를 묶어내는 관점은 사마리아 문제라는 시대사적 맥락을 시사한다. 포로 귀환 이후 재건 시대에 예후드 공동체가 성전 재건에 동참해 달라는 사마리아인의 요구를 단호하게 거절함으로써 페르시아 제국의 전권을 가진 새로운 공동체 예후드와 그때까지 있었던 사마리아 고위층과의 긴장이 발생한다(스 4:1 이하; 참고 느 2:6). 이러한 배경에서 사마리아의 총독이었던 산발랏의 사위를 연혼에 빠진 모든 제의 관리들과 함께 예루살렘 공동체에서 추방한 느헤미야의 조치는(느 13:28) 정치적 분열을 넘어서는 제의적 분리로 귀결

온 이스라엘 역사서 — 화해와 화합을 위한 역대기 구상

되는 결과를 낳는다. 경쟁 관계인 그리심 성전은 야훼의 성전이었으며 그리심 성전에서 이루어지는 제의는 예루살렘 성전에서와 마찬가지로 야훼 제의였다. 바로 이 점이 역대기 저자에게 문제가 되었다. 한편으로 사마리아인들은 오경을 근거로 동등한 권리를 주장하였으며 다른 한편으로는 사마리아인의 이탈은 하나님의 백성 '이스라엘'의 분열을 의미했기 때문이다. 그러므로 역대기 저자는 온 이스라엘의 역사서를 저작하게 된다. 여기서 역대기 저자는 특정한 "이스라엘" 개념을 발전시켜 북왕국에 있는 형제들을 예루살렘 성전으로 다시 회복하기 위해 역사를 전개한다. 포로기 이후 시대에 참 이스라엘에 대한 정의 논쟁에서 역대기 저자는 '큰 이스라엘' 입장을 선택한다. 왜냐하면 '작은 이스라엘' 입장에서 사마리아인의 이탈에 대한 근본적 원인을 보았기 때문이다. 이렇게 역대기는 분열을 역사적으로 또 신학적으로 설명하는 동시에 이탈한 백성의 일부를 끌어안는 역사서의 특징을 지닌다.

비록 역대기 저자가 예후드와 사마리아의 통일을 위한 프로파간다를 기초하였지만 그것은 사마리아의 제의적 분열을 치료하기에는 충분하지 않았다. 역사적으로 역대기 저자의 이러한 노력은 수포로 돌아간다. 요한네스 히르카누스는 기원전 128년 또는 104년에 사마리아 지역인 세겜과 그리심을 정복하였고,[6] 그리하여 사마리아 분열은 영구적인 것이 되어 버리고 만다. 이후의 역사는 이 분열의 영향이 오래 지속되었음을 보여준다(요 4:9). 그러나 역대기는 정경의 자리에서 이후 모든 정치적 제의적 분리와 분열의 현장에 대하여 어떻게 하나님

---

6 역대기 저자는 결코 정복이나 유다화의 의미로의 이스라엘의 통일을 대변하지 않는다. 위 제 III부 특히 제4장 참고.

의 백성이 종교적 통일과 정치적 연대를 회복할 수 있는지를 가르쳐
주는 지침서가 되고 있다.

은 이스라엘 역사서 — 화해와 화합을 위한 역대기 구상

2 | 적용

마지막으로 역대기가 제시하는 온 이스라엘 개념이 한반도 분단 정세에 어떤 함의를 갖는지 유의미한 부분을 중심으로 크게 세 가지 면을 핵심 단초로 제시하고자 한다.

첫째, 역대기 저자는 북이스라엘 왕국과 그 주민인 백성을 달리 바라본다. 왕국 체제로서의 북왕국은 비합법적이지만 그곳에 사는 주민은 형제이다.

북한을 바라보는 우리의 시선은 어떠한가? 분단 이후 오랫동안 북한에 대한 우리의 생각을 지배한 것은 오직 하나, 반공주의였다. 특히 냉전 시대에 북한은 "한반도의 일부 지역을 불법으로 점거한 도당"으로서 괴뢰라 불렸고, 정부는 북한을 민족으로부터 배제하는 전략을 펼쳤다.[1] 이 점에 있어서 기독교도 예외가 아니었다.[2] 최근 초등학생이

---

1   반공주의의 배태에 대하여 다음을 참고하라. 김수자, "대한민국 수립직후 민족주의와 반공주의의 형성과정," 『한국사상사학』 25 (2005), 365-94; 강인철, "한국개신교 반공주의의 형성과 재생산," 『역사비평』 70 (2005), 40-63; 후지이다케시, "4·19/5·16 시기의 반공체제 재편과 그 논리 - 반공법의 등장과 그 담지자들," 『역사문제연구』 25 (2011), 9-34; 황병주, "1970년대 유신체제의 안보국가 담론," 『역사문제연구』 27 (2012), 109-139.

그런 '통일나무'에 대한 일부 반응은 아직도 북한에 대한 반공주의 시선이 여전함을 적나라하게 보여준 구체적 예가 될 것이다. 이하나는 반공주의를 "한국 사회의 지배적이고도 광범위하며 다양한 층위로 존재하는 '반공'에 대한 '생각과 느낌의 복합체'이자 일정한 '감정 구조'의 총체"라고 규정한다.[3] 다른 한편 반공주의는 단순히 북한에 대한 관점을 넘어서 독재와 권위주의를 옹호하는 이념과 지배 이데올로기로 기능하면서 "통일된 국가를 원하던 민중들의 열망을 억압하는 형태로 진행되었다는 점"[4]을 부인할 수 없다. 북한 주민과 북한 정권을 분리하여 바라보기 위해서는 우리의 반공주의의 극복이 무엇보다도 시급히 요청된다. 그것은 "오랜 시간 한국 대중들의 내면에 형성되어 온 마음의 장벽을 무너뜨리는 더 깊은 층위의 감성적 전환을 필요로 한다".[5]

둘째, 역대기의 이스라엘 개념은 유다의 정통성과 대표적 역할을 강조한다. 한반도에서 한쪽이 배제된 어느 일방에 의한 통일은 바람직하지 않다. 그럼에도 정치적 경제적 여건 등에 의해 남한이 통일에 대한 담론과 실천을 주도할 수밖에 없다면 대한민국 주도의 평화 통일은 북한에 대한 대한민국 정부와 국민의 책임적 태도가 수반되어야 한다는 것을 의미한다.

셋째, 분열 이후 북왕국 백성의 지속적인 예루살렘 이주를 통해

2   강인철, "분단과 평화에 대한 기독교인의 역사적 책임," 『기독교사상』 39 (1995), 21-29; 동저자, "남한의 월남개신교인들 - 반공주의와 민주주의에 끼친 차별적 영향," 『종교문화비평』 13 (2008), 131-58.
3   이하나, "유신체제 성립기 '반공' 논리의 변화와 냉전의 감각," 『역사문제연구』 32 (2014), 508.
4   이하나, "유신체제 성립기 '반공' 논리의 변화와 냉전의 감각," 507.
5   이하나, "유신체제 성립기 '반공' 논리의 변화와 냉전의 감각," 508.

이스라엘이 늘 재편되었다는 사실이다. 다시 말해 유다 왕국으로 이주한 북왕국의 백성들은 유다 왕국 사회에 아무런 문제 없이 통합되었으며, 심지어는 초기 유다 왕국 재건의 주역이 되기도 하였다.

현재 3만 명이 넘는 탈북민이 대한민국에 터를 잡고 살고 있다. 이것은 이미 남한 지역에서 '작은 통일한국' 사회가 형성되었음을 의미한다. 탈북 주민과 남한 주민으로 구성된 오늘날의 대한민국은 미래 '대통일한국'의 축소판이다. 그러나 안타깝게도 '작은 통일한국'의 현실을 바라보면, '대통일한국' 사회를 낙관적으로 전망할 수 없다. 탈북 주민이 우리와 삶의 자리를 공유한 지 오래되었지만 우리의 이웃이 되지 못하고 있고, 심지어 최근까지도 국가 기관이 탈북민을 간첩으로 조작하는 사건도 있었다. 백충현은 북한이탈주민의 남한 사회 정착 여부를 실질적인 통일 실현과 미래 통일한국의 모습을 가늠해 보는 시금석으로 간주한다.[6] 이 측면에서 교회는 긍정적 역할을 수행하고 있을까? 백충현의 조사에 따르면 수도권에 있는 한 교회에서는 10여 년의 교회 역사 초창기에 북한이탈주민이 전혀 없었는데, 그들이 증가한 지금에는 교회가 아파트 단지 내에 있음에도 불구하고 남한 교인을 전혀 찾아볼 수 없게 되었으며, 또 다른 교회에서는 북한이탈주민을 위한 북한선교부가 존재하지만 실제 교인 간의 밀접한 교제가 이루어지는 교구와 구역에서는 새터민을 찾아보기가 힘들다고 한다. 남한에서의 현실적 고충 때문에 심지어는 남한을 찾은 북한이탈주민들이 다

---

6 백충현, "삼위일체적 평화통일신학의 적용 - 북한이탈주민들과 한국 교회·사회와의 상호적 이해와 포용을 위한 구체적 실천방안들," 안교성 책임편집, 제2회 평화통일신학포럼 『독일 통일 경험과 한반도 통일 전망: 신학적 성찰과 과제』(남북한평화신학연구소 연구총서 09; 나눔사: 서울 2016), 226.

시 해외로 나가는 탈남 현상까지 일어나고 있다는 것이다.[7] 이러한 현실은 언어의 장벽이 없고 피부색이 다르지 않음에도 불구하고 새터민이 남한 사회에 정착하고 통합하는 일이 쉽지 않음을 단적으로 예시한다. 대다수의 남한 주민과 소수의 탈북 주민으로 구성된 '작은 통일한국'을 넘어서는 '대통일한국'을 위하여 우리는 지금 무엇을 준비해야 할까? 사회 통합을 위한 실천 가능한 정치적 차원에서의 장치뿐만 아니라 사회적 문화적 인식의 변화가 수반될 때에야 '대통일한국'이라는 우리 모두가 당면한 과제가 공허한 표어가 아니라 우리 각자의 삶에서 떼어놓을 수 없는 요소로 자리잡을 수 있을 것이다. 대한민국은 이미 '대통일한국'으로 나아가는 '작은 통일한국'의 단계에 와 있으며, 탈북민이 이 '작은 통일한국'의 시금석이자 토대가 될 수 있음을 인식할 때 북한 주민이 곧 '대통일한국'의 기초요 주역이 될 수 있다는 인식의 전환이 무엇보다도 우리에게 필요하다는 것을 역대기는 가르쳐준다.

---

7   이에 대한 자세한 것은 백충현, "삼위일체적 평화통일신학의 적용," 225-65를 보라.

참고문헌

1. 일차 문헌

Bendavid, A. *Parallels in the Bible.* Jerusalem 1972.

Elliger, K., ed. *Biblia Hebraica Stuttgartensia.* Stuttgart 1984.

Galling, K., ed. *Religion in Geschichte und Gegenwart, Handwörterbuch für Theologie und Religionswissenschaft.* Tübingen 1957ff.

Gesenius, W. and F. Buhl. *Hebräisches und Aramäisches Handwörterbuch über das Alte Testament.* Leipzip 1915/ Berlin 1962.

Gesenius, W. *Hebräische Grammatik.* Hildesheim: Olms ²⁸1962.

Jenni, E. and C. Westermann, ed. *Theologisches Handwörterbuch zum Alten Testament,* 2 Bde., München und Zürich 1971-1976.

Josephus, F. Antiquitates, *Jewish Antiquitates Book IX-XI.* Edited by R. Marcus. London 1966; Translated by Clementz, H. *Flavius Josephus Jüdische Altertümer* Bd. 1. Wiesbaden 1989.

Kegler, J., and M. Augustin. *Synopse zum Chronistischen Geschichtswerk* (BEAT 1). Frankfurt am Main, 21991.

Kittel, R., ed. *Biblia Hebraica,* Stuttgart 1966.

Köhler, L., and W. Baumgartner. (ed.) W. Baumgartner and B. Hartmann. *Hebräisches und aramäisches Lexikon zum Alten Testament.* 5 Bde., Leiden 1967-1995.

2. 주석

Ackroyd, P.R. *I & II Chronicles, Ezra, Nehemiah: Introductionand Commentary* (TBC). London 1973.

Becker, J. *1 Chronik* (NEB 18). Würzburg 1986.

_____. *2 Chronik* (NEB 20). Würzburg 1988.

_____. *Esra/Nehemia* (NEB 25). Würzburg 1990.

Braun, R. L. *I Chronicles* (WBC 14). Waco/Texas 1986.

Coggins, R. J. *The First and Second Books of the Chronicles* (CBC). Cambridge 1976.

Curtis, E. L., and A. A. Madsen. *A Critical and Exegetical Commentary on the Books of Chronicles* (ICC 11). Edinburgh 1910, ²1952.

De Vries, S. J. *1 and 2 Chronicles* (FOTL 11). Grand Rapids 1989.

Dillard, R. B. *2 Chronicles* (WBC 15). Waco/Texas 1987.

Fritz, V. *Das Buch Josua* (HAT 1/7). Tübingen 1994.

Gerstenberger, E. S. *Das dritte Buch Mose Leviticus* (ATD 6). Göttingen ⁶1993.

Grabbe, L. L. *Ezra-Nehemiah* (Old Testament Readings). London and New York: Routledge, 1998.

Japhet, S. *1 Chronik* (HThKAT 16). Translated by Dafna Mach. Freiburg-Basel-Wien: Herder, 2002), Freiburg 2002.

_____. *2 Chronik* (HThKAT 17). Translated by Dafna Mach. Freiburg-Basel-Wien: Herder 2003.

Johnstone, W. *1 and 2 Chronicles I. 1 Chronicles 1- 2 Chronicles 9. Israel's Place among the Nations* (JSOT. S 253). Sheffield 1997.

_____. *1 and 2 Chronicles. II. 2 Chronicles 10-36. Guilt and Atonement* (JSOT. S 254), Sheffield 1997.

Knoppers, G. N. *1 Chronicles 1-9* (AB 12). New York et al.: Doubleday, 2003.

_____. *1 Chronicles 10-29* (AB 12A). New York et al.: Doubleday, 2004.

_____. *Two Nations under God: The Deuteronomistic History of Solomon and the Dual Monarchies 1: The Reign of Solomon and the Rise of Jeroboam* (HSM 52). Atlanta 1993.

Myers, J. M. *I Chronicles. Introduction, Translation, and Notes* (AncB 12). Garden City, New York 1965.

_____. *II Chronicles. Translation and Notes* (AncB 13). Garden City, New York 1965.

Noth, M. Könige. *I Könige 1-16* (BKAT 9/1). Neukirchen-Vluyn ²1983.

_____. *Das vierte Buch Mose Numeri* (ATD 7). Göttingen ²1973.

Pohlmann, K.-F. *Das Buch des Propheten Hesekiel (Ezechiel), Kapitel 1-19* (ATD 22/1). Göttingen 1996.

_____. *Das Buch des Propheten Hesekiel/Ezechiel, Kapitel 20-48* (ATD 22/2). Göttingen 2001.

Rothstein, J. W. and J. Hänel, *Das erste Buch der Chronik* (Kommentar zum Alten Testament). Leipzig, 1927.

Rudolph, W. *Esra und Nehemia* (HAT 20). Tübingen 1949.

_____. *Chronikbücher* (HAT I/21). Tübingen 1955.

Schunck, K.-D. *Nehemia* (BK 23/2). Neukirchen-Vluyn, 1998.

Seebass, H. *Numeri 10,11-22,1* (BKAT IV/2). Neukirchen-Vluyn 1993ff.

Thompson, J. A. *1, 2 Chronicles* (NAC 9). Nashville Tennessy 1994.

Werlitz, J. *Die Bücher der Könige* (NSK.AT 8). Stuttgart 2002.

Williamson, H. G. M. *1 and 2 Chronicles* (NIC). Grand Rapids, London 1982.

_____. *Ezra, Nehemiah* (WBC 16). Waco TX 1985.

Würthwein, E. *Die Bücher der Könige. 1. Kön 1-16* (ATD 11,1). Göttingen, Zürich 21985.

_____. *Die Bücher der Könige. 1. Kön 17-2. Kön 25* (ATD 11/2). Göttingen 1984.

Zimmerli, W. *Ezechiel* (BKAT 13). Neukirchen-Vluyn 1969.

3. 단행본

정태현, 임승필 번역. 주교회의 성서위원회 편찬. 『역대기 상·하 에즈라·느헤미야』. 한국천주교중앙협의회 1998, ⁵2005.

Albertz, R. *Religionsgeschichte Israels in Alttestamentlicher Zeit* (GAT 8/1). Göttingen 1992, ²1996. 강성열 옮김. 『이스라엘 종교사』 I. 서울: 크리스챤다이제스트, 2003.

_____. *Religionsgeschichte Israels in Alttestamentlicher Zeit* (GAT 8/2). Göttingen 1992, ²1997. 강성열 옮김. 『이스라엘 종교사』 II. 서울: 크리스챤다이제스트, 2004.

Albertz, R. *Die Exilszeit. 6. Jahrhundert v.Chr.* (BE 7) Stuttgart: Kohlhammer, 2001. 배희숙 옮김. 『포로시대의 이스라엘』. 일산: 크리스챤다이제스트, 2006.

Anderson, B. W., and W. Harrelson, eds. *Israel's Prophetic Heritage.* Essays in honor of James Muilenburg. New York: Harper & Brothers, 1962.

Barrick, W. B. *The King and the Cemeteries. Toward a New Understanding of Josiah's Reform* (VT.S 88). Leiden et al. 2002.

Barrick, W. B. et al., eds. *In the Shelter of Elyon: Essays on Ancient Palestinian Life and Literature* FS G. W. Ahlström (JSOT.S 31). Sheffield 1984.

Beck. A. B., ed. *Fortunate the Eyes That See.* FS David Noel Freedman, Grand Rapids, Mich. 1995.

Becking, B. *The Fall of Samaria. A Historical and Archaeological Study* (Studies in the history of the ancient Near East 2). Leiden et al. 1992.

Becking, B. et al., eds. *The Crisis of Israelite Religion. Transformation of Religious Tradition in Exilic and Post-Exilic Times* (OTS 42). Leiden et al. 1999.

Bedford, P. R. *Temple Restoration in early Achaemenid Judah* (Supplements to the Journal for the Study of Judaism 65). Leiden 2001.

Beentjes, P. C. *Die Freude war groß in Jerusalem* (2Chr 30,26). eine Einführung in die Chronikbücher. Wien; Berlin; Münster, LIT-Verl. 2008.

Bergen, R. D., ed. *Biblical Hebrew and Discourse Linguistics.* Winona Lake: Eisenbrauns 1994.

Blum, E. *Mincha.* Festgabe für Rolf Rendtorff. Neukirchen-Vluyn, 2000.

Broshi, M. *Bread, Wine, Walls and Scrolls* (JSPE.S 36). London et al. 2001.

Brown, R. *The Message of Nehemiah. God's servant in a time of change.* Leicester: Inter-Varsity, 1998.

Cogan, M. et al. *Tehillah le-Moshe. Biblical and Judaic Studies in Honor of Moshe Greenberg.* Winona Lake: 1997.

Coogan, M. D., ed. *The Oxford History of the Biblical World.* New York et al. 1998.

Coogan, M., J. C. Exum, and L. E. Stager, eds. *Scripture and Other Artifacts: Essays on the Bible and Archaeology.* FS Ph. J. King. Louisville: Westminster John Knox Press, 1994.

Cross, F. M. *Canaanite myth and Hebrew epic: Essays in the History of the Religion of Israel.* Cambridge, Mass. et al. 1973.

Dahmen, U. et al., eds. *Die Textfunde vom Toten Meer und der Text der Hebräischen Bibel.* Neukirchen-Vluyn 2000.

Danell, G. A. *Studies in the Name Israel in the Old Testament.* Upsala 1946.

Davies, P. R. et al., eds. *Second Temple Studies III. Studies in politics, class and material culture* (JSOT.S. 340). Sheffield 2002.

de Moor, J. C. et al., eds. *Past, Present, Future. The Deuteronomistic History and the Prophets* (OT.S 44). Leiden et al. 2000.

de Moor, J. C., ed. *Intertextuality in Ugarit and Israel* (OTS 40). Leiden et al. 1998.

Dennerlein, N. *Die Bedeutung Jerusalems in den Chronikbüchern* (BEAT 46). Bern 1999.

Dexinger, F. et al., eds. *Die Samaritaner* (WdF 604). Darmstadt 1991/1992.

Dietrich, W. *Prophetie und Geschichte.* Eine redaktionsgeschichtliche Untersuchung zum deuteronomistischen Geschichtswerk (FRLANT 108). Göttingen: Vandenhoeck & Ruprecht, 1972

Donner, H. *Geschichte des Volkes Israel und seiner Nachbarn in Grundzügen* (GAT 4/2). Göttingen 21995.

Dörrfuß, E. M. *Mose in den Chronikbüchern. Garant theokratischer Zukunftserwartung* (BZAW 219). Berlin / New York 1994.

Ego, E. et al., eds. *Gemeinde ohne Tempel. zur Substituierung und Transformation des Jerusalemer Tempels und seines Kults im Alten Testament, antiken Judentum und frühen Christentum* (WUNT 118). Tübingen 1999.

Ellens, J. H. et al., eds. *God's Word for Our World.* Vol 1. FS Simon John De Vries. London - New York 2004.

Emerton, J. A., ed. *International Organization for the Study of the Old Testament* (VT. S 43 = Internationaler Kongreß für alttestamentliche Bibelwissenschaften 13). Leiden et al. 1991.

Eskenazi, T. C., and K. H. Richards, eds. *Second Temple Studies 2. Temple and Community in the Persian Period* (JSOT.S 175). Sheffied: JSOT Press, 1994.

Finkelstein, I., and N. A. Silberman. *Keine Posaunen vor Jerico. Die archäologische Wahrheit über die Bibel.* C. H. Beck, 2003.

Fishbane, M. ed. *"Sha'arei Talmon": Studies in the Bible, Qumran, and the Ancient Near East.* FS Shemaryahu Talmon. Winona Lake, Ind. 1992.

Fox, M. V. et al., eds. *Texts, Temples, and Traditions: a Tribute to Menahem Haran.* FS M. Haran. Winona Lake, Indiana, 1996.

Friedman, R. E., ed. *The Creation of Sacred Literature. Composition and Redaction of the Biblical Text* (University of California publications: Near Eastern studies 22). Berkeley et al. 1981.

Galil, G. et al., eds. *Studies in Historical Geography and Biblical Historiography.* Leiden et al. 2000.

Gitin, S. et. al., eds. *Recent Excavations in Israel: Studies in Iron Age Archaeology* (AASOR 49). Winona Lake 1989.

Graham, M. P. et al., eds. *The Chronicler as Theologian.* FS Klein, Ralph W. (JSOT.S 371). Sheffield 2003.

_____. et al., eds. *The Chronicler as Author. Studies in Text and Texture* (JSOT.S 263). Sheffield 1999.

_____. K. G. Hogland, and S. L. McKenzie, eds. *The Chronicler as Historian* (JSOT. S 238). Sheffield: Sheffield Acad. Press, 1997.

_____. et al., eds. *History and Interpretation.* FS John H. Hayes (JSOT.S 173), Sheffield 1993.

_____. et al., eds. *Worship and the Hebrew Bible.* FS John T. Willis (JSOT.S 284). Sheffield 1999.

Groß, W., ed. *Jeremia und die "deuteronomistische Bewegung."* Weinheim: Beltz Athenäum 1995.

Gunneweg, A. H. J. et al., eds. *Textgemäß. Aufsätze und Beiträge zur Hermeneutik des Alten Testaments.* FS E. Würthwein, Göttingen 1979.

Haag, H. *Das hellenistische Zeitalter* (Biblische Enzyklopädie 9). Stuttgart 2003.

_____. *Das Buch des Bundes: Aufsätze zur Bibel u. zu ihrer Welt.* Bernhard Lang, Düsseldorf 1980.

Halpern, B. et al., eds. *Law and Ideology in Monarchic Israel* (JSOT.S 124) 1993.

Hjelm, I. *The Samaritans and Early Judaism. A Literary Analysis* (JSOT.S 303 = Copenhagen International Seminar 7). Sheffield 2000.

Holloway, S. W. et al., eds. *The Pitscher is Broken.* Memorial Essays for Götsta W. Ahlström (JSOT.S 190). 1995.

Hossfeld, F.-L., and L. Schwienhorst-Schönberger, eds. *Das Manna Fällt Auch Heute Noch. Beiträge zur Geschichte und Theologie des Alten, Ersten Testaments* (HBS 43). Freiburg, Basel, Wien: Herder 2004.

Hyuwyler, B. et al., eds. *Prophetie und Psalmen* (AOAT 280). Münster Ugarit-Verlag, 2001.

Japhet, S. *The Ideology of the Book of Chronicles and Its Place in Biblical Thought* (BEAT 9). Frankfurt am Main et al. 1989, ²1997.

_____. *Postexilic Historiography: Israel Constructs its History,* 2000.

Jones, S. et al., eds. *Jewish Local Patriotism and Self-Identification in the Graeco-Roman period* (JSPE.S 31). Sheffield 1998.

Johnson, M. D. *The Purpose of the Biblical Genealogies* (SNTSMS 8). Cambridge: Cambridge Uni. Press, 1988.

Jonker, L. *Reflections of King Josiah in Chronicles. Late Stages of the Josiah Reception in 2 Chr 34f.* (TSzHB 2). Gütersloh 2003.

Josephus, F. *Jewish Antiquitates Book IX-XI.* London 1966.

_____. *Jüdische Altertümer* Bd. 1, Translated by H. Clementz. Wiesbaden 1989.

Kalimi, I. *Zur Geschichtsschreibung des Chronisten. Literarisch-historiographische Abweichungen der Chronik von ihren Paralleltexten in den Samuel- und Königsbüchern* (BZAW 226). Berlin et al. 1995.

_____. *The Reshaping of Ancient Israelite History in Chronicles.* Winona Lake: Eisenbrauns 2005.

Karrer, Ch. *Ringen um die Verfassung Judas. Eine Studie zu den theologisch-politischen Vorstellungen im Esra-Nehemia-Buch* (BZAW 308). Berlin et al. 2001.

Kartveit, M. *Motive und Schichten der Landtheologie in 1 Chronik 1-9* (ConBOT, 28). Stockholm: Almqvist & Wiksell, 1989.

Keel, O., and E. Zenger, ed. *Gottesstadt und Gottesgarten. Zu Geschichte und Theologie des Jerusalemer Tempels* (Quaestiones disputatae 191). Freiburg; Basel; Wien: Herder 2002.

Kippenberg, H. G. *Garizim und Synagoge. Traditionsgeschichtliche Untersuchungen zur samaritanischen Religion der aramäischen Periode* (Religionsgeschichtliche Versuche und Vorarbeiten 30). Berlin et al. 1971.

Kratz, G. *Die Komposition der erzählenden Bücher des Alten Testaments* (UTB 2157). Göttingen, 2000.

Kropat, A. *Die Syntax des Autors der Chronik verglichen mit seiner Quelle. ein Beitrag zur historischen Syntax des Hebräischen I. Teil* (BZAW 16). Königsberg 1909.

Lipschits, O. and M. Oeming, ed. *Judah and the Judeans in the Persian Period.* Winona Lake: Eisenbrauns 2006.

Lubetski, M. et al., ed. *Boundariesof the Ancient Near Eastern World. FS C. H. Gordon* (JSOT.S 273). Sheffield 1998

Lux, R., ed. *Erzählte Geschichte. Beiträge zur narrativen Kultur im alten Israel* (Biblisch-theologische Studien 40). Neukirchen-Vluyn 2000.

Manns, F. et al., eds. *Early Christianity in Context: Monuments and Documents* (SBF. Cma, 38). Jerusalem 1993.

Mason, R. *Preaching the Tradition. Homily and Hermeneutics after the Exile; Based on the 'Addresses' in Chronicles, the 'Speeches' in the Books of Ezra and Nehemiah and the Post-Exilic Prophetic Books.* Cambridge et al. 1990.

Martin, J. D. et al., eds. *A Word in Season* (JSOT.S 42). Sheffield 1986.

Mathys, H.-P. *Vom Anfang und vom Ende. Fünf alttestamentliche Studien* (BEAT 47). Frankfurt am Main et al. 2000.

Mays, J. L. et al., eds. *Old Testament Interpretation. Past, Present and Future.* Essays in Honour of Gene M. Tucker (OTSt). Edinburgh 1995.

Mehlhausen, J., ed. *Pluralismus und Identität.* Gütersloh: Chr. Kaiser Gütersloher Verlagshaus 1995.

Miller, P. D., ed. *Ancient Israelite Religion: Essays in Honor of Frank Moore Cross.* Philadelphia 1987.

Mommer, P., W. H. Schmidt, and H. Strauß, eds. *Gottes Recht als Lebensraum.* FS für Hans Jochen Boecker. Neukirchen-Vluyn: Neukirchener 1993

Mosis, R. *Untersuchungen zur Theologie des chronistischen Geschichtswerkes* (FThSt 92). Freiburg 1973.

Meyer, I. *Gedeutete Vergangenheit. Die Bücher der Könige - Die Bücherder Chronik* (SKK. AT 7). Stuttgart 1994.

Nielsen, E. *Political Conditions and Cultural Developments in Israel and Judah during the Reign of Manessah, in Selected Essays.* Copenhagen 1983.

Noth, M. *Überlieferungsgeschichte des Pentateuch.* Stuttgart 1948, ³1967.

Oeming, M. *Das wahre Israel: Die "genealogische Vorhalle" in 1 Chronik 1-9* (BWANT 128). Stuttgart et al. 1990.

Perdue, L. G., ed. *The Blackwell Companion to the Hebrew Bible* (Blackwell companions to religion 3). Oxford et al. 2001.

Pfeiffer, P. H. *Introduction to the Old Testament.* New York/London, 1941.

Plöger, O. *Aus der Spätzeit des Alten Testaments.* FS Plöger. Göttingen 1971.

Reinmuth, T. *Der Bericht Nehemias. Zur literarischen Eigenart, traditionsgeschichtlichen Prägung und innerbiblischen Rezeption des Ich-Berichts Nehemias* (OBO 183). Freiburg 2002.

Riley, W. *King, and Cultus in Chronicles. Worship and the Reinterpretation of History* (JSOT.S 160). Sheffield 1993.

Ruffing, A. *Jahwekrieg als Weltmetapher: Studien zu Jahwekriegstexten des chronistischen Sondergutes* (StBB 24). Stuttgart: Verl. Kath. Bibelwerk 1992.

Sacchi, P. *The History of the Second Temple Period* (JSOT.S 285). Sheffield 2000.

Schaper, J. *Priester und Leviten im achämenidischen Juda. Studien zur Kult- und Sozialgeschichte Israels in persischer Zeit* (FAT 31). Tübingen 2000.

Schniedewind, W. M. "The Chronicler as an Interpreter of Scripture." In *The Chronicler as Author. Studies in Text and Texture,* Edited by M. P. Graham and S. L. Mckenzie, 158-180. (JSOT.S 264). Sheffield 1999.

Schunck, K.-D. *Nehemia* (BK 23/2). Neukirchen-Vluyn 1998.

Schur, N. *History of the Samaritans* (BEAT 18). Frankfurt am Main 1992.

Schweitzer, S. *Reading Utopia in Chronicles* (Library of Hebrew Bible/ Old Testament Studies 442). New York - London: T & T Clark 2007.

Silvia, W. et al., eds. (Anti-) *Rassistische Irritationen: biblische Texte und interkulturelle Zusammenarbeit.* Berlin: Alektor Verlag 1994.

Smelik, K. A. D. *Converting the Past. Studies in Ancient Israelite and Moabite Historiography* (OTS 28). Leiden 1992.

Steins, G. *Die Chronik als kanonisches Abschlussphänomen. Studien zur Entstehung und Theologie von 1/2 Chronik* (BBB 93). Weinheim 1995.

Stern, E. *The New Encyclopedia of Archaeological Excavations in the Holy land, Bde.3, The Israel Exploration Society, Carta.* Jerusalem (1994) 814-16.

Strecker, G., ed. *Das Land Israel in biblischer Zeit* (GTA 25). Göttingen 1983.

Thomas, W., ed. *Archaeology and Old Testament study. Jubilee Volume of the Society for Old Testament Study, 1917-1967.* Oxford 1967.

Thompson, Th., ed. *Jerusalem in Ancient History and Tradition.* (JSOT.S 381 = Copenhagen International Seminar 13). London et al. 2003

Throntveit, M. A. *When Kings Speak. Royal Speech and Royal Prayer in Chronicles* (SBL. DS 93). Atlanta, Georgia 1987.

Ulrich. E., ed. *Priests, Prophets and Scribes: Essays on the Formation and Heritage of Second Temple Judaism.* FS J. Blenkinsopp (JSOT. S 149). Sheffield 1992.

Vervenne, M. et al., eds. *Deuteronomy and Deuteronomic Literature.* FS C. H. W. Brekelmans (BEThL 133). Leuven 1997.

von Rad, G. *Das Geschichtsbild des chronistischen Werks.* Stuttgart: Kohlhammer, 1930.

Welch, A. C. *The Work of the Chronicler. Its purpose and its date.* London, 1939.

Wellhausen, J. *Prolegomena zur Geschichte Israels.* Berlin-New York: Walter de Gruyter ⁶2001.

Welten, P. *Die Königs-Stempel. Ein Beitrag zur Militärpolitik Judas unter Hiskia und Josia* (ADPV). Wiesbaden, 1969.

———. *Geschichte und Geschichtsdarstellung in den Chronikbüchern* (WMANT 42). Neukirchen-Vluyn 1973.

Willi, Th. *Die Chronik als Auslegung. Untersuchungen zur literarischen Gestaltung der historischen Überlieferung Israels.* Göttingen 1972.

———. *Juda-Jehud-Israel, Studien zum Selbstverständnis des Judentums in persischer Zeit* (FAT 12). Tübingen 1995.

Williamson, H. G. M. *Israel in the Books of Chronicles.* Cambridge 1977.

Zenger, E. et al., eds. *Einleitung in das Alte Testament* (Kohlhammer Studienbücher Theologie 1,1). Stuttgart ⁵2004.

Zenger, E. *Die Tora als Kanon für Juden und Christen* (HBS 10). Freiburg, et al. 1996.

4. 논문

강인철. "분단과 평화에 대한 기독교인의 역사적 책임." 『기독교사상』 39 (1995), 21-29.

———. "한국개신교 반공주의의 형성과 재생산." 『역사비평』 70 (2005), 40-63.

———. "남한의 월남개신교인들 - 반공주의와 민주주의에 끼친 차별적 영향." 『종교문화비평』 13 (2008), 131-58.

김수자. "대한민국수립직후 민족주의와 반공주의의 형성과정." 『한국사상사학』 25 (2005), 365-94.

김회권. "역대기서의 민족화해 신학." 『신학사상』 152 (2011), 9-50.

민경진. "아케메니드 정책과 에스라-느헤미야서." 『부산장신논총』 6 (2006), 1-21.

———. "역대기저자가 에스라-느헤미야서도 썼는가?." 『부산장신논총論叢』 제2집 (2002. 10), 1-33.

———. "에스라-느헤미야서의 집필연대 소고." 『부산장신論叢』 제3집 (2003), 1-22.

배희숙. "레위인을 위한 역대기의 개혁 프로그램." 『구약논단』 21 (2006), 69-85.

_____. "역대기연구사." 『성서마당』 14 (2007년 가을), 68-86.

_____. "므낫세 왕 다시 보기 (역대하 33장)." 『깊은 말씀 맑은 가르침』 淸訓 강사문 교수 정년퇴임 기념논문집. 서울: 땅에쓰신글씨 2007, 200-220.

_____. "에스라-느헤미야에 나타난 유다 재건 정책." 『장신논단』 30 (2007), 45-77.

_____. "전치사 'עַל' 구문의 번역에 대한 고찰 - 왕하 23:29와 대하 17:1하의 경우 -." 『성경원문연구』 24 (2009. 4), 54-71.

_____. "설교를 위한 성경연구: 보여주는 말씀, 들려주는 말씀(왕상 22:1-23)." 『교회 와 신학』 76 (2009 봄), 70-80.

_____. "요시야의 개혁에 대한 재고찰." 『한국기독교신학논총』 73 (2011), 75-96.

_____. "역대기에 나타난 레위인의 기능 및 그 의미." 『장신논단』 45/4 (2013), 67-89.

백충현. "삼위일체적 평화통일신학의 적용 - 북한이탈주민들과 한국 교회·사회와의 상 호적 이해와 포용을 위한 구체적 실천방안들." 안교성 책임편집. 제2회 평화통 일신학포럼 『독일 통일 경험과 한반도 통일 전망: 신학적 성찰과 과제』. 남북한 평화신학연구소 연구총서 09. 나눔사: 서울 2016.

소형근. "여호사밧의 사법 개혁." 『구약논단』 17,2 (2011), 86-104.

이하나. "유신체제 성립기 '반공' 논리의 변화와 냉전의 감각." 『역사문제연구』 32 (2014), 507-553.

이희학. "대하 30장 25절의 '회중, 이스라엘, 나그네'에 관한 연구." 『구약논단』 16,2 (2010), 10-29.

임태수. "역대기사가의 통일신학." 『신학연구』 28 (1987), 415-37.

임헌준. "역대기에 나타난 히스기야 상(像)." 『구약논단』 15,1 (2009), 114-36.

정석규. "역대하 19장의 공시적인 해석." 『한영신학대학교 교수논단집』 6 (2002), 91-118.

황병주. "1970년대 유신체제의 안보국가 담론." 『역사문제연구』 27 (2012), 109-139.

황선우. "열왕기의 아하스와 역대기의 아하스." 『Canon & Culture』 11/1 (2017), 63-87.

허성군. "히스기야의 통치에 대한 본문 비교: 왕하 18-20과 대하 29-32장 중심으로." 『신 학과 목회』 28 (2007) 5-32.

_____. "유다 왕 아하스의 통치에 대한 기록들 비교." 『신학과 목회』 32 (2009), 5-35.

후지이다케시. "4·19/5·16 시기의 반공체제 재편과 그 논리 - 반공법의 등장과 그 담지 자들." 『역사문제연구』 25 (2011), 9-34.

Ackroyd, P. R. "Samaria." In _Archaeology and Old Testament study. Jubilee Volume of the Society for Old Testament Study._ Edited by W. Thomas. 343-54.

_____. "The Chronicler as Exegete." _JSOT_ 2 (1977), 2-32.

_____. "גד", _ThWAT_ III (1982), 425-55.

_____. "The Biblical Interpretation of the Reigns of Ahaz and Hezekia." In _In the Shelter of Elyon: Essays on Ancient Palestinian Life and Literature_, 247-59.

Albertz, R. "Die verhinderte Restauration." In *Mincha*, Edited by E. Blum, 1-12.

Albertz, R. "Ethnische und kultische Konzepte in der Politik Nehemias." In *Das Manna Fällt Auch Heute Noch*, 13-32. Edited by F.-L. Hossfeld and L. Schwienhorst-Schönberger.

Allen, L. C. "Kerygmatic Units in 1 & 2 Chronicles." *JSOT* 41 (1988), 21-36.

Alt, A. "Die Rolle Samarias bei der Entstehung des Judentums." *Festschrift Otto Procksch zum 60. Geburtstag*. Leipzig 1934.

Amar, I. "Chaotic Writing as a Literary Element in the Story of Ahaz in 2 Chronicles 28." *VT* 66,3 (2016), 349-64.

Andersen, T. D. "Genealogical Prominence and the Structure of Genesis." In *Biblical Hebrew and Discourse Linguistics*. 242-66.

Avioz, M. "Nathan's Prophety in II Sam 7 and I Chr 17: Text, Context, and Meaning." *ZAW* 116 (2004), 542-54.

Bächli, O. "Verhinderung von Kriegen." *TZ* 52 (1996), 289-98.

Barker, M. "Hezekiah's Boil." *JSOT* 95 (2001), 31-42.

Barrick, W. B. "Dynastic Politics, Priestly Succession, and Josiah's Eighth Year." *ZAW* 112 (2000), 564-82.

Bartlett, J. R. "The Land of Seir and the Brotherhood of Edom." *The Journal of Theological Studies* (1969), 1-20.

Becking, B. "From Apostasy to Destruction. A Josianic View on the Fall of Samaria (2 Kings 17,21-23)." In *Deuteronomy and Deuteronomic Literature*, Edited by M. Vervenne, et al., 279-97.

Bedford, P. R. "Diaspora: Homeland Relations in Ezra-Nehemiah." *VT* 52,2 (2002), 147-65.

Beentjes, P. C. "King Jehoshapat's Prayer. Some Remarks on 2 Chronicles 20,6-13." *BZ* 38 (1994), 264-70.

Begg, Ch. T. "Hezekiah's Display (2 Kgs 20,12-19)." *BN* 38/39 (1987), 14-18.

_____. "The Deuteronomistic Retouching of the Portrait of Hezekiah in 2 Kgs 20,12-19." *BN* 38/39 (1987), 7-13.

_____. "Hezekiah's Display: Another Parallel." *BN* 41 (1988), 7-8.

_____. "Constructing a Monster: The Chronicler's Sondergut in 2 Chronicles 21." *ABR* 37 (1989) 35-51.

_____. "Ahaz, King of Judah according to Josephus." *SJOT* 10 (1996) 28-51.

_____. "The Ark in Chronicles." In *The Chronicler as Theologian*, Edited by M. P. Graham, 133-45.

_____. "The Deuteronomistic retouching of the Portrait of Hezekiah in 2 Kgs 20,12-19." *BN* 38/39 (1987), 7-13.

Ben Zvi, E. "A Gateway to the Chronicler's Teaching: The Account of the Reign of Ahaz in 2 Chr 28,1-27." *SJOT* 7 (1993), 216-49.

_____. "Inclusion in and Exclusion from Israel as Conveyed by the Use of the Term 'Israel' in Post-Monarchie Biblical Texts." In *The Pitscher is Broken*, Edited by S. W. Holloway, 95-149.

_____. "When the Foreign Monarch Speaks." In *The Chronicler as Author. Studies in Text and Texture*, Edited by M. P. Graham et al., 209-228.

_____. "The Secession of the Northern Kingdom in Chronicles: Accepted 'Facts' and New Meanings." In *The Chronicler as as Theologian*, Edited by M. P. Graham, 61-88.

_____. "Ideological Construtions of Non-Yehudite/Peripheral Israel in Achaemenid Yehud: The Case of Chronicles." *SBL* 2004 Seminar Papers. Groningen 2004.

_____. "A house of treasures: the account of Amaziah in 2 Chronicles 25 - observations and implications." *SJOT* 22,1 (2008), 63-85.

Bickert, R. "König Ahas und der Prophet Jesaja. Ein Beitrag zum Problem des syrisch-ephraimitischen Krieges." *ZAW* 99 (1987), 361-84.

Blum, E. "Der kompositionelle Knoten am Übergang von Jos zu Ri." In *Deuteronomy and Deuteronomic Literature*, Edited by M. Vervenne, 181-212.

Boer, R. T. "Utopian politics in 2 Chronicles 10-13." In *The Chronicler as Author*, Edited by M. P. Graham, 360-94.

Böhler S., and Dieter. J. "Das Gottesvolk als Altargemeinschaft. Die Bedeutung des Tempels für die Konstituierung kollektiver Identität nach Esra-Nehemia." In *Gottesstadt und Gottesgarten. Zu Geschichte und Theologie des Jerusalemer Tempels*, 207-230.

Bolin, Th. M. "The Making of the Holy City: On the Foundation of Jerusalem in the Hebrew Bible." In *Jerusalem in Ancient History and Tradition*, 171-96.

Borowski, O. "Hezekiah's Reforms and the Revolt against Assyria." *BA* 58 (1995), 148-55.

Botha, Ph. "'No King like Him ⋯' Royal Etiquette according to the Deuteronomistic Historian." In *Past, Present, Future. The Deuteronomistic History and the Prophets*, Edited by J. C. de Moor, 36-49.

Braun, R. L. "Solomonic Apologetic in Chronicles." *JBL* 92 (1973), 503-516.

_____. "Reconsideration of the Chronicler's Attitude towards the North." *JBL* 96 (1977), 59-62.

_____. "1 Chronicles 1-9 and the Reconstruction of the History of Israel: Thoughts on the Use of Genealogical Data in Chronicles in the Reconstruction of the History of Israel." In *The Chronicler as Historian*, Edited by M. P. Graham, 92-105.

Broshi, M. "The Expansion of Jerusalem in the Reigns of Hezekiah and Manasseh." *IEJ* 24 (1974), 21-26 (= in Bread, Wine, Walls and Scrolls, 174-180).

Campbell, E. F. "A Land Divided. Judah and Israel from the Death of Solomon to the Fall of Samaria." In *The Oxford History of the Biblical World*. New York et al. 1998, 273-319.

Carroll, R. P. "Exile, Restoration, and Colony: Judah in the Persian Empire." In *The Blackwell Companion to the Hebrew Bible*, 102-116.

Cogan, M. "For We, Like You, Worship Your God: Three Biblical Portrayals of Samaritan Origins." *VT* 38 (1988), 286-92.

Cross, F. M. "The Themes of the Book of Kings and the Structure of the Deuteronomistic History." In *Canaanite myth and Hebrew epic: Essays in the History of the Religion of Israel*, 274-89.

_____. "A Reconstruction of the Judean Restoration." *JBL* 94 (1975), 4-18 = Int. 29 (1975) 187-203.

Cudworth, Troy D. "The Division of Israel's Kingdom in Chronicles: A Reexamination of the Usual Suspects." *Bib.* 95 (2014), 498-523.

Davies, P. R. "Defending the Boundaries of Israel in the Second Temple Period: 2 Chronicles 20 and the 'Salvation Army,'" In *Priests, Prophets and Scribes: Essays on the Formation and Heritage of Second Temple Judaism*, Edited by E. Ulrich, 43-54.

De Vries, S. J. "Moses and David as Cult Founders in Chronicles." *JBL* 107 (1988), 619-39.

Deboys, D. G. "History and Theology in the Chronicler's Portrayal of Abijah." *Bib.* 71 (1990), 48-62.

Delamarter, S. "The Death of Josiah in Schripture and Tradition: Wrestling with the Problem of Evil?." *VT* 54 (2004), 29-60

Delcor, M. "Hinweise auf das samaritanische Schisma im Alten Testament." *ZAW* 74 (1962), 281-91.

Dever, W. G. "The Silence of the Text: An Archaeological Commentary on 2 Kings 23." In *Scripture and Other Artifacts: Essays on the Bible and Archaeology*, Edited by M. Coogan, et al., 143-68.

Dexinger, F. "Der Ursprung der Samaritaner im Spiegel der frühen Quellen." In *Die Samaritaner*, 67-140.

Diebner, B. J. "Überlegungen zum 'Brief des Elia' (2 Chr 21,12-15)." *DBAT* 23 (1986) 66-97.

_____. "Die antisamaritanische Polemik im TNK als konfessionelles Problem." In *(Anti-) Rassistische Irritationen*, Edited by W. Silvia, 69-92.

Dillard, R. B. "Reward and Punishment in Chronicles: the Theology of Immediate Retribution." *WThJ* 46 (1984), 164-72.

_____. "The Chronicler's Jehoshaphat." *TJNS* 7 (1986), 17-22.

Dirksen, P. "The Development of the Text of I Chronicles 15:1-24." *Henoch* 17 (1995), 267-277.

Douglas, M. "Responding to Ezra: The Priests and the Foreign Wives." *BibInt* 10 (2002), 1-23.

Duke, R. K. "A Rhetorical Approach to Appreciating the Books of Chronicles." In *The Chronicler as Author. Studies in Text and Texture*, Edited by M. P. Graham, 100-135.

Elgavish, D. "Baasha's War against Asa." In *Studies in Historical Geography and Biblical Historiography*, Edited by G. Gali, 141-49.

Eskenazi, T. C. "A Literary Approach to Chronicles' Ark Narrative in 1 Chronicles 13-16." In *Fortunate the Eyes That See*, Editd by A. B. Beck, 258-74.

_____. "The Missions of Ezra and Nehemiah." In *Judah and the Judeans in the Persian Period*, Edited by O. Lipschits, M. Oeming, 509-529.

_____, and E. P. Judd. "Marriage to a Stranger in Ezra 9-10." In *Second Temple Studies*, Edited by P. R. Davies, 266-85.

Fabry, H.-J. "Der Altarbau der Samaritaner ein Produkt der Text- und Literargeschichte?." In *Die Textfunde vom Toten Meer und der Text der Hebräischen Bibel*, 35-52.

Feldman, L. H. "Josephus's Portrait of Hezekiah." *JBL* 111 (1992), 597-610.

Finkelstein, I. "Environmental Archaeology and Social History: Demographic and Economic Aspects of the Monarchic Period." In *Biblical Archaeology Today*, Edited by A. Biran, 56-66.

_____. "The Archaeology of the Days of Manasseh." In *Scripture and Other Artefacts*, Edited by M. Coogan, 169-87.

Frey, J. "Temple and Rival Temple - The Cases of Elephantine, Mt. Gerizim, and Leontopolis." In *Gemeinde ohne Tempel*, Edited by E. Ego, 171-203.

Fried, L. S. "The 'am ha'ares in Ezra 4:4 and Persian Administration." In *Judah and the Judeans in the Persian Period*, Edited by O. Lipschits, M. Oeming, 123-45.

Fritz, V. "The "List of Rehoboam's Fortresses" in 2 Chr. 11:5-12. A Document from the Time of Josiah." *Eretz Israel* 15 (1981), 46-53.

Gerleman, G., and E. Ruprecht. "דרש," *THAT* 1 (1991, ⁵1995), 460-67.

Grabbe, L. L. "Josephus and the Reconstruction of the Judean Restoration." *JBL* 106 (1987), 231-46.

Grabbe, L. L. "What was Ezra's Mission." In *Second Temple Studies 2.*, Edited by T. C. Eskenazi, and K. H. Richards, 286-99.

_____. "Triumph of the Pious or Failure of the Xenophobes? The Ezra-Nehemiah Reforms and their Nachgeschichte." In *Jewish Local Patriotism and Self-Identification in the Graeco-Roman period*, 50-65.

_____. "Betwixt and Between: The Samaritans in the Hasmonean Period." In *Second Temple Studies* III, Edited by P. R. Davies, 202-236.

Graham, M. P. "Aspects of the Structure and Rhetoric of 2 Chronicles 25." In *History and Interpretation*, Edited by M. P. Graham, 78-89.

_____. "Setting the heart to seek God: Worship in 2 Chronicles 30.1-31.1." In *Worship and the Hebrew Bible*, Edited by M. P. Graham, 124-41.

Haag, H. "Das Mazzenfest des Hiskia." In *Das Buch des Bundes: Aufsätze zur Bibel u. zu ihrer Welt*, 216-225.

Halligan, J. M. "Conflicting Ideologies Concerning the Second Temple." In *Second Temple Studies* III, Edited by P. R. Davies, 108-115.

Halpern, B. "Sacred History and Ideology: Chronicles' Thematic Structure - Indications of an Earlier Source." In *The Creation of Sacred Literature. Composition and Redaction of the Biblical Text*, Edited by R. E. Friedman, 35-54.

_____. "Jerusalem and Lineages in the seventh century BCE: Kinship and the Rise of Individual Moral Liability." In *Law and Ideology in Monarchic Israel*, 11-107.

_____. "Why Manasseh is Blamed for the Babylonian Exile: The Evolution of a Biblical Tradition." *VT* 48 (1998), 473-514.

Handy, L. K. "Hezekiah's Unlikely Reform." *ZAW* 100 (1988), 111-15.

Hanson, P. D. "1 Chronicles 15-16 and the Chronicler's Views on the Levites." In *"Sha'arei Talmon": Studies in the Bible, Qumran, and the Ancient Near East*, 69-77.

Hardmeier, Ch. "König Joschija in der Klimax des DtrG (2Reg 22f.) und das vordtr Dokument einer Kultreform am Residenzort (23,4-15)." In *Erzählte Geschichte. Beiträge zur narrativen Kultur im alten Israel*, 81-145.

Hasegawa, S. "Josiah's Death: Its Reception History as Reflected in the Books of Kings and Chronicles." *ZAW* 129 (2017), 522-35.

Hensel, B. "Das JHWH-Heiligtum am Garizim: ein archäologischer Befund und seine literar- und theologiegeschichtliche Einordnung." *VT* 68 (2017), 1-21.

Hermission, H.-J. "Die babylonischen Aufstände am Anfang der Regierung des Xerxes und ihre Ahndung nach alter und neuer Geschichtsschreibung." In *Gottes Recht als Lebensraum*, 71-92.

Hjelm, I. "Brothers Fighting Brothers. Jewisch and Samaritan Ethnocentrism in Tradition and History." In *Jerusalem in Ancient History and Tradition*, 197-222.

Japhet, S. "The Supposed Common Authorship of Chronicles and Ezra-Nehemiah Investigated Anew." *VT* (1968), 330-71.

_____. "People and Land in the Restoration Period." In *Das Land Israel in biblischer Zeit*, 103-125.

_____. "The Relationship between Chronicles and Ezra-Nehemia." In *International Organization for the Study of the Old Testament*, 298-313.

_____. "The Israelite Legal and Social Reality as Reflected in Chronicles: A Case Study." In *"Sha'arei Talmon": Studies in the Bible, Qumran, and the Ancient Near East*, 79-92.

_____. "The Distribution of the Priestly Gifts according to a Document of the SecondTemple Period." In *Texts, Temples, and Traditions: a Tribute to Menahem Haran*, 3-20.

_____. "Exile and Restoration in the Book of Chronicles." In *The Crisis of Israelite Religion. Transformation of Religious Tradition in Exilic and Post-Exilic Times*, Edited by B. Becking, et al., 33-44.

_____. "Chronikbücher." ⁴*RGG* 2 (1999), 344-48.

_____. "Law and the Law in Ezra-Nehemiah." In *Proceedings of the Ninth World Congress of Jewish Studies. 1985*, 99-115.

_____. "Composition and Chronology in the Book of Ezra-Nehemiah." In *Second Temple Studies 2. Temple and Community in the Persian Period*, 189-216.

Johnson, B. "משפט." *ThWAT* V (1986) 93-107.

Johnstone, W. "Guilt and Atonement: the Theme of 1 and 2 Chronicles." In *A Word in Season*, 113-40.

Jonker, L. "Completing the Temple with the Celebration of Josiah's Passover?." *OTE* 15,2 (2002), 381-97.

Kalimi, I. "Zion or Gerizim? The Association of Abraham and the Aqeda with Zion/Gerizim in Jewish and Samaritan sources." In *Boundariesof the Ancient Near Eastern World*, 442-57.

_____. "Die Abfassungszeit der Chronik. Forschungsstand und Perspektiven." *ZAW* 105 (1993), 223-33.

_____. "The Capture of Jerusalem in the Chronistic History." *VT* 52 (2002), 66-79.

_____. "Jerusalem-The Divine City: The Representation of Jerusalem in Chronicles. Compared with Earlier and Later Jewish Compositons." In *The Chronicler as Theologian*, Edited by M. P. Graham, 189-205.

_____. "The Date of the Book of Chronicles." In *God's Word for Our World*, Edited by J. H. Ellens, 347-71.

_____. "Robbers on the road to Jericho. Luke's story of the Good Samaritan and its origin in Kings/Chronicles." *EThL* 85,1 (2009), 47-53.

Kegler, J. "Prophetengestalten im Deuteronomistischen Geschichtswerk und in den Chronikbüchern. Ein Beitrag zur Kompositions- und Redaktionsgeschichte der Chronikbücher." *ZAW* 105 (1993), 481-97.

Kellermann, J. "Anmerkungen zum Verständnis der Tora in den chronistischen Schriften." *BN* 42 (1988), 49-92.

Klein, R. W. "Abijah's Campaign Against the North (II Chr 13) What Were the Chronicler's Sources?." *ZAW* 95 (1983), 210-17.

Kleinig, J. W. "Recent Research in Chronicles, Currents in Research." *Biblical Studies* 2 (1994), 43-76.

Knoppers, G. N. "Rehoboam in Chronicles: Villain of Victim?." *JBL* 109 (1990), 423-40.

_____. ""Yhwh is Not with Israel": Alliances as a Topos in Chronicles." *CBQ* 58,4 (1996), 601-626.

_____. "History and Historiography: The Royal Reforms." In *The Chronicler as Historian*, Edited by M. P. Graham, 178-203.

_____. "Treasures Won and Lost: Royal (mis)appropriations in Kings and Chronicles." In *The Chronicler as Author. Studies in Text and Texture*, Edited by M. P. Graham, 181-208.

Magen, Y. "Mount Gerizim and the Samaritans." In *Early Christianity in Context: Monuments and Documents*, 91-148.

_____. "הר גריזים־עיר מקדש (Mt. Garizim A Temple City)." *Qadmoniot* 33,2 (2000), 74-118 (Hebrew).

Margalith, O. "The Political Background of Zerubabels Mission and the Samaritan Schism." *VT* 41 (1991), 312-23.

Mathys, H.-P. "Prophetie, Psalmengesang und Kultmusik in der Chronik." In *Prophetie und Psalmen*, 281-96.

Mazar, A. "The Northern Shephelah in the Iron Age: Some Issues in Biblical History and Archaeology." In *Scripture and Other Artifacts*, Edited by M. Coogan, 247-67.

Meyers, E. M. "The Persian Period and the Judean Restoration: From Zerubbabel to Nehemiah." In *Ancient Israelite Religion*, 509-521.

Mitchell, Ch. "The Ironic Death of Josiah in 2 Chronicles." *CBQ* 68 (2006), 421-35.

Murray, D. F. "Dynasty, People, and the Future. The Message of Chronicles." *JSOT* 58 (1993), 71-92.

_____. "Retribution and Revival." *JSOT* 88 (2000), 77-99.

Nicholson, E. W. "The Meaning of the Expression 'am ha'arez in the Old Testament." *JSS* 10 (1965), 59-66.

Niehr, H. "Die Reform des Joschija. Methodische, historische und religionsgeschicht-liche Aspekte." In *Jeremia und die "deuteronomistische Bewegung*," Edited by Groß, W., 33-55.

Oded, B. "The Settlements of the Israelite and Judean Exils in Mesopotamia in the 8th-6th Centuries BCE." In *Studies in Historical Geography and Biblical Historiography*, 91-103.

Ofer, I. A. "Judea." In *The New Encyclopedia of Archaeological Excavations in the Holy land, Bde.3, The Israel Exploration Society*, 814-16.

Olyan, S. M. "Purity Ideology in Ezra-Nehemiah as a Tool to Reconstitute the Com-munity." *JSJ* 35 (2004), 1-16.

Plöger, O. "Reden und Gebete im deuteronomistischen und chronistischen Ges-chichtswerk." In *Aus der Spätzeit des Alten Testaments*, 50-66.

Pohlmann, K.-F. "Zur Frage von Korrespondenzen und Divergenzen zwischen den Chronikbüchern und dem Esra/Nehemia-Buch." In *International Organization for the Study of the Old Testament*, 314-30.

Rainey, A. F. "Mesha's Attempt to Invade Judah (2 Chron 20)." In *Studies in Historical Ggeography and Biblical Historiography*, 174-76.

Rendtorff, R. "Nehemiah 9: An Important Witness of Theological Reflection." In *Bibli-cal and Judaic Studies in Honor of Moshe Greenberg*, 111-17.

Richards, K. H. "Reshaping Chronicles and Ezra-Nehemiah Interpretation." In *Old Testament Interpretation. Past, Present and Future*, 211-24.

Rowley, H. H. "The Samaritan Schism in Legend and History." In *Israel's Prophetic Heritage*, Edited by B. W. Anderson and W. Harrelson, 208-222.

Römer, Th. C., and M. Z. Brettler. "Deuteronomy 34 and the Case for a Persian Hex-ateuch." *JBL* (2000), 401-419.

————. "The double end of the Book of Joshua: some remarks on the current discus-sion on 'historical work on Deuteronomy' and 'Hexateuch'." *ZAW* (2006), 523-48.

Schniedewind, W. M. "The Source Citations of Manasseh in History and Homily." *VT* XLI (1991) 450-61.

Seebass, H. "Garizim und Ebal als Symbol von Segen und Fluch." *Bib.* 63 (1982), 22-31.

Segal, M. Z. "Die Heirat des Sohnes des Hohenpriesters mit der Tochter des Sanballat und der Bau des Heiligtums auf dem Garizim." In *Die Samaritaner*, 198-219.

Shiloh, Y. "Judah and Jerusalem in the Eighth-Sixth Centuries BCE." In *Recent Exca-vations in Israel: Studies in Iron Age Archaeology*, 97-103.

Smelik, K. A. D. "The Portrayal of King Manasseh: A literary Analysis of II Kings xxi and II Chronicles xxiii." In *Converting the Past. Studies in Ancient Israelite and Moabite Historiography*, 129-205.

_____. "The Representation of King Ahaz in 2 Kings 16 and 2 Chronicles 28." In *Intertextuality in Ugarit and Israel*, 143-85.

Smith-Christopher, D. "The Mixed Marriage Crisis in Ezra 9-10 and Nehemiah 13: A Study of the Sociology of Post-Exilic Judaean Community." In *Second Temple Studies. 2. Temple and Community in the Persian Period*, 243-65.

Steins, G. "Torabindung und Kanonabschluß. Zur Entstehung und kanonischen Funktion der Chronikbücher." In *Die Tora als Kanon für Juden und Christen*, 213-56.

_____. "Zur Datierung der Chronik. Ein neuer methodischer Ansatz." *ZAW* 109 (1997), 84-92.

Stern, E. and I. Magen. "Archaeological Evidence for the First Stage of the Samaritan Temple on Mount Gerizim." *IEJ* 52 (2002), 49-57.

Talshir, Z. "The three Deaths of Josiah and the Strata of Biblical Historiography (2 Kings XXIII 29-30; 2 Chronicles XXXV 20-5; 1 Esdras I 23-31)." *VT* 46 (1996), 213-36.

Throntveit, M. A. "Linguistic Analysis and the Question of Authorship in Chronicles, Ezra and Nehemiah." *VT* 32 (1982), 201-216.

_____. "The Relationship of Hezekiah to David and Solomon in the Books of Chronicles." In *The Chronicler as Theologian*, Edited by M. P. Graham, et al., 105-121.

Uelinger, Ch. "Gab es eine joschijanische Kultreform? Plädoyer für ein begründetes Minimum." In *Jeremia und die "deuteronomistische Bewegung*," Edited by Groß, W., 57-89.

Vivano, P. A. "2 Kings 17: A Rhetorical and Form-Critical Analysis." *CBQ* 49 (1987), 548-59.

Wagner, S. "דרש." *ThWAT* II (²1977), 313-29.

_____. "כנע." *ThWAT* IV (²1984), 216-24.

Walsh, J. T. "2 Kings 17. The Deuteronomist and the Samaritans." In *Past, Present, Future*, Edited by J. C. de Moor, 315-23.

Weippert, H. "Die Ätiologie des Nordreiches und seines Königshauses (1 Reg 11,29-40)." *ZAW* 95 (1983), 344-75.

Welten, P. "Lade - Tempel - Jerusalem. Zur Theologie der Chronikbücher." In *Textgemäß. Aufsätze und Beiträge zur Hermeneutik des Alten Testaments*, 169-83.

Willi, Th. "Leviten, Priester und Kult in vorhellenistischer Zeit." In *Gemeinde ohne Tempel. Zur Substituierung und Transformation des Jerusalemer Tempels und seines Kults im Alten Testament, antiken Judentum und frühen Christentum*, 75-98.

_____. "Zwei Jahrzehnte Forschung an Chronik und Esra-Nehemia." *Theologische Rundschau* 67 (2002), 61-104.

Williamson, H. G. M. "The Accession of Solomon in the Books of Chronicles." *VT* 26 (1976), 351-61.

_____. "Concept of Israel in Transition." In *The World of Ancient Israel. Sociological, Anthropological and Political Perspectives*, Edited by R. E. Clements, 141-61. Cambridge 1989.

_____. "Hezekiah and the Temple." In *Texts, Temples, and Traditions*, Edited by M. V. Fox et al., 47-52. FS M. Haran. Winona Lake 1996.

Wright, J. W. "The Legacy of David in Chronicles. The Narrative Function of 1 Chronicles 23-27." *JBL* 110 (1991), 229-42.

_____. "From Center to Periphery. 1 Chronicles 23-27 and the Interpretation of Chronicles in the Nineteenth Century." In *Priests, Prophets and Scribes: Essays on the Formation and Heritage of Second Temple Judaism*, 20-42.

_____. "The Fabula of the Book of Chronicles." In *The Chronicler as Author. Studies in Text and Texture*, Edited by Graham, M. P. et al., 136-55.

Zwickel, W. "Die Kultreform des Ahas (2 Kön 16, 10-18)." *SJOT* 7 (1993), 250-62.